旅游规划与设计探究

RESEARCH ON TOURISM PLANNING AND DESIGN

裔小茜 ◎ 著

中国财经出版传媒集团

经济科学出版社
Economic Science Press

·北 京·

图书在版编目（CIP）数据

旅游规划与设计探究/裔小茜著．－－北京：经济
科学出版社，2024.4

ISBN 978－7－5218－5820－4

Ⅰ.①旅… Ⅱ.①裔… Ⅲ.①旅游规划－研究 Ⅳ.
①F590.1

中国国家版本馆 CIP 数据核字（2024）第 077487 号

责任编辑：孙怡虹 魏 岚
责任校对：蒋子明
责任印制：张佳裕

旅游规划与设计探究

LÜYOU GUIHUA YU SHEJI TANJIU

裔小茜 著

经济科学出版社出版、发行 新华书店经销
社址：北京市海淀区阜成路甲 28 号 邮编：100142
总编部电话：010－88191217 发行部电话：010－88191522
网址：www. esp. com. cn
电子邮箱：esp@ esp. com. cn
天猫网店：经济科学出版社旗舰店
网址：http：//jjkxcbs. tmall. com
北京联兴盛业印刷股份有限公司印装
710×1000 16 开 18.5 印张 240000 字
2024 年 4 月第 1 版 2024 年 4 月第 1 次印刷
ISBN 978－7－5218－5820－4 定价：88.00 元
（图书出现印装问题，本社负责调换。电话：010－88191545）
（版权所有 侵权必究 打击盗版 举报热线：010－88191661
QQ：2242791300 营销中心电话：010－88191537
电子邮箱：dbts@ esp. com. cn）

前　　言

　　旅游规划与设计是旅游业发展中至关重要的领域之一。它涵盖了一系列理论和实践，旨在创建吸引人们、满足人们需求的旅游目的地，为旅游者提供丰富多样的体验。

　　本书首先介绍了旅游规划的基本理论，探讨旅游规划的概念及对象，明确旅游规划的特点与原则，了解旅游规划的理论体系，并介绍旅游规划的类型与层次，为后续章节的研究奠定基础。其次，本书重点关注了旅游资源调查与评价，通过阐释旅游资源的概念，对旅游资源进行分类，探讨如何进行旅游资源调查和评价，以便更好地了解和利用旅游资源的特点和潜力；之后探究了旅游市场分析与需求预测，主要介绍了进行旅游市场调查与数据采集的方法，如何进行市场分析与定位，以及如何准确预测旅游市场的需求，为旅游规划与设计提供依据；另外，本书还着重于旅游景区规划与设计，通过综述旅游景区及其规划的概念，讨论景区设施、娱乐和购物等方面的规划与设计，旨在创建有吸引力的旅游景区，提供丰富多样的旅游体验；同时，深入探讨旅游线路规划与设计，并说明如何进行市场调研，以及在设计线路时需考虑的不同要素。最后，本书探索了旅游产品设计与实践、旅游地形象设计与营销的相关内容。

　　通过对以上内容的探究，我们将更全面地理解旅游规划与设计的重要性和应用价值。这不仅是为了满足旅游者的需求和期望，也是为了促进旅游业的可持续发展和目的地的经济繁荣。

　　本书在创作过程中得到了众多专家学者的帮助和指导，在此表示诚挚的谢意。由于作者水平有限，加之时间仓促，书中所涉及的内容难免有疏漏之处，希望各位读者多提宝贵意见，以便作者进一步对本书进行修订，使之更加完善。

目　　录

第一章　旅游规划的基本理论

第一节　旅游规划的概念及对象

一、旅游规划的概念理解

旅游规划从字面上理解，其由旅游和规划组合而成，因而是对旅游的规划。所谓规划是指任何组织或个人，为自身在未来一定时期内能得到更好的发展，对影响发展的各种要素进行分析整合，以确定未来发展目标和实现目标的途径。简单地说，规划就是人们对未来的谋划。旅游规划是组织或企业对影响旅游业发展的因素进行的构想和安排，用于确定未来一定时期旅游业发展的目标和实现目标的最佳途径。所以，我们可以把旅游规划理解为寻找旅游开发的最佳途径。

理解旅游规划的概念要注意以下几点：（1）旅游规划的主体一般是行政组织或企业组织；（2）旅游规划的对象一般是一定的旅游区域，如果我们从旅游经济的角度来考虑，旅游规划的对象应该和旅游开发一样，是旅游资源和旅游市场的利用问题，但旅游资源和旅游市场必须要有一定的承载区，所以旅游规划的对象可以看作是一定的旅游区域；（3）旅游规划的手段是对影响旅游业发展的因素进行分析和整合，这里的"影响旅游业发展的因素"范围比较广泛，除了旅游资源、旅游市场等要素以外，还包括人才、资金、区位、组织的协调性、社会对旅游的态度等；（4）旅游规划应该有一定的期限；（5）旅游规划的核心是制定旅游发展的目标，这个目标不仅包括旅游经济发展的目标，还包括旅游业发展对当地社会和文化建设的帮助，旅游可持续发展目标等；（6）旅游规划的内容是提出围绕目标应该采取的具体措施以及实施措施的时间安排。

总之，旅游规划的目的是在旅游开发的过程中，更有效合理地利用旅游资源，提高旅游资源吸引力，扩大经济效益和社会效益，从而使旅游地的旅游业全面、健康地向前发展。

二、旅游规划的对象分析

旅游规划的对象是指旅游规划活动及其影响的对象，是旅游规划活动的客体。旅游规划的对象可被划分为旅游市场系统、旅游吸引物系统、旅游设施与服务系统、旅游保障系统四大部分。其中旅游市场系统也就是旅游客源市场的需求，是旅游系统的主体；旅游吸引物系统是旅游系统的核心和客体；旅游设施与服务系统是联系旅游系统主体和客体的中介；旅游保障系统为旅游活动的顺利开展提供支持和保障。四个系统之间相互依赖、相互作用，形成特定的旅游系统结构。

（一）旅游市场系统

旅游市场是指旅游产品交换中供需之间各种关系的总和。从市场营销角度看，它主要指旅游需求市场，即愿意付出一定代价换取旅游产品的实际旅游者和潜在旅游者。了解旅游市场需求是旅游目的地制定旅游规划的依据。由于旅游者的市场需求趋势是不断变化的，旅游供给必须以市场需求为导向，所以，规划师在进行旅游规划时必须进行充分的市场调查和分析，并在此基础上作出市场预测和定位。

除此之外，旅游市场营销也是旅游规划的重要内容，其主要目的在于宣传旅游地的产品和服务，提高旅游目的地的价值和形象，使潜在旅游市场产生旅游动机，进而转变为消费行为，并与消费者建立良好关系。

（二）旅游吸引物系统

旅游吸引物是指任何能够对旅游者的旅游活动产生吸引功能的物象或劳务形式的总和。它由作为核心的旅游资源、旅游产品（资源依托型和资源脱离型）、组合旅游产品（对核心旅游产品进行价值追加的产品层次）和处于支持层次的旅游者及旅游标识物构成，是一个大的旅游系统。可见，旅游吸引物的概念是比较宽泛的，本书所界定的旅游吸引物是从旅游规划对象的角度来看的，主要包括旅游资源、旅游产品、旅游地形象三个方面的内容。它们对旅游吸引物的规划主要有两个方面的作用：一是可以在了解旅游地及其旅游资源属性、特色的基础上更好地对其加以保护和利用；二是可以设计开发出能够吸引、刺激人们产生旅游兴趣的产品，提高游客的满意度。

（三）旅游设施与服务系统

旅游设施与服务系统是旅游规划系统中重要的组成部分。旅游设施是指旅游目的地向旅游者提供服务时所依托的各项物质设施和设备，包括交通运输设施、食宿接待设施、游览娱乐设施和旅游购物设施等。旅游地要针对各种设施提供专门的服务，主要包括提供游览信息服务、路线导引服务、导游讲解服务、特殊人群个性化服务等。规划师要对旅游设施与服务系统进行专项规划，在规划时一方面要考虑如何提供便捷、舒适、安全的设施设备，解决旅游者的后顾之忧；另一方面要考虑如何改善旅游服务质量，提高游客满意度。

（四）旅游保障系统

旅游保障系统包括政策保障系统、财政保障系统、人力资源保障系统、生态环境保护系统等。政策保障系统指一系列旨在保障旅游规划顺利进行，推动旅游业可持续发展的倾斜性的政策所组成的系统，包括旅游业发展战略、促进旅游业区域合作的政策、优化旅游企业组织结构的政策等，可以对旅游规划活动的开展起到扶持、协调和监督的作用；财政保障系统为区域旅游规划和开发提供财政、金融两方面的支持；人力资源保障系统通过多种渠道和方法为旅游业提供优秀人才，包括人力资源的培养和引入两个方面；生态环境保护系统使旅游开发与环境保护有机结合起来，合理控制环境承载力，保障旅游业的可持续发展。

第二节　旅游规划的特点与原则

一、旅游规划的主要特点

（一）旅游规划的综合性

旅游规划的综合性表现为旅游规划内容的广泛性和综合性、规划过程的综合协调性、规划方案的比选性、规划队伍的综合性。[①] 旅游地作为一个开放性区域，由自然、社会、经济等系统有机组成，每个

---

① 王庆生. 旅游规划与开发（第 2 版）［M］. 北京：中国铁道出版社，2016：15.

系统又可进一步细分为若干子系统以及诸多组成要素。旅游规划涉及自然、经济、社会、人民生活等各个领域，涉及工业、农业、建筑业、交通运输业、宾馆餐饮业、商贸、邮电、通信、卫生等社会经济的各个部门，内容十分广泛。从纵向上看，旅游规划属于区域旅游发展规划中的一部分；从横向上看，它和与其并列的城镇、水利、交通、电力、农业等专项规划都有千丝万缕的联系，并具有一定的互补性。因此，旅游规划与其他产业一样具有能够协调系统内部要素以及旅游系统与其他系统和谐发展的特点。

（二）旅游规划的专业性

随着现代旅游业的发展和旅游者需求的日益多样化，越来越多的科学技术成果在旅游产业中得以广泛应用，人们对旅游规划的要求也越来越高。

一方面，编制旅游规划鼓励采用先进的方法和技术。编制过程要求进行多方案的比较，并征求各有关行政管理部门以及当地居民的意见。编制好的旅游规划不仅要反映区域旅游业的总体发展部署，还要具有较强的科学技术性。如对旅游资源的开发规划，从旅游资源的调查、评价到旅游资源向旅游产品的转化，往往不仅要反映旅游发展总体布局的客观要求，还要反映自然规律和科学技术规律的要求。

另一方面，旅游规划编制工作所采用的勘察、测量方法与图件、资料，要符合相关国家标准和技术规范，旅游规划编制人员也要求具有比较广泛的专业构成，如具备旅游、经济、资源、环境、城市规划、建筑等方面的知识。

（三）旅游规划的区域性

任何一个旅游规划都是针对一个具体区域的规划。无论是全国旅游发展规划，还是跨省区的旅游规划，如西北旅游发展规划、东北旅游发展规划，还是省（自治区、直辖市）级旅游发展规划、地（市级）级旅游发展规划、县（区级）级旅游发展规划，甚至是旅游景区（点）规划都是围绕一定的区域展开的。旅游规划针对具体的区域范围应有所不同，但不同区域的层次之间应是相互联系、相互制约和相互转化的关系，较小区域的旅游规划应遵循和符合较大区域旅游规划的部署和安排。

（四）旅游规划的前瞻性

旅游规划是在一定的现实调查与评价基础之上对未来的一种预测，是未来的行动计划。它要求对旅游区域近期（5 年以内）、中期（5～10 年）、远期（10～15 年）三个阶段的发展目标和行动计划作出部署、安排和规划，使规划方案既能指导近期旅游建设、满足旅游发展要求，又能适应旅游业发展的长远需要，做到远近结合，实现旅游业的永续发展。

二、旅游规划应遵循的原则

文化和旅游部颁布的中华人民共和国国家标准《旅游规划通则》（GB/T 18971－2003）要求编制旅游规划要坚持以旅游市场为导向，以旅游资源为基础，以旅游产品为主体，保持经济、社会和环境效益可持续发展的指导方针。根据这一要求，结合旅游规划所具有的综合性和专业性的特点，在进行旅游规划时应当遵循以下几方面的原则：

（一）遵循市场导向原则

市场导向原则是指在进行旅游规划前要进行市场调查与市场预测，准确掌握旅游市场的需求和供应及其变化规律，结合旅游资源特色，确定开发的主题、方向、规模和层次。该原则要求规划师了解和掌握旅游市场的供需状况，包括需求的内容，满足的程度，旅游产品供需发展趋势，潜在需求状况，整个市场的规模、结构和支付能力以及新企业进入市场预测等，然后根据这些因素进行旅游规划的筹措工作。

此外，由于市场需求处于动态变化之中，这使得旅游规划不仅要满足客源市场现实的需求，还要了解长期的发展方向，预测潜在市场需求的变化趋势，用一种动态、连续、长期的发展战略进行旅游规划工作。

（二）遵循公平和公正原则

旅游规划中需要坚持的公平性原则是一个多层次的概念。从享受公平的主体上看，有代际公平和代内公平。前者要求旅游规划要坚持代际公平的价值取向，对旅游资源的开发要适度，不能透支下一代人的利益；而后者则要求旅游规划要综合考虑包括规划委托部门、开发商、社区居民、游客以及更大范围内的公共利益、道德约束等要求。旅游规划中的公平性原则强调参与旅游规划的主体要尽可能扩大到所有实际或潜在的关注、影响旅游发展的组织和个人，包括社区居民、当地营利性和非营利性机构、相关利益群体、旅游规划单位以及政府有关部门等。

旅游规划还可能带来社会公正问题。在旅游规划中简单地强调保护而忽视发展，或者对过度损耗资源与环境的经营行为不加以抑制，都是不公正的。因此，需要建立和完善相关法律制度以满足旅游规划的公正性原则。

（三）遵循效益均衡原则

旅游规划的最终目的是寻求旅游业对社会发展的经济效益、社会效益和环境效益的最优贡献。因此，在旅游规划中要坚持经济效益、社会效益和环境效益相均衡的原则。通过编制旅游规划，将区域潜在的旅游资源转变为旅游产品的重要组成部分，塑造旅游地的鲜明形象，刺激旅游需求，从而产生直接的经济效益，带动相关部门和行业发展，并推动区域经济的繁荣发展，也为区域资源和环境的保护提供有力的支持。同时，发展旅游业能够扩大就业，还可以传承优秀的传统文化以及促进国家间、地区间和民族间的经济技术合作和文化交流，产生良好的社会效益。除此之外，旅游规划要注重对旅游资源科学的合理开发利用，保护环境，防止旅游业的发展对环境造成污染和破坏。

（四）遵循可持续发展原则

可持续发展理念是人们广泛关注的论题，它强调发展必须以不破坏或少破坏人类赖以生存的环境和资源为前提。旅游规划中提出的可持续发展原则的核心思想是要保证在从事旅游规划与开发的同时不损害后代为满足其旅游需求而进行旅游开发的可能性。这就要求经营者在旅游规划和开发中，要以可持续旅游发展为工作的依据之一，保持人类享受资源的公平性，严禁出现急功近利、重开发轻保护，甚至只开发不保护的现象。同时，旅游规划开发人员应树立社会效益和生态环境效益均衡的理念，切实保证旅游活动与生态环境的协调，实现旅游的有序发展，走可持续发展的道路。

第三节　旅游规划的理论体系

目前，国内比较认可的观点是把旅游规划的理论体系概括为横向的四大板块和纵向的四大层面。横向的四大板块分别是环境理论板块、经济理论板块、人文理论板块和规划理论板块；纵向的四大层面分别是关于旅游规划研究方法的理论、关于旅游系统及其发展的理论、关于旅游规划的理论和关于旅游规划实施的理论。

一、旅游规划理论横向的四大板块

(一) 环境理论板块

旅游规划的环境理论板块主要涉及旅游地理学、生态环境学、风景园林学、旅游景观生态学、建筑学、旅游工程学等。该理论板块主要研究旅游资源在地球表层的分布规律，旅游者与自然环境、旅游资源、基础设施、服务设施、旅游项目的关系，从而使旅游者空间环境行为的组织及旅游空间的建设安排具有一定的科学依据。

(二) 经济理论板块

旅游规划的经济理论板块主要涉及旅游经济学、旅游市场营销学、旅游管理学、会计学等。该板块的主要研究对象是在旅游资源分配、旅游投资、旅游市场、旅游产品生产、旅游服务、旅游经济运行过程中，人与人相互作用的效益和效用关系。

(三) 人文理论板块

旅游规划的人文理论板块主要涉及旅游心理学、旅游社会学、游憩学、旅游政策学、旅游法学、文化学、历史学、考古学、人类学、民俗学等。该板块关系到旅游的价值取向和吸引力品位的塑造。它通过研究价值和意义体系，树立人生或社会理想的精神目标或典范，塑造文化内涵。旅游政策学和法学还能够在更高层次上调节旅游发展的规模、结构与质量，调节旅游者之间、法人之间、旅游者与法人之间的行为关系，保障旅游系统的和谐运转。该理论为旅游规划的人文资源评价、发展预测、旅游项目优化、线路选择、游览经历优化、社会关系协调、特色与品位的塑造等方面提供了不可缺少的思想、理论和技术。

（四）规划理论板块

规划理论板块是旅游规划理论体系的核心部分。该理论板块以环境理论板块、经济理论板块和人文理论板块为基础，以当代系统科学、管理学、未来学、计算机科学等系统理论和现代化科学技术手段为支撑，从旅游系统的角度对上述三大理论板块予以整合。规划理论板块为认识旅游系统的整体性、发展性，提高旅游规划的科学性、技术性、合理性提供了理论依据。此外，规划理论板块还在数据收集、实时评价、预测发展等方面为旅游规划提供了强大的技术手段。

二、旅游规划理论纵向的四大层面

（一）关于旅游规划研究方法的理论

关于旅游规划研究方法的理论是旅游规划理论的基础层面。研究旅游规划的方法体系不仅能够摒弃个人意志的局限性，提高旅游规划的科学性，还能够提高旅游规划的研究效率，促进旅游规划学科的发展与成熟。

（二）关于旅游系统及其发展的理论

旅游规划的第二个层面是关于旅游系统及其发展的理论。旅游系统作为旅游规划的对象，是一个围绕特定功能而组织起来的社会经济边缘组合系统，涉及旅游者、旅游目的地、旅游企业等诸多要素。因此，关于旅游系统的理论是对旅游系统的整体性、发展性进行理论研究，从而实现对旅游系统的结构、特征以及发展规律的基本认识。该理论是旅游规划的基础，是旅游规划区别于其他类型规划的重要依据，体现了旅游系统的独有特征。

（三）关于旅游规划编制的理论

旅游规划理论的第三个层面是关于旅游规划编制的理论，主要包括旅游规划评价理论、预测理论、模拟理论、决策理论等。旅游规划应根据规划对象的具体发展规律和现状确定其今后发展的方向和路径。因此，旅游规划应尽量排除人的主观想象，在方法上严格遵照规划编制的要求。这一理论的目的在于提高旅游规划的工作效率，最大限度地摒弃个人意志的局限性，引导和保障旅游规划学科的良性发展。

（四）关于旅游规划实施的理论

关于旅游规划实施的理论是旅游规划理论的应用层面，其基本任务是研究旅游规划的内容与实施行动的关系、本质与规律。目前，旅游规划的编制、审批、实施机制还有待完善，旅游规划中美好的发展蓝图与现实之间还存在障碍性因素，想要实现旅游产业的科学发展，必须进一步强化旅游规划对于旅游发展实践的指导性，因此，特别需要探索研究旅游规划的实施转化机制。

第四节　旅游规划的类型与层次

一、旅游规划的类型

旅游规划的类型较多，按照同一标准划分的类型之间相互渗透、相互补充，没有等级之分，没有指导和被指导的关系，也没有服从和被服从的关系。

（一）根据旅游发展的阶段划分

根据旅游发展的阶段，可以将旅游规划划分为三种类型。

1. 开发性旅游规划

开发性旅游规划主要是针对那些还没有开发旅游资源的地区和旅游地，是旅游发展初期的规划。开发性旅游规划所要解决的问题是如何开发旅游资源，它涉及的内容非常多，需要的投资很大，因此考虑的问题比较全面。

2. 发展性旅游规划

发展性旅游规划是在旅游发展过程中所进行的规划，主要是就如何提高旅游发展的经济、社会、环境效益提出建设性的意见，它所要解决的问题就是旅游发展的战略、发展的速度、发展的协调和发展的保障。

3. 调整性旅游规划

调整性旅游规划是旅游发展后期的规划，它是在旅游发展具有一定规模和基础的前提下所进行的规划。此类型的旅游规划主要是对过去的旅游规划进行适度调整和扩大，以适应新的旅游发展需要。

（二）根据旅游规划的内容划分

旅游规划所包含的内容很多，依照内容来划分，其类型也很多。但由于组成旅游的各项要素之间相互联系、互为依存，如果单独以某项要素来进行规划，其实用性就很差，远不如综合看待问题有意义。所以，独立地按内容划分的旅游规划比较少见，往往都包含在按地域或按时间划分的旅游规划里。

1. 旅游业规划（旅游产业规划）

旅游业规划实质上就是以旅游经济为主要内容的规划，其侧重点在于解决和处理旅游需求和旅游供给之间的关系，所以又可以把它称为旅游需求—供给规划。旅游业规划应该是旅游经济中、远不同时期的发展纲领，用以明确旅游业在国民经济中的地位和作用，充分估计和利用现有的基础，勾画出旅游业发展的方向、规模、速度和目标以及旅游发展的产业政策和实现目标的措施。旅游业规划还应该研究投资环境，论证投入—产出的综合效益。

2. 旅游资源开发保护规划

旅游资源开发主要为旅游者建设各种便利设施，保护则是要减少旅游设施，开发与保护是一对矛盾，而开发保护规划就是要找到协调二者之间矛盾的方法，既要充分发挥旅游资源的经济效益，又要不以牺牲旅游资源为代价。所以，旅游资源开发保护规划涉及以下内容：一是开展旅游资源的全面调查，摸清旅游资源的规模、类型、特征和分布状况；二是进行综合评价，找出旅游资源特色，分出其重要性的等级，找到开发旅游资源的突破口；三是分析旅游资源的保护对象、保护级别和保护措施；四是分析旅游资源的开发方向和主要客源对象；五是论证旅游资源开发的经济效益和投资概算等。

3. 旅游市场规划

市场经济条件下，旅游者的需求对旅游开发来说至关重要，没有市场的旅游开发是空谈，缺乏市场研究的旅游开发是盲目的开发，而参考市场的旅游规划就显得有的放矢。旅游市场规划有时也被称为旅游客源组织规划，其主要内容包括了解旅游市场、开展市场预测、进行市场细分、选择主要客源市场、紧抓国际客源和国内客源、注意客源的季节平衡和冷热线（点）平衡。

4. 旅游保护系统规划

旅游保护系统包括旅游资源保护、环境保护、社会文化保护以及一切需要保护的项目，如针对某些旅游地的旅游安全保护。旅游资源保护主要是要防止人为破坏，尽量避免自然破坏，对旅游资源分出保护级别，列出需要重点保护的资源名称。旅游环境保护是保护环境，不使旅游质量下降，并且还要提高旅游质量。社会文化保护主要是处理旅游同当地文化之间的关系，因为有些文化是旅游资源和旅游环境氛围的有机组成部分。一般来说，旅游环境和旅游资源的保护规划是必不可少的，因此要划分出保护区的范围和保护级别，提出保护措施。

5. 旅游线路规划

旅游线路规划包括区域旅游线路和旅游地内部线路。区域旅游线路可以分为周游型线路和逗留型线路。

周游型线路注重的是游客对整个区域的全面游览，通常涉及多个景点和目的地，旨在让游客充分体验该区域的多样性和特色。这种线路设计通常考虑交通的便利性、景点的分布以及游客的体力状况，确保游客在有限的时间内能够尽可能多地游览和体验。逗留型线路则更加注重游客在某个特定旅游地的深入体验。这种线路设计通常围绕一个或多个核心景点展开，为游客提供丰富的活动和体验，如文化探索、自然观赏、休闲度假等。逗留型线路的设计更注重游客的舒适度和满意度，确保他们在旅游地能够享受到高质量的旅游体验。

旅游地内部线路主要是指风景区内部的游览公路，这些公路能够引导游客游览景区、观赏景点景物。它们构成了游客在景区内部活动的通行路径，是景区内部交通规划的重要组成部分。合理的内部线路规划可以有效提升游客的游览体验，确保游客能够顺畅、安全地参观各个景点，同时也有助于景区管理和维护。

6. 旅游设施规划

旅游设施分为基础设施和专门设施。基础设施包括道路系统，水、电、气、热的供应系统，废物、废气、废水的排污处理系统，邮电通信系统，医疗卫生系统，安全保卫系统等。专门设施是指直接面对游览者，为其提供直接服务的物质条件，包括住宿设施、餐饮设施、游览设施、娱乐设施、购物设施、辅助设施等。旅游基础设施的规划要根据旅游开发的需要和对未来的预测来制定，既要保证满足需要，又不造成资金的占用和浪费。旅游基础设施的建设并非仅仅依靠旅游部门，还与其他部门相关，因此旅游部门需要与其他部门共同制定和协商实施规划，或者由政府牵头制定和实施。旅游专门设施是旅游经济效益的主要来源，其规划要在旅游发展需要和对未来预测的基础上制定，考虑供求平衡，追求最大的经济效益。许多旅游专门设施不能只靠旅游部门管理，它也需要同相关部门进行协商。

7. 旅游人才规划

旅游人才规划是指在摸清各类专业人才结构和需求量的情况下，有计划、有目的地培养旅游人才，尽量做到结构合理、层次适中、供需平衡。

二、旅游规划的不同层次划分

按照不同的标准可以把旅游规划分为不同的层次，按照同一标准划分的不同层次的旅游规划遵循下级服从上级、局部服从整体的原则，它主要有以下几种划分方法：

（一）根据空间范围进行划分

按照空间范围可以把旅游规划分为国际级规划、国家级规划、地区级规划、次级区域规划、开发区土地利用规划、设施区规划、设施规划、专项研究等。

1. 国际级规划

国际级规划主要关系到国际交通服务、不同国家间的游客流量、周边国家的主要吸引物特征和设施、多国营销战略和促销计划。

　　国际级规划通常是非常弱的，因为它依赖于国家间的合作，但对于一些特殊项目而言它仍然很重要，因为这一等级规划能获得国际机构的支持和地区旅游项目的资助。

　　2. 国家级规划

　　国家级规划重点包含以下几个要素：旅游政策，具体基础设施规划（包括主要旅游景点分布、旅游开发区划定、国际游客出入港和国内交通及服务设施网络），其他主要设施因素，所需要的住宿及其他旅游服务设施的总量、类型和质量档次，国内主要旅游线路及其相互联系，旅游组织结构、法规和投资政策，总体旅游营销战略和促销计划，教育和培训计划，设施开发和设计标准，社会文化、环境和经济影响因素分析，国家级规划实施方式（包括开发阶段、短期发展战略及项目策划）。

　　3. 地区级规划

　　地区级规划是指一个国家内一个地区的旅游规划，一般指一个省（自治区、直辖市）或一片群岛等，其规划应根据现行的国家旅游政策和规划框架制定。地区规划的重点要素包括：地区政策，地区可进入性和区内交通及服务设施网络，旅游景点类型和位置，旅游开发区的位置（包括度假区），住宿及其他旅游服务设施的总量、类型和位置，地区级环境、社会文化和经济影响因素分析，地区级教育水平和培训计划，营销战略和促销计划，组织结构、法规和投资政策，规划实施方式（包括开发阶段、项目策划及区内区域划分管理），旅游设施的开发和设计标准。

　　4. 次级区域规划

　　次级区域规划的构成要素取决于次级地区的情况，一般包括旅游景点特征、住宿及其他旅游服务设施的位置、次级地区的可进入性、内部交通及其他基础设施网络以及其他相关机构要素。

5. 开发区土地利用规划

开发区土地利用规划是专门的旅游度假区、度假城镇、城市旅游和旅游景点用地的规划，这一级的规划具体明确了饭店及其他类型住宿设施、零售商店和其他旅游设施、娱乐场所、公园和保护区、公路交通系统、步行街等设施（包括当地机场、铁路线和火车站）的位置，规划中还应包括一些基础设施的设置，如供水系统、供电系统、垃圾处理和电信系统等。这些具体规划包括可行性分析、环境和社会文化影响评估、开发阶段和开发计划以及确保规划实施的组织和财务保证。这一级的规划还要进行分区规划，确定具体建筑、景观和工程设计标准。旅游景区规划还包括游客流向、流量分析及相关建议。

6. 设施区规划

设施区规划是某个建筑或一组建筑的具体的规划，建筑群中可以包括饭店、商业中心和游客设施。规划图中应标出建筑的实际位置及其他相关结构、娱乐设施、街道和步行街、停车场、景区等的位置及相互关系。

7. 设施规划

度假区、饭店、餐厅、景点内游客设施、考古和历史遗址、信息及文化中心等旅游设施的建筑、景观的基础设施设计和工程需求，应依据上一级规划提出的概念和标准进行，也可以援引现有的国际标准。

8. 专项研究

除了以上各级旅游规划和设计外，还经常有一些根据当地需要进行的旅游专项研究。这些研究可以是一些专题研究，如经济影响分析、环境和社会文化影响评价、营销分析和促销计划以及独立于总体规划外的开发方案。

（二）根据时间的长短进行划分

旅游规划考虑的时间长短不同：一方面，旅游发展具有阶段性；另一方面，实现旅游规划也需要一定的时间。旅游规划的时间主要是从将旅游规划付诸实施所需的时间这一角度考虑的。为了使旅游发展同国民经济计划保持一致，规划的时间一般依据国民经济计划的时间来确定，如5年、10年等，并在此基础上适当变动。具体说来，从时间角度进行的旅游规划有以下几种。

1. 远期旅游规划

远期旅游规划一般在10年以上，是具有战略性、预见性和纲领性的旅游规划，其不确定的因素比较多，对中短期旅游规划起指导作用。

2. 中期旅游规划

中期旅游规划一般为5～10年，是比远期规划内容更具体、详细的旅游规划。其主要任务是解决旅游发展中的一些重大问题，如发展战略、发展速度、旅游布局、长远目标。制定中期旅游规划的主要依据是国家经济发展长期计划中对旅游经济提出的任务和要求，旅游供给状况及国际国内旅游市场发展趋势等。

3. 近期旅游规划

近期旅游规划考虑的时间一般为2～5年，是旅游规划的基本形式，它是中期旅游规划的具体化。近期旅游规划的不确定因素比较少，可以比较准确地衡量规划期内各种因素的变动及影响，它需要对中远期旅游规划的各项任务提供具体的数量表现，并对实现规划目标的各项措施作出具体的安排，从而为编制短期规划提供依据。

4. 短期旅游规划

短期旅游规划一般是指年度计划，是实现近期旅游规划目标的具体执行计划。它需要制定本年度的具体任务和实施方案，考虑的因素比较少，是内容详细、准确、具体的旅游规划。

（三）根据规划性质进行划分

旅游规划的性质各异，一方面体现在其宏观与微观的不同层次，另一方面则体现在其战略性与实施性的不同侧重。根据这些性质，旅游规划主要可以分为旅游发展战略规划和旅游规划设计两大类。

1. 旅游发展战略规划

旅游发展战略规划从全局和宏观上指导旅游的发展问题，综合考虑整体利益，解决旅游的发展方向、发展速度、发展规律、客源市场、人才培养、基础设施建设与布局、重点旅游资源的开发、旅游资源和环境的保护、旅游文化、旅游服务、旅游管理等问题，要求制定相应的产业政策和法规，以保障旅游业的健康发展。

2. 旅游规划设计

旅游规划设计涉及的内容是具体的旅游建设，即进行旅游设施的场所选择和规划设计，包括项目设计和建筑设计，追求的是人工美和自然美的和谐统一。

我国在 2003 年颁布的中华人民共和国国家标准《旅游规划通则》中将旅游规划划分为旅游发展规划和旅游区规划，它是按照规划内容的性质来进行划分的。

旅游发展规划是根据旅游业的历史、现状和市场要素的变化所制定的目标体系，以及为实现目标体系在特定的发展条件下对旅游发展的要素所作的安排。旅游发展规划按规划的范围和政府管理的层次可分为全国旅游业发展规划、区域旅游业发展规划和地方旅游业发展规划。地方旅游业发展规划又可分为省级旅游业发展规划、地市级旅游业发展规划和县级旅游业发展规划等。地方各级旅游业发展规划均依据上一级旅游业发展规划，并结合本地区的实际情况进行编制。

旅游区规划是指为了保护、开发、利用和经营管理旅游区，使其发挥多种功能和作用而进行的各项旅游要素的统筹部署和具体安排。旅游区规划按规划层次，可分为总体规划、控制性详细规划、修建性详细规划等。旅游区总体规划的期限一般为 10 ~ 20 年，同时可根据需要对旅游区的远景发展作出轮廓性的规划安排。对于旅游区近期的发展布局和主要建设项目，亦应作出近期规划，期限一般为 3 ~ 5 年。旅游区总体规划的任务是分析旅游区客源市场，确定旅游区的主题形象，划定旅游区的用地范围及空间布局，安排旅游区基础设施建设内容，提出旅游区的开发措施。

旅游区控制性详细规划是在旅游区总体规划的指导下，为了近期建设的需要编制而成。其主要任务是以总体规划为依据，详细规定区内建设用地的各项控制指标和其他规划管理要求，为区内一切开发建设活动提供指导。对于旅游区当前要建设的地段，应编制修建性详细规划。旅游区修建性详细规划的任务是在总体规划或控制性详细规划的基础上进行进一步深化和细化，用以指导各项建筑和工程设施的设计和施工。

（四）旅游规划层次之间的关系

不同层次和不同范围的旅游发展规划应相互衔接、相互协调，遵循下级规划服从上级规划、局部规划服从全局规划的原则。

1. 旅游规划层次之间的纵向关系

旅游规划层次之间的纵向关系主要是指从同一个角度划分的不同层次之间的关系。这种关系可以简单地理解为全局旅游规划应该对局部旅游规划具有指导作用，局部旅游规划应该服从全局旅游规划；全局规划的内容应该更抽象、更灵活，局部规划的内容应该更具体、更固定；全局规划服务的地域范围大，局部规划服务的地域范围小。

2. 旅游规划层次之间的横向关系

旅游规划层次之间的横向关系主要是从不同角度划分的旅游规划在同一相应层次上的关系。旅游地以上旅游规划和中远期旅游规划偏向于旅游发展战略规划，旅游地以下旅游规划和短近期旅游规划偏向于旅游的规划设计。

第二章 旅游资源调查与评价

第一节 什么是旅游资源

一、旅游资源的概念

国家旅游局和中国科学院地理研究所在《中国旅游资源普查规范》中对旅游资源作出如下定义：旅游资源是指自然界和人类社会凡能对旅游者产生吸引力，可以为旅游业开发利用，并可产生经济效益、社会效益和环境效益的各种事物和因素。这就要求资源必须具备有用性（指能够吸引旅游者前往旅游观光与休闲），而旅游资源有用性与其他资源的最大区别就表现在它对游客具有吸引力，能够吸引人们产生旅游欲望，并把这种欲望变成实际的旅游活动。除了有用性，旅游资源还要能够在现有的经济技术条件下为旅游业所利用，并能够产生经济效益、社会效益和环境效益。

在了解旅游资源概念的基础上，要对这个概念有深入的理解和把握，以下几个方面必须认识清楚。

（一）广义和狭义的旅游资源

广义论者和狭义论者对于旅游资源概念的理解的区别，根源在于对于"资源"一词的理解。狭义论者根据各种词典的解释，把资源理解为"生产资料和生活资料的天然来源"，相应地，把旅游资源理解为具有吸引力，尚未开发而具有开发价值的天然来源或原材料。实际上，只要能够激发人们的出游动机，无论是否被开发，都应该视其为旅游资源，因为被开发与否并不能改变旅游资源的状态、性质、结构和成分，它们没有产生实质性的变化。所以，旅游资源应该是从更广泛意义上来看的。

（二）旅游资源存在形式的多样化

旅游资源既包括像名山大川、风景植物、古建园林这些能够看得见、摸得着，容易被人们认识到的有形资源，也包括像文学艺术、民间传说、民俗风情、科技新知等无形资源，这类无形旅游资源看不见、摸不着，但能感觉得到，游客可通过感受和联想获得满足。不过，获得这些想象和感受一般需要较高的文化修养和宽广的知识面以及丰富的想象力。如果这类资源通过创意设计活化为有形的资源，其吸引力将大大提升。随着人们逐渐步入体验经济时代，这一类能够增强游客体验与感受的旅游资源会大受欢迎。在这个过程中，不可避免地要加入一部分人的劳动，如民族舞蹈、民间习俗表演、戏曲演唱、杂技表演、武术体育等，这些都需要人的参与，再如近几年兴起的实景演出也离不开人的参与，其中的劳务也属于旅游资源的范畴。

除了大自然赋予人类的各种自然旅游资源和历史上遗留下来的人文旅游资源，如今出现了越来越多的为了满足游客需要而新建的人造景观，如主题公园等。人造景观依靠资金、智力和现代技术，或创造，或模拟。这类能够适应市场需求，具有较高观赏性和娱乐性的人造景观也成为旅游规划与开发的一大趋势。

（三）旅游资源是一个发展的概念

随着经济的发展、社会的进步、科技水平的提高和旅游者的日益成熟，人们越来越不满足于传统的旅游方式和旅游空间，旅游需求日益多样化、个性化。以前人们普遍认为不是旅游资源的内容也逐渐成为旅游者观光游览或体验的对象，如工业旅游、观光农业、探险旅游、休闲度假等。人们对旅游资源的认识也正在不断深入，不断产生新的突破。

二、旅游资源的特征表现

旅游资源同其他资源一样，具备自身的特性，在旅游规划中必须首先对旅游资源的特点进行深入把握，才能够更好地理解旅游资源的内涵并在此基础上进行评价与开发。

（一）存在形式——多样性

旅游资源的多样性是由客观世界的复杂多样性决定的，在客观世界中，凡是能够对人们产生吸引力，能够开发利用的资源都可以作为旅游资源。前文已述及，旅游资源既包括有形的名山大川，也包括无形的民俗风情；既有客观存在的，也有现代人创造出来的。旅游资源的多样性更是与人们旅游动机的多样性分不开。为了满足旅游者的个性化需求，旅游规划师也会人为地创造出一些旅游景观。

（二）空间分布——地域性与组合性

旅游资源分布的地域性形成的最根本原因在于不同的旅游资源有

其存在的特殊条件和对应的地理环境。而这些条件和地理环境都要受到地域分布规律的影响和制约。对于自然景观来说，这种影响表现得尤为明显。太阳辐射按纬度分布不均，引起地理环境产生纬度地带性，从赤道向两极形成不同的自然带，也就有了不同的旅游景观。水分按海陆分布不同而变化，引起地理环境产生经度地带性分异。由于地表组成物质和结构不均，地势起伏不同，引起地理环境产生非地带性差异，形成千姿百态的自然旅游景观。同时自然地理环境还影响着人文景观的形成和分布：自然环境优越的地区常成为人类文明的摇篮，古文化和古人类遗址等人文旅游资源就十分丰富；自然环境较恶劣的地区，人迹稀少，人类生存尚且困难，其活动的产物——人文旅游资源就很难出现。自然环境也会影响生活习惯、风土人情、建筑等人文景观的形成。正是由于不同区域地理环境的差异性造成了旅游景观的差异性，才造成了旅游者的空间移动。

旅游资源的地域性还表现在它的位置不可移动，旅游者要欣赏旅游景观，就必须亲自到旅游资源所在地观光游览。自然旅游资源是在特定自然地理条件下形成的，其形态特征、生态环境或旅游功能都是独有的，无法用人工的力量来搬迁或异地再现，如长江三峡、黄果树瀑布、桂林山水等都是在当地独特的自然地理条件下形成的，因而不可移植。人文旅游资源是人类社会在特定的地域环境和特定的历史条件下的产物，是历史的见证，它们在地域上也是固定的。而且人文旅游资源与其生成的环境具有紧密联系，人为割裂其环境联系，势必会影响旅游资源所承载信息的完整性、原生性和真实性，使资源的价值降低。在现代经济和技术条件下，在其他地方仿制的一些旅游景观，如缩微景观、园林建筑，由于脱离了当地的历史和环境，景观生态关系不完整，仿制品已失去了原有的魅力和意义，其生命力也非常有限。

旅游资源的组合性表现在旅游资源多是由不同的要素组成的综合

体，它们相互联系、相互依存，共同形成资源整体。旅游资源组合的形式是多种多样的，如山岳景观是由高耸挺拔的山体与植被、云雾等组成的，幽谷景观是由河流、宽"V"字形谷地和茂密的植物共同组成的，奇特的天气天象景观也是在周围环境中水汽、光线的折射反射共同作用下形成的，很多人文景观也离不开周围自然环境的衬托。而整体性强、类型多样的旅游资源吸引力更大，如山水的组合就要比纯粹的山景吸引力要大。

旅游资源的组合性还表现在规划和开发的过程中。单一类型的旅游资源往往对旅游者的吸引力有限，长时间看一种景观容易审美疲劳。在规划的过程中，规划师常常将不同类型的旅游资源组合起来共同规划与开发，以形成优势互补。

（三）时间分布——季节性与时代性

影响旅游资源季节变化的首要因素是自然条件，特别是气候条件的季节变化，其次是人为因素。旅游资源的季节变化性表现在三方面：第一，有些自然风景只在特定的季节或时期出现，如春天的洛阳牡丹和秋天的香山红叶，再如钱塘潮，因日、月起潮力的变化和杭州湾口的喇叭状构造，使最大的涌潮现象出现在农历八月十六日至十八日，观潮者若错过"潮生日"，就无法看到有"壮观天下无"之称的钱塘秋潮胜景；第二，同样的自然景物在不同的季节里展现出不同的风姿，如同一棵树春有芽、夏有花、秋有果，再如九寨沟的水体与周围的植被一年四季呈现不同的景色；第三，一些人文景象或活动都是在特定的季节或时间里出现的，如滑雪、冰雪旅游只有在冬天才进入旅游旺季。

旅游资源具有鲜明的时代内涵，主要表现在不同的历史时期、不同的社会经济条件下，旅游资源的内容和含义不同。在不同社会制度的国家和不同的时代，有的现象能作为旅游资源，有的则不能。这是因为不同性质的国家、不同阶层的人们，道德观念和审美观念不同。封建时代的宫阙，过去是皇家贵族居住的场所，平民百姓根本不可能出入，现在却成为人们游览观赏的地方。旅游资源的时代性还表现在原来不是旅游资源的事物，由于某种原因，发生了质的变化，成为旅游资源，如名人故居在它的主人没有变成名人之前，不过是普通的院落，后来房子的主人变成了名人，住所也变成了旅游资源；再如火山喷发和地震都有可能形成新的旅游景观。

（四）美学方面——观赏性

旅游资源同一般资源最主要的区别，就是它有美学特征，具有观赏性。旅游动机因人而异，旅游内容丰富多彩，但观赏活动几乎是一切旅游活动都不可缺少的内容，有时更是全部旅游活动的核心内容。无论是香山红叶、西湖美景，还是绚烂多姿的文物古迹，无不具有很高的观赏价值。观赏性构成旅游资源吸引力的最基本要素。观赏性的强弱影响旅游资源的品位高低，观赏性越强的旅游资源对旅游者的吸引力越大。由于旅游者性格、气质及审美能力、水平的差异以及自然旅游资源和人文旅游资源的美感不同，旅游欣赏也是多层次和多样性的。

由于美学观赏性的基础地位，旅游规划的过程就是把景观的美学特征挖掘出来并展示给游客，旅游的过程就是发现美、创造美和体验美的过程。合理有效的旅游开发能够让旅游者在旅游的过程中获得美的感受。

（五）开发方向——定向性与不确定性

任何一种旅游资源的吸引力都有定向性，它只能吸引某一部分旅游市场，不可能对全部旅游市场都具有同样强度的吸引力。如田园风光对城市居民来说是旅游资源，对农村居民来说则司空见惯，城市的高楼大厦才是对农村居民具有吸引力的旅游资源。

影响旅游资源开发价值不确定的原因主要有两点：一是旅游资源的价值是随着人类的认识水平、审美需要、发现时间、开发能力、宣传促销等众多因素的变化而变化的，在不同的时代、不同的社会经济条件下，同种旅游资源的价值也是不同的；二是不同的人可以从不同的角度评估旅游资源的价值，不同的开发利用方式和外部条件也会使同种旅游资源具有不同的价值。

第二节　旅游资源分类

旅游资源分类是评价工作的基础。在旅游规划实地考察工作中，旅游资源的调查和评价是其主要内容之一。作为技术规范，旅游资源评价必然依据一定的分类系统，以便使定性与定量相结合，对旅游资源的价值作出科学评判。

一、旅游资源的分类原则

旅游资源分类应遵循以下原则：

一是共轭性与排他性原则。共轭性与排他性也称相似性与差异性，即不能把不具有共同属性的旅游资源归为一类，所划分出的同一级同一类型旅游资源必须具有共同的属性，不同分级和类型之间应具有一定的差异。

二是逐级划分原则。逐级划分即分级与分类相结合。旅游资源是一个复杂的系统，它可以分为不同级别、不同层次的亚系统。分类时，可以把分级与分类结合起来，逐级进行分类，避免出现越级划分的逻辑性错误。例如，可以把旅游资源先分为高一级的自然旅游资源与人文旅游资源，然后再分别对其划分次一级类型，如果需要还可再向下划分更低一级类型。

三是对应性原则。逐级划分过程中的次一级类型内容，必须完全与上一级类型的内容相对应，不能出现下一级内容超出上一级或少于上一级的现象，否则就会出现逻辑上的错误。例如，对水域风光的进一步分类应包括所有的水域风光旅游资源，不能只包括其中的河流景观，更不能把非水域风光的资源划分进来。

二、旅游资源分类方法

（一）国外的分类方法

国外学者在对旅游资源进行分类时，更多依据旅游资源适宜的旅游活动类型，如英国学者科波克（Coppock，1974）对英国旅游资源的分类如下：①

1. 供陆上旅游活动的资源

（1）露营、篷车旅行、野餐旅游资源，包括所有距乡间碎石小路 400m 以内的地方。

（2）骑马旅游资源，指已经开辟有步行道、车行道和驰道的海拔在 300m 以上的高地地带。

（3）散步及远足旅游资源，指海拔 450m 以上的高地，已经建有驰道、步行道、车行道的地方。

（4）狩猎旅游资源，指所有有狩猎价值的地方。

（5）攀岩旅游资源，指高差在 30m 以上的断崖。

（6）滑雪旅游资源，指有效高差在 280m 以上，且有 3 个月以上

---

① 朱青晓，王忠丽. 旅游规划原理［M］. 郑州：河南大学出版社，2013：72.

滑雪期的地方。

2. 以水体为基础的旅游活动资源

（1）内陆钓鱼水域，指宽度在 8m 以上，未遭污染的河流、溪谷及运河以及面积在 5km² 以上的水面。

（2）其他水上活动内容水域，指面积在 20km² 以上，或宽度在 200m 以上，长度在 1000m 以上的未污染水域。

（3）靠近乡间道路的水域，指距乡间碎石小路 400m 范围之内，可供一般活动的未污染水域。

（4）适合海上活动的海洋近岸水域，如海岸边。

（5）适合海岸活动的靠近乡间道路的地带，指带有沙滩或岩石的海岸，要求位于距乡间碎石道路 400m 范围以内。

3. 供欣赏风景的旅游资源

供欣赏风景的旅游资源以绝对高差和相对高差分类，可分为以下几种：

（1）低地，指海拔高度在 152m 以下的地方。

（2）平缓的乡野，指海拔高度在 152～457m 之间，相对高差在 122m 以下的地方。

（3）高原台地，指海拔高度在 152～457m 之间，相对高差超过 122m 或海拔在 457～610m 之间，相对高差在 122～244m 之间的地方。

（4）俊秀的小山，指海拔高度超过 610m，相对高差在 122～244m 之间，或者海拔高度在 457～610m 之间，相对高差超过 183m 的地方。

（5）高的山丘，指海拔高度在 610m 以上，相对高差超过 244m 的地方。

这种分类方法虽然只是对英国的自然旅游资源进行了分类，在海拔高度的选择上带有很强的英国地域特色，但是，按照旅游活动的性质进行分类却成为较好的分类方式。

（二）国内常见的分类方法

国内对于旅游资源常常依据成因、属性、功能、时间等几个方面进行分类。

按照成因分类是指根据旅游资源形成的基本原因、过程进行分类。例如，地貌旅游资源按成因可分为流水作用的旅游地貌、风力作用的旅游地貌、溶蚀作用的旅游地貌等。

按照属性分类是指根据旅游资源的性质、特点、存在形式、状态等进行分类，例如，自然旅游资源中的地质地貌旅游资源、水体旅游资源、气候旅游资源、生物旅游资源等，它们的性状不同，类别也相应不同。

按照功能分类指依据旅游资源能够满足开展旅游活动需求的作用进行分类。有的旅游资源可以满足开展多种旅游活动的需求，因而具有多种旅游功能。根据功能不同可以把旅游资源区分为不同的类别，如观光游览型、参与体验型、购物型等。

按照时间分类是指根据旅游资源形成至今时间的不同，将旅游资源区分为不同的类别，例如，依据时间因素可把建筑旅游资源区分为古代建筑与现代建筑。

（三）文化和旅游部的分类方法

2003 年，中国科学院地理科学与资源研究所、国家旅游局（现文化和旅游部）规划发展与财务司联合起草的《旅游资源分类、调查与评价》（GB/T 18972—2003）将旅游资源分为 8 个主类、31 个亚类和 155 个基本类型（见表 2－1）。

表 2-1　　　　　　　　　　　　　　　旅游资源分类

主类	亚类	基本类型
地文景观	综合自然旅游地	山丘型旅游地、谷地型旅游地、沙砾石地型旅游地、滩地型旅游地、奇异自然现象、自然标志地、垂直自然地带
	沉积与构造	断层景观、褶曲景观、节理景观、地层剖面、钙华与泉华、矿点矿脉与矿石积聚地、生物化石点
	地质地貌过程形迹	凸峰、独峰、峰丛、石（土）林、奇特与象形山石、岩壁与岩缝、峡谷段落、沟壑地、丹霞、雅丹、堆石洞、岩石洞与岩穴、沙丘地、岸滩
	自然变动遗迹	重力堆积体、泥石流堆积、地震遗迹、陷落地、火山与熔岩、冰川堆积体、冰川侵蚀遗迹
	岛礁	岛区、岩礁
水域风光	河段	观光游憩河段、暗河河段、古河道段落
	天然湖泊与池沼	观光游憩湖区、沼泽与湿地、潭池
	瀑布	悬瀑、跌水
	泉	冷泉、地热与温泉
	河口与海面	观光游憩海域、涌潮现象、击浪现象
	冰雪地	冰川观光地、长年积雪地
生物景观	树木	林地、丛树、独树
	草原与草地	草地、疏林草地
	花卉地	草场花卉地、林间花卉地
	野生动物栖息地	水生动物栖息地、陆地动物栖息地、鸟类栖息地、蝶类栖息地
天象与气候景观	光现象	日月星辰观察地、光环现象观察、海市蜃楼现象多发地
	天气与气候现象	云雾多发区、避暑气候地、避寒气候地、极端与特殊气候显示地、物候景观
遗址遗迹	史前人类活动场所	人类活动遗址、文化层、文物散落地、原始聚落
	社会经济文化活动遗址遗迹	历史事件发生地、军事遗址与古战场、废弃寺庙、废弃生产地、交通遗迹、废城与聚落遗迹、长城遗迹、烽燧

主类	亚类	基本类型
建筑与设施	综合人文旅游地	教学科研实验场所、康体游乐休闲度假地、宗教与祭祀活动场所、园林游闲度假、文化活动场所、建设工程与生产地、社会与商贸活动场所、动物与植物展示地、军事观光地、边境口岸、景物观赏点
	单体活动场馆	聚会接待厅堂（室）、祭拜场馆、展示演示场馆、体育健身场馆、歌舞游乐场馆
	景观建筑与附属型建筑	佛塔、塔形建筑物、楼阁、石窟、长城段落、城（堡）、阁摩崖字画、碑碣（林）、广场、人工洞穴、建筑小品
	居住地与社区	传统与乡土建筑、特色街巷、特色社区、名人故居与历史纪念建筑、书院、会馆、特色店铺、特色市场
	归葬地	陵区陵园、墓（群）、悬棺
	交通建筑	桥、车站、港口渡口与码头、航空港、栈道
	水工建筑	水库观光游憩区段、水井、运河与渠道段落、堤坝段落、灌区、提水设施
旅游商品	地方旅游商品	菜品饮食、农林畜产品与制品、水产品与制品、中草药材及制品、传统手工产品与工艺品、日用工业品、其他物品
人文活动	人事记录	人物、事件
	艺术	文艺团体、文学艺术作品
	民间习俗	地方风俗与民间礼仪、民间节庆、民间演艺、民间健身活动与赛事、宗教活动、庙会与民间集会、饮食习俗、特色服饰
	现代节庆	旅游节、文化节、商贸农事节、体育节

第三节 旅游资源调查

旅游资源调查是编制旅游规划的基础工作之一。在进行旅游规划的编制工作之前首先必须清楚区域内旅游资源的概况，并在此基础上进行资源的评价和产品开发方向的定位，这样的旅游规划才不至于成为无源之水、无根之木。

一、旅游资源调查概述

旅游资源调查是指泛用一定的科学方法和手段，系统地收集、整理和记录旅游资源以及与之相关的各种自然社会经济条件的信息，以确定旅游资源的赋存状况、旅游业开发的条件，从而为旅游规划提供客观决策依据的活动。

通过对旅游资源进行调查，查明可供利用的旅游资源状况，系统全面地调查地域内旅游资源赋存数量、空间分布、等级质量、特色、吸引力、类型等要素，掌握旅游资源的相关状况和一些相关数据，寻找开发利用潜力，为旅游资源的规划与开发、旅游业的发展提供决策依据。

（一）旅游资源调查的基本要求

旅游资源调查有如下三个基本要求：

第一，旅游资源调查必须保证成果质量，强调整个运作过程的科学性、客观性、准确性，并尽量做到内容简洁和简化。

第二，充分利用与旅游资源有关的各种资料和研究成果，完成统计、填表和编写调查文件等工作。调查方式以收集、分析、利用这些资料和研究成果为主，并逐个对旅游资源单体进行现场调查核实，包括访问、实地观察、测量、记录、绘图、摄影，必要时进行采样和室内分析。

第三，旅游资源调查应该按照国家标准规定的内容和方法进行调查。

（二）旅游资源调查应遵循的原则

一是真实可靠性原则。真实可靠性原则是旅游资源调查的首要原则，是旅游资源调查价值的根本体现。因此，要尽量通过实地勘查获得第一手资料，而对于间接资料也要通过多种调查方式来加以核实。

二是点面相结合原则。"面"是指旅游资源调查在面上要尽量铺得广，要覆盖调查区域所有现实的旅游资源和潜在的旅游资源。可以通过各种调查方法查清整个区域旅游资源的规模、等级、类型、特色、地理分布等信息。"点"是指要调查大城市郊区、交通沿线、已开发旅游区的外围以及那些具有较大开发价值的旅游资源，除了查清旅游资源本身的信息以外，还要了解旅游资源的外部环境信息。点面的结合，一方面可以达到旅游资源调查的目的，另一方面可以节省时间和开支。

三是动态平衡性原则。旅游资源本身是一个动态的概念，它随着所处的自然环境、社会文化环境、经济和技术环境的变化而变化，其内涵和外延都处于动态之中。因此，旅游资源调查也是一个动态的过程，每一次调查都要对上一次调查进行信息的更新，这里的更新既有上一次调查的旅游资源自身信息的更新，也有新旅游资源的补充。同时，每一次旅游资源调查都要依据一定的标准，以便于具体操作，所以调查又具有平衡性。

四是多学科介入原则。不论是旅游资源的调查内容还是旅游资源的调查方法，都要求多学科介入。调查组各成员不仅要掌握本学科领域已形成的理论，同时对其他学科领域又要有一定的了解。在调查过程中，各成员之间要积极配合，努力获得旅游资源的全面信息，为后期工作打好基础。

（三）旅游资源调查的三种类型

旅游资源调查可分为概查、普查、详查等三种类型。

1. 旅游资源的概查

概查是指对旅游资源的概略性调查或探测性调查。这种调查是为发现问题而进行的一种初步调查，主要是寻找问题产生的原因以及问题的症结所在，为进一步调查作准备。通常概查可以采用较为简单的方法，不必制定严密的调查方案。概查以定性为主，一般是对大区域的旅游资源进行调查，以确定旅游资源的类型、分布、规模和开发程度，基本能满足旅游规划的要求。但是它可能会遗漏一些有价值的旅游资源，失去一些旅游开发的机会，在有可能的情况下还是进行普查为好。一般来说，区域旅游的旅游资源调查多采用概查的方式，因为其调查的范围太大，需要的时间、人力、资金非常多。

2. 旅游资源的普查

旅游资源的普查一般是在概查的基础上进行的，它是基于一定的目的在一定的空间范围内对旅游资源进行全面的、详细的综合调查。普查以实地考察为主，因此所获取的资料最为翔实。普查不仅要调查目前广泛被承认的旅游资源，还要调查潜在的旅游资源，这就需要普查人员具有独到的眼力和丰富的经验。旅游资源普查的内容包括旅游资源的特征、性质、分布、数量、质量、开发利用程度、保护现状、开发条件等。但是，普查对于时间、人力、资金消耗非常大，调查的项目也不可能很细，对旅游资源的调查缺乏深度。一般旅游地规划常采用普查的方式。

3. 旅游资源的详查

旅游资源的详查一般是在概查和普查的基础上进行的，将旅游资源普查的结果筛选，确定高质量的旅游资源作为开发的对象，再对这些旅游资源进行更为详尽的实地考察。详查除了对调查对象的景观类型、特征、成因等进行深入调查之外，还要对景观的地形高差、观景场地、最佳观景位置、游览线路等进行勘查和研究。详查结果要编制成景观详图或具体材料图件以及文字材料。景点规划常采用这种调查方法。

二、旅游资源调查的主要内容

旅游资源的调查工作十分重要，它作为旅游规划与开发的前提，必然要搜集丰富而详尽的资料，因此，旅游资源调查的内容不仅限于旅游资源本身的一些信息，还要涉及旅游资源所处的环境状况。

（一）旅游资源的环境调查

1. 自然环境调查

（1）调查区的概况调查。调查区的名称、地域范围、面积，所在的行政区划及其中心位置与依托的城市。

（2）气候条件调查。调查区的气候类型、气温（年均温、极高温、极低温）、盛行风、年均降水量及降水量的时空分布、光照强度、温度及其变化、大气成分及污染情况等。

（3）地质地貌条件调查。调查区的地质构造、地形、地貌及岩石的分布和分异。

（4）水体环境调查。调查区的主要水体类型，各类水体的水质、水量的变化情况以及利用情况。

（5）生态环境调查。调查区内动物及植物群落的数量特征与分布，具有观赏价值的动、植物群落数量及分布。

2. 人文环境调查

（1）历史沿革调查。调查区的发展历史，包括建制形成、行政区划的历次调整、发生的历史事件、调查区内名人及其活动。

（2）经济状况调查。调查区的经济水平及产业状况、国民经济发展状况、国内生产总值、居民收入水平、工农业生产总值、三次产业产值及构成状况、物价水平、就业率与劳动力价格等。

（3）社会文化环境调查。调查区内学校、邮政、电信、医疗、环卫、安全、民族的分布状况，人们的职业构成、受教育状况、宗教信仰、风俗习惯、社会价值观念、审美观念等。

（二）旅游资源本身的调查

依据国家标准《旅游资源分类、调查与评价》，调查区域旅游资源的类型、数量、结构、规模、级别、成因及与旅游资源有关的重大历史事件、名人活动、文艺作品等基本情况，形成旅游资源的文字、照片、录像、专题地图等有关资料。主要包括以下内容：

1. 旅游资源类型调查

旅游资源类型调查是针对调查区内的旅游资源进行分类、调查，对各类旅游资源的类型分布予以汇总。

2. 旅游资源规模调查

旅游资源的规模对旅游资源的吸引力和开发潜力有较大的影响，因此，旅游资源规模的调查内容包括旅游资源的数量、分布范围和面积及分布密集程度。

3. 旅游资源组合结构调整

旅游资源组合结构既指资源类型上的组合结构，又指旅游资源空间上的组合结构。因此，其调查内容包括自然旅游资源与人文旅游资源类型上的组合结构、自然旅游资源与人文旅游资源的内部组合结构以及各类旅游资源在空间上的组合分布结构。

4. 旅游资源品位调查

旅游资源品位调查的主要内容包括旅游规划区域重要旅游资源的珍稀奇特程度，旅游资源的历史价值，旅游资源的科学价值，旅游资源的文化价值，旅游资源的观赏游憩价值及重要旅游资源的知名度等的考察。

5. 旅游资源开发现状调查

旅游资源需要被开发出来才能为旅游业所用，因此，旅游资源按开发程度可分为已开发旅游资源、待开发旅游资源和潜在旅游资源，该项调查内容就是要查明旅游资源的开发状况、项目、类型等内容。

6. 旅游资源保护调查

旅游资源保护是旅游业可持续发展的重要保障。因此，该项调查内容包括旅游资源的保护现状、保护措施等内容。

三、旅游资源调查的程序

旅游资源调查从其实践的程序上可分成调查准备阶段、资料和数据采集阶段和数据整理阶段。

（一）调查准备阶段

调查准备阶段是整个调查的基础，需要完成的工作有人员的准备、工作的准备和仪器设备的准备等。

1. 人员的准备

人员的准备包括调查小组的组建和调查人员的培训。在规划中，调查小组一般由规划组全体成员组成。由于旅游资源联系的学科很多，调查小组要具有一定的知识结构和考查能力，因为调查组水平的高低直接影响旅游资源调查结果的好坏。如果调查人员比较多，且分散行动，则需要对他们进行必要的培训。

2. 工作的准备

工作的准备主要是收集整理规划所需要的基础性资料。它主要是收集第二手资料，以及得到调查时需要的地图底图。第二手资料是旅游规划者间接获取的资料，这可以节省大量的人力、物力和财力，可以帮助了解规划目的地区的大致情况，让规划者有一个整体印象。第二手资料广泛存在于各种书籍、报刊、宣传材料上，有的还存在于已经进行过部分或局部调查或普查的部门和人员手中。地图底图是旅游资源调查中进行定位和编制旅游资源图的基础，一般选用地形图，比例尺要根据规划区域范围的大小进行选择。

3. 仪器设备的准备

一般在旅游资源考察过程中所需要的仪器设备有：用于测量和指示方向的罗盘、用于简单测量长度的皮卷尺、用于资料摄录的照相机和摄像机、用于定位的 GPS 定位仪以及用于记录的铅笔和笔记本。

（二）资料和数据采集阶段

资料收集和数据整理阶段是调查人员通过各种调查方法得到关于旅游资源比较详细的资料的过程。它主要是通过访问座谈、野外实地勘查、发放调查表格等方式，对区域旅游资源、旅游市场、旅游产业、开发规划的意见和建议等情况进行细致的调查。这种方法既能获得第一手资料，也能获得制定规划所需的感性认识，如项目思路和创意灵感等。

（三）数据整理阶段

数据整理阶段是在实地调查过程之后，对收集到的第一手资料以及间接资料加以整理，找出在调查中是否有遗漏的旅游资源，并从全局上对规划区旅游资源的状况作出分析和评价，初步确定该地旅游资源的开发模式和方向的过程。此阶段一方面应完成旅游资源分布草图的编制，另一方面将初步绘制的旅游资源分布草图经编辑、转绘，进而完成旅游资源的现状分布图。

四、旅游资源调查的常用方法

旅游资源在调查过程中会用到以下三种方法：

（一）文献资料调查法

文献资料调查法是指通过搜集各种历史和现实的信息数据和情报资料，从中摘取与区域旅游规划有关的内容，并进行室内统计、分析、研究的一种调查方法。文献资料调查法是对第二手资料进行的调查活动，所以也称间接调查法、资料分析法或室内研究法。使用最广泛的文献资料调查法是追溯法和检索工具法。追溯法是利用文章或书后所附的参考文献为线索进行跟踪查找的方法。调查者通过对每篇参考文献的逐个追踪，一步步扩大查找范围，直到获得足够的文献资料。检索工具法是利用检索工具查找文献，是目前人们常用的方法。

（二）野外实地勘查法

野外实地勘查法是指调查者带有明确目的，在区域现场对被调查的事物和现象进行直接观察或借助仪器设备进行记录，直接获得旅游发展相关信息资料的调查方法。自然旅游资源、历史文化旅游资源大多在野外，野外调查的质量在很大程度上决定了规划的质量。调查人员通过直接接触旅游资源，可以获得宝贵的第一手资料和感性认识，这使得调查的结果翔实可靠。调查者通过现场实地勘查还可以发现旅游区的标志物、景观特色镜头，寻找到景区的卖点和亮点。实地勘查包括观察、踏勘、测量、登记、填绘、数码照相、摄像等工作过程，这就要求勘查人员做到勤于观察、及时记录、及时填图、现场摄录等，这一过程非常辛苦，费时又费力，需要调查者具有较好的体力、耐力和毅力。

（三）访谈法

访谈法是指通过召开会议或调查人员有计划地与调查对象进行直接交谈的方式收集原始资料的调查方法。此方法的优点在于回答率高，调查资料的质量较好，特别是调查对象适用范围广；缺点在于调查的费用高、代价大，调查的匿名性比较差。访谈法依赖于口头语言，既可用于文化水平比较高的调查对象，也可用于文化水平比较低的调查对象，而且通过访谈能了解到更加具体、更加详细的资料，同时能够对所调查的问题进行深入讨论。因此，访谈法是区域旅游调查的一种重要方法，它有利于加深人们对区域旅游发展的认识，弥补调查人员时间短、人手少、资金不足、对当地情况不熟悉等缺陷，为实地勘查提供线索和重点，提高勘查的效率和质量。访谈法包括座谈会与访问调查两种方式。座谈会准备必须充分，与会者的水平和素质是开好会议的基本保证，对会议内容的认真记录核实是取得可靠资料的依据。访问调查的对象应具有代表性，具体包括五类人群：一是旅游者；二是旅游企业的从业人员，包括旅游开发商和旅游经营商；三是旅游主管部门（如文化和旅游局）工作人员；四是当地居民；五是从事旅游研究的专家、学者。

第四节　旅游资源评价

所谓旅游资源评价，实质上就是从合理开发利用和保护旅游资源及取得最大社会效益的角度出发，采用某种方法，在旅游资源调查的基础上，对一定区域（旅游目的地）的自然、人文和社会景观等具有一定旅游资源价值特征、环境气氛及开发利用基础的社会经济条件进行深入剖析和研究的过程。[①]

一、旅游资源评价的主要目的

旅游资源评价能够为一定区域旅游资源的合理开发利用和规划建设提供理论依据，是区域旅游开发规划工作的重要基础和前提。通过对一定区域旅游资源进行评价，可以对旅游资源的品位、特质、开发条件等有一个全面而客观的认识，从而明确该旅游资源在同类旅游资源或所处区域中的地位，确定不同旅游资源的开发序位，为制订旅游开发规划等提供科学的判断标准。

第一，明确旅游资源的质量。对旅游资源的种类、组合、结构、功能和性质作出评价，确定旅游资源的质量水平，评估其在旅游地开发建设中的地位，以便为新旅游区的开发提供参考依据。

第二，确定旅游地的性质。通过对旅游资源规模品位的鉴定，确定旅游地的性质，既能为国家和地区进行旅游资源的分级规划和管理提供系列资料和判断标准，又可以拟定未来一定时期内旅游目的地的旅游资源结构和旅游资源开发计划。

第三，提供开发利用的科学依据。通过区域旅游资源及开发利用条件综合评价，为合理利用旅游资源、保护环境、发挥整体宏观效应提供经验，确定不同旅游地的建设顺序、步骤和重点等准备条件，为制订旅游发展规划奠定基础。

第四，反映旅游资源的演化发展情况。旅游资源的形成与存在既具有一定的自在性，又能在一定程度上反映社会对旅游资源旅游价值演化发展的认识情况，我们必须认识到，并不是所有客观存在的旅游吸引物都是旅游资源，只有满足一定条件的旅游吸引物，才能被称为

---

① 万剑敏. 旅游景区规划与设计 ［M］. 北京：旅游教育出版社，2012：37.

旅游资源。通过对旅游资源的评价，我们可以了解不同时期资源对旅游者的吸引力大小，从而反映出旅游资源的演化发展情况，为真正把握什么是旅游资源、怎样保护和开发好旅游资源提供参考和启示。

二、旅游资源评价的五项原则

旅游资源评价是一项较为复杂的工作，是对一定区域旅游资源开发潜力的界定。旅游资源包罗万象，旅游资源评价自然也就涉及自然、地理、气候、经济、科技、文学、艺术等各方面的知识。为了使旅游资源评价做到公正、客观、准确、可靠，必须遵循以下五项原则：

（一）全面系统原则

旅游资源多种多样，其价值和功能有多方面、多层次、多形式、多内容的特点。就价值来讲，有观赏价值、历史价值、科学考察价值和社会文化价值；就功能而言，有观光、度假、娱乐、健身、休憩、探险、科学考察等功能。旅游资源开发需要考虑到自然、社会、经济、生态环境和投资、客源、市场等多方面问题。这就要求在旅游资源评价时，不仅要注意对旅游资源本身的成因、特色、质量、功能等方面的评价，还要把旅游资源所处区域的区位、环境、交通、客源、经济发展水平、基础设施现状等开发利用条件作为外部条件纳入评价的范畴，综合量化，全面评价，准确地反映出旅游资源的整体价值。

（二）动态发展原则

旅游资源的特征、开发利用价值及开发的社会经济条件，都在不断地变化和发展，这就要求旅游资源评价工作不能只局限于现状，而应该用发展和进步的眼光看待变化趋势，从而对旅游资源及其开发利用前景作出适时、全面、正确的评价。

（三）客观实际原则

旅游资源是客观存在的事物，其价值表现、特点、内涵、功能也是客观存在的，评价时应该从客观实际出发，对旅游资源的形成、本质、属性、价值、功能等核心内容，作出实事求是的评价，既不能夸大也不能低估，要做到恰如其分。

（四）综合效益原则

旅游资源评价的主要目的之一就是旅游资源的开发利用服务。开发利用既要取得经济效益，又要取得社会效益和环境效益。所以，在进行旅游资源评价时，要坚持综合效益原则。

（五）定性与定量相结合原则

总的来说，旅游资源评价可以分为定性评价和定量评价。在旅游资源评价方法日益完善的今天，为避免主观色彩，应该坚持定性和定量评价相结合原则，既从理论方面进行深入全面的论证分析，又要根据一定的评价标准和评价模型，将各种评价因素进行客观量化，定量分析比较，用定量关系来表示定性描述，使之更具有操作性。

三、旅游资源评价的主要内容

旅游资源评价的内容主要包括三个部分，即对旅游资源特色和结构的评价、对旅游资源环境的评价以及对旅游资源开发条件的评价。

（一）对旅游资源特色和结构的评价

1. 旅游资源的特性和特色

旅游资源的特性和特色是衡量其对游客吸引力大小的重要因素，

它对旅游资源的利用功能、开发方向、开发程度及其经济和社会效益起着决定作用。通常个性化程度越高的旅游资源的开发前景相对越好，那些"新、奇、特、绝"的旅游资源往往能够成为区域旅游发展的重要支柱。

2. 旅游资源的价值和功能

旅游资源的价值包括旅游资源的艺术欣赏价值、文化价值、科学价值、经济价值和美学价值，它是旅游资源质量水平的反映。而旅游资源的功能则是与价值相对应的，指经过开发后能够满足旅游者某方面需求的能力。一般来说，艺术和美学价值高的旅游资源，观光的功能较为突出；文学和科学价值高的旅游资源，其科学考察和文化体验的功能占据主要位置。此外，旅游资源经过开发还可具备娱乐、休憩、健身、疗养和商务等多重功能。旅游资源的价值和功能对于其开发方向和开发形式具有重要的影响。

3. 旅游资源的数量、密度和布局

旅游资源的数量是指区域内旅游资源单体的数量，而密度则是指单位面积内旅游资源的数量多少，它可以表示区域内旅游资源的聚集程度。旅游资源的布局则是指旅游资源的空间分布和结构组合特征。一般情况下，景观数量大、相对集中并且布局合理的区域资源赋存状况较为理想。因此，旅游资源的数量、密度和布局是判断区域旅游开发的规模和可行性的重要因素。

（二）对旅游资源环境的评价

1. 旅游资源的自然环境

旅游资源所处的自然环境是指区域内的地质、地貌、气象、水文、生物等环境要素。作为旅游资源开发地，其环境应能让游客从视觉、听觉、嗅觉、触觉以及味觉等全方位感受到它的舒适宜人。自然环境较为恶劣的区域在旅游开发时往往会遇到一定的阻碍。

2. 旅游资源的社会环境

旅游资源所处的社会环境是指旅游资源所在区域的政治局势、社会治安、医疗保健和当地居民对旅游者的态度等内容。良好的外部社会环境能够促进旅游业的快速发展，如欧盟国家间实行相互免签制度，这些国家的居民出国旅游十分方便。而政治局势不稳定或爆发战争和恐怖事件时，当地的旅游资源开发及旅游业发展会受到较大影响。

3. 旅游资源的经济环境

旅游资源的经济环境是指资源所在区域在经济发展上的发达程度。通常经济越发达的地区在旅游资源开发上的投资实力越强，且本地居民对旅游产品的消费需求也相应越高，这为当地发展旅游业提供了良好的保障。同时，经济发达的区域在人力资源的供给上也具有优势，对旅游资源的开发具有较大的推动作用。

4. 旅游资源的环境容量和承载力

旅游资源的环境容量，是指旅游资源自身或所处区域在一定时间条件下开展旅游活动的容纳能力，包括容人量和容时量两个方面。所谓容人量是指单位面积所能容纳游客的数量，容时量则指旅游者在该区域内游览时所需要的基本时间。旅游资源越复杂、越丰富，则容时量就越大；相反，那些类型单一、数量较少的区域，其容时量较小。旅游资源所处环境的容量和承载力对于旅游资源的开发规模具有决定性的作用，为了保证旅游资源的有序开发和永续利用，规划者往往选择环境容量众指标中数值最小的指标作为开发规模的限值。

（三）对旅游资源开发条件的评价

1. 区位条件

旅游资源的区位条件是影响资源开发可行性、开发规模和效益的重要外部条件，包括旅游资源所在地的地理位置、交通条件以及与周围旅游区之间的相互关系等。

2. 客源条件

客源条件直接关系到旅游开发的经济效益，客源条件通常与旅游开发地的腹地大小、腹地经济发展程度关系较大。例如，在华侨城系列主题公园和迪士尼乐园的选址上，就将腹地规模和经济实力作为重要的考虑依据。深圳和香港所拥有的腹地泛珠江三角区域人口密集且经济实力十分雄厚，因此，在旅游客源方面能够提供保障。

3. 投资条件

与投资条件相关的要素主要包括资源所在区域投资渠道的畅通程度和政府对于旅游投资的政策。投资渠道畅通、旅游投资主体较多、政府对于旅游投资制定优惠政策的区域，其投资条件相对较为优越。这类区域在旅游资源开发的资金筹集方面往往能够获得有效的保证。

4. 建设施工条件

旅游资源的开发会涉及一系列工程项目的建设，如各种游览、娱乐设施和道路交通、供电供水、停车场地等基础设施，因此会对于区域内的地质、地形、土质、供水等有较高的要求。上述开发建设条件的好坏与旅游资源的开发可行性之间有紧密的关联，需要在资源评价时加以关注。

四、旅游资源的评价方法

旅游资源的评价方法大体上可分为定性评价和定量评价两种。定性评价又称经验法，主要通过评价者观察后的印象得出结论。定量评价则是利用资源的评价指标体系对旅游资源进行评分。由于定量化的评价方法能够降低资源评价中的主观因素影响，因此在目前的旅游规划与开发中使用较为普遍。

（一）定性评价法

定性评价法主要凭借评价者的知识和经验，根据一定的评价体系，对旅游资源作出主观色彩较浓厚的结论性描述。定性评价法的优点在于：能从客观上把握旅游资源的特色，工作量较小；其缺点是：不能量化，带有较强的主观性，缺乏科学性，不便于操作。

具有代表性的定性评价法主要有以下几种：

1. "三三六"评价法

北京师范大学卢云亭（1988）提出了对旅游资源"三大价值""三大效益""六个条件"的评价体系。[①]

（1）"三大价值"评价。三大价值指旅游资源的历史文化价值、艺术欣赏价值（美学价值）和科学研究价值。

历史文化价值：属于人文旅游资源范畴。评价历史古迹，要看它的类型、年代、规模和保存状况及其在历史上的地位。例如，赵州桥，位于河北省石家庄市赵县，外观虽较为平常，但它是我国现存最古老的石拱桥，也是我国古代四大名桥之一，在世界桥梁史上占有重要的地位，因而有较大的历史文化价值。

除了这些在全国占重要地位的历史文化古迹外，许多风景名胜区还有不少题记、匾额、楹联、诗画、碑刻等，它们既是观赏的内容，也是珍贵的历史文化艺术。可见，古迹的历史意义是评价历史文化价值的主要依据。我国公布的国家级、省级、地区级、县级重点文物保护单位，就是根据它们的历史意义、文化艺术价值确定的。一般说来越古老，越稀少，越珍贵；越出于名家之手，其历史意义越大。

艺术观赏价值：主要指客体景象艺术特征、地位和意义。自然风景的景象属性和作用各不相同。其种类越多，构成的景象也越加丰富

---

① 卢云亭. 现代旅游地理学［M］. 南京：江苏人民出版社，1988：116 – 118.

多彩。主景、副景的组合，格调和季相的变化，对景象艺术影响极大。若景象中具有奇、绝、古、名等某一特征或数种特征并存，则旅游资源的景象艺术水平较高，反之则低。艺术观赏价值评价时有三种比较方法值得注意：一是地方色彩的浓郁程度，即个性的强弱程度；二是历史感的深浅；三是艺术性的强弱。

科学研究价值：指景物的某种研究功能，在自然科学、社会科学和教学上各有什么特点，为科教工作者、科学探索者和追求者提供怎样的现场研究场所。我国有许多旅游资源在中国乃至世界具有高度的科学技术水平，获得了中外科学界的赞誉。

（2）"三大效益"的评估。三大效益指经济效益、社会效益和环境效益。经济效益主要包括风景资源利用后可能带来的经济收入。这种评估必须实事求是，因为它是风景区开发可行性的重要条件。社会效益指对人类智力开发、知识储备、思想教育等方面的功能。它可以带给游人哪些知识、赋予其何种美德，这些都需要进行科学评价。环境效益指风景资源的开发，要评价其是否会对环境、资源造成破坏。

（3）"六个条件"的评估。旅游资源的开发，必须建立在一定的可行性条件基础上。这些条件最重要的是六个方面，即景区的地理位置和交通条件；景物或景类的地域组合条件；景区旅游容量条件；施工难易条件；投资能力条件；旅游客源市场条件。以下仅对前两个条件进行说明。

景区的地理位置和交通条件：地理位置是确定景区开发规模、选择路线和利用方向的重要因素之一。它不仅影响风景的类型和特色，也影响旅游市场客源。例如，位于北纬53°的黑龙江省漠河市，由于太阳高度角在全国最低，冬长夏短或基本无夏的气候条件，使之具有中国独具一格的旅游风景资源，如观赏白夜、极光等，被人们誉为"北极村""不夜城"。位于南海北部湾畔的广西壮族自治区北海市（北纬21.5°），因处于亚热带，一年之内有三季（春、夏、秋）可以进行海水浴，开放时间比我国大连、北戴河长，是我国少有的冬季避寒度假胜地，被人们称为"南方的北戴河"。位于河西走廊的嘉峪关，因交通位置的重要性，在历史上曾是兵家必争之地，是"丝绸之路"的重要关口。这里有丰富的人文旅游资源，如长城关楼、烽火台、古陵墓、摩崖石刻等。在地理环境方面，由于其处于祁连雪峰北面的干旱区，所以可以考虑开发冰川雪景等旅游项目，以区别于其他地方的旅游区。

但是，这些旅游区的开发工作，绝不能只考虑其景观特色。旅游景观虽好，若地理位置太偏远，路途交通费用过大，时间过长，也会直接影响旅游客源市场。例如，漠河旅游区的最佳游览时间是在夏至前后短暂的几天，游人相对比较集中，但数量不会很多。北海旅游区，可以长年举办旅游活动，旅游规模和条件比漠河优越，但因离我国最大的客源市场相距较远，故旅游活动比外国游客进出我国比较方便的广州、海南岛会略逊一筹。嘉峪关的地理位置和交通条件比漠河、北海好，所以到此观光的游客也比较多。通过对以上三地地理位置、交通条件的比较，人们可以进一步认识到，旅游点的"可进入性"在很大程度上取决于优越的地理位置和方便的交通。一个旅游区景色再美，如果交通不便、行程困难，也很难招徕游客。由此可见，位置和交通条件是评价旅游区开发的首要条件之一。

景物或景类的地域组合条件：这是评价旅游资源的又一重要指标。风景名胜固然驰名，但地域组合分散，景点相距遥远，就会大大降低它的旅游价值，也影响它的开发程序。例如，桂林之所以成为著名的旅游区，就是因为桂林的风景点相对比较集中，又有漓江环绕，山水组合成浑然一体的风景区，加上可进入性条件好，因此旅游资源观赏价值较高。四川兴文地区，是我国新发现的"石林洞乡"，岩溶风光很美，但景点分散，缺乏像漓江那样联系各景点的水上交通线，人们从东部地区进入，需要花费较多的时间与旅费，因此影响了它的旅游价值。

2. 一般体验性评价和美感质量评价

一般体验性评价是以大量旅游者或专家为主体对旅游资源进行评价，即通过统计旅游地或旅游资源在报刊、旅游指南、旅游书籍和网络上出现的频率或旅游者对旅游资源的好评率，从而判断旅游资源的质量优劣和大众知晓度。此方法仅对具有一定知名度的旅游资源评价有效，而对于大多数尚未开发也无知名度的旅游资源则不具有可操作性。

美感质量评价则是一种从美学价值的角度对旅游资源进行评价的方法。这类评价以旅游者或旅游专家的体验性评价为基础，并在此基础上进行深入分析，其评价结果具有一定的可比性。其中有关自然风景视觉的质量评价较为成熟，已发展成为四个公认的学派，即专家学派、心理物理学派、认知学派和经验学派（或现象学派）。

3. 资源及环境综合评价法

资源及环境综合评价法认为，对于旅游资源的评价要从两个方面进行：一是旅游资源本身的价值，另一个则是旅游资源所处的环境优劣。

在旅游资源本身的价值方面，评价所采用的标准有六个，即美、古、名、特、奇、用。"美"指旅游资源是否给人以美感；"古"即拥有悠久的历史；"名"是具有名声的事物或与名人有关的事物；"特"指特有的、别处没有的或少见的资源；"奇"是旅游资源给人的新奇之感；"用"是旅游资源对旅游者的价值。

在旅游资源所处的环境评价方面，使用的是季节、污染、联系、可进入性、基础结构、社会经济环境、市场等七个指标。

此外，还有许多其他的旅游资源定性评价方法，此处不再一一列出。

（二）定量评价法

定量评价法是通过统计、分析、计算，用具体的数量来表示旅游资源及其环境等级的方法。定量评价较之定性评价，结果更直观、更准确、更具有可操作性。定量评价法主要有单因子评价法、多因子综合量化评价法和层次分析法（AHP）。

1. 单因子评价法

单因子评价法是评价者在进行旅游资源评价时，集中考虑某些起决定性作用的关键因素，并对这些因素进行适宜性评价或优劣评判。这种评价的基本特点是采用了大量的技术性指标，一般只限于对自然旅游资源进行评价。

2. 多因子综合量化评价法

该评价方法是在考虑多因子的基础上泛用一定的数学方法对旅游资源进行综合评价，这种评价方法更具有精确性和全面性。现有的多因子综合量化评价方法很多。

迄今为止，世界上许多国家对旅游地进行综合评估时，大多采用此方法。只是由于不同国家的社会经济发展水平不同，因此对于旅游地的综合评估有不同的侧重点。发达国家因旅游开发的投资能力强，交通便捷，所以一般侧重于对旅游资源的综合性评价，有时将旅游资源与设施状况加在一起进行旅游地的吸引力评价；而发展中国家则主要对旅游地的旅游资源、旅游地的区域条件、区位特性进行综合评价。

总之，采用此方法时，只要所取用的评价因子权重值和评估方法适当，其结果往往就具有较高的应用价值。

3. 层次分析法（AHP）

通常，旅游资源综合评价的数量方法，可以归纳为两个方面：一是指标数量化。无论评价指标是单一的（比如，气候、生物种类）

还是综合的，都设法赋予评价指标数量化特征。二是评价模型化。将各指标间的关系用数学模型表达出来，通过计算获得评价。

在旅游资源的定量评价中，最关键的问题是确定各项评价指标的重要性程度，即权重。只有对各因素给予合乎逻辑的加权时，数量法才具有意义。为了避免权重由主观决定，有学者又提出了层次分析法。

所谓层次分析法，就是将复杂问题中的各种因素通过划分出相互联系的有序层次，使之条理化，再根据对一定客观现实的判断，就每一层次指标的相对重要性给予定量表示，利用数学方法确定其权值，并通过排列结果分析和解决问题。但是，由于旅游资源本身的复杂性和多元性，加之资源评价、开发中涉及广泛的美学欣赏和社会经济等问题，许多要素无法量化测定。因此，旅游资源定量分析不可能简单地采用严密精确的数学量算方法，为此引入了模糊数学的概念。模糊性概念是在1995年首先被提出的，所谓模糊性，是指事物现象不确定性在整体上的总和。相对于精确的科学概念而言，它是一种复杂的、不确定的概念。在评价、分析旅游资源的复杂运动过程时，很多时候需要借助模糊概念确定权数指标，并在此基础上，采用某一评分法（比如十分制、百分制）给评价指标打分，而后再用数学模型计算其结果。

具体方法、步骤一般如下：

（1）因素分解和确定层次结构。在对各因素做全面调查、分析的基础上先形成因素分解和综合，理清脉络，简化它们之间的复杂关系，明确主要影响因素和主要项目、内容；在此基础上，再对因素分组，按其内在结构关系排列为若干层次和方面，建立起合理的评价层次结构模型。

（2）选择评价指标，构造判断矩阵。对层次结构中的每一分解因素，都要选择适宜的评价指标或参数，具体视不同的内容和要求而定，例如，对自然景观价值性的评价，可按照要素组成、优美度、规模度、特殊度、科学文化价值等进行划分。

（3）确定权重，建立评价指标体系。评价模型是否正确，除了要看评价因子设置合理与否外，权重准确与否也是一个十分重要的方面。正确的权重应该是客观性和主观性的最优体现。这就要求在确定权重的工作中，使用公众调查和专家团判断相结合的方法，以避免片面性。

（4）结果处理。包括层次排列的一致性检查、计算综合评价系数和计算机处理等步骤。总的目的是追求完美的结果，防止判断偏差过多。全部资料和数据最好输入计算机以备查用。

总而言之，旅游资源综合评价应该被视为一个相互关联、大小层次等级不同的系统工程。根据评价目的要求的不同，应该既可以对旅游资源的各个部分分开进行单独评价，也可以对各部分之间的相互作用进行综合分析。旅游资源综合评价模型的基本层次应包括旅游资源条件、地理环境条件、旅游客源条件及旅游社会经济条件这四大方面，按此可再细分下一级层次。在这四大基本层次中，旅游资源条件的评价是主要的，也是整个评价工作的基础。它建立在旅游资源分类的基础上，对其数量、质量、价值特征及空间组合、分布条件进行分析与评价。旅游客源条件着重对资源利用的行为主体作出分析与评价；地理环境条件及旅游社会经济条件，则着重对客源条件之外的地区开发利用的社会经济能力和环境条件作出分析与评估，由此建立相应的评价子系统，从而构成不同等级的全套层次评价模型体系。

第三章　旅游市场分析与需求预测

第一节　旅游市场调查与数据采集

一、旅游市场调查

旅游市场调查是进行市场分析和预测的基础，其主要目的是收集和掌握旅游客源市场的需求信息及变化规律，以便科学合理地规划旅游项目、开发旅游产品、配备相应的设施设备和服务等，为旅游规划和开发部门的决策提供依据。

（一）旅游市场调查的内容

与旅游规划相关的客源市场信息极其广泛，因此，旅游市场调查的内容也极为丰富，概括起来主要包括客源市场需求调查、客源市场环境调查和客源市场感知调查三个方面。

1. 客源市场需求调查

客源市场需求调查一般分为现实需求调查和潜在需求调查两部分，调查内容主要包括以下几个方面：

（1）旅游者规模及地域特征。旅游者规模及地域特征包括客源市场现有和潜在旅游者的数量与人口特征（如旅游者国籍、年龄结构、性别结构、职业结构、地区分布、民族特征等），旅游者的收入水平、消费水平及其构成（如住宿、餐饮、购物、当地交通、景点娱乐、游览等），旅游者的购买习惯、游览季节、出游方式、滞留时间等。

（2）旅游动机。旅游动机是激发旅游者产生旅游行为，从而到达旅游目的地的内在原因，包括身体健康动机、文化动机、交际动机、地位与声望动机等。

（3）旅游行为。旅游行为是旅游者的旅游动机在实际旅游过程中的具体表现，其主要形式有文化观光旅游行为、度假休闲旅游行为、专项旅游行为、会议旅游行为及特色旅游行为等。

（4）旅游价格。旅游价格调查主要指调查旅游者对各种价格变动的反应、对现有产品价格的满意程度、对新产品定价的预估及其心目中最适宜的价格等。

2. 客源市场环境调查

客源市场环境调查主要指对于客源地的自然地理环境、政治环境、经济环境和社会文化环境的调查。这项调查旨在了解目标市场中潜在客户的背景和特点，以便制定适当的营销策略和经营决策。

自然地理环境的调查是指了解客源地的地理特征和气候条件，以及相关的自然资源和景观，包括地形、气候类型、自然灾害风险等因素。了解自然地理环境可以帮助企业确定适合该地区的产品或服务，并为开展营销活动和制定宣传策略提供依据。

政治环境的调查涉及政府的政策、法律和监管环境。了解客源地的政治稳定性、法律框架和政府对外商投资的态度对于制订营销计划和决策至关重要。政治环境的变化可能会对企业的经营产生重大影响，因此及时了解政治动态和政策变化是非常必要的。

经济环境的调查包括对客源地的经济发展水平、主要产业和消费能力的了解。这有助于企业确定适合该客源地的产品定位、定价策略和市场规模。同时，经济环境的状况也会影响客户的消费习惯和购买决策，因此对于企业来说，了解客源地的经济环境非常重要。

社会文化环境的调查涉及客源地的社会价值观、文化传统和消费习惯。了解客户的文化背景和价值观可以帮助企业设计有针对性的营销活动，避免出现文化冲突和误解。此外，了解客源地的社会文化环境还可以帮助企业确定合适的渠道和媒体进行推广和宣传。

3. 客源市场感知调查

客源市场感知是指旅游者对旅游目的地及其旅游产品的评价和态度，它直接影响旅游者的购买决策。因此，旅游规划和开发要进行客源市场感知调查，收集客源地旅游者对旅游地旅游产品现状的意见和评价，从而有针对性地实施开发。客源市场感知调查包括旅游者对旅游地的形象感知、对现有旅游产品的感知、对旅游服务的总体印象，旅游者认为最具有开发价值的旅游资源以及未体现出来的要求和意见，旅游者的心理价格状态等。

（二）旅游市场调查的一般程序

1. 初步调查阶段

旅游市场调查涉及的内容繁多，在开始正式调查之前需要进行初步调查。初步调查是指事先未作周密计划，只通过对手头资料的估计来确定问题及制订调查计划。它包括两个方面的工作：一是评估现有资料，明确待调查和待解决的问题；二是针对调查问题，确立调查的内容和范围，明确调查目标。

2. 正式调查阶段

旅游市场正式调查阶段包括基础背景资料的收集、调查表的设计、调查方案的制订和实地调查几项工作。

一是基础背景资料的收集。这一项工作涉及收集与目标市场相关的各种信息，如人口统计数据、旅游业发展报告、市场趋势分析等。这些数据和信息将为后续的调查提供基本的参考和背景知识，有助于更好地理解目标市场的特点和潜在需求。

二是调查表的设计。调查表是一种工具，用于收集和整理调查对象的意见、偏好和需求。设计调查表时需要考虑到问题的清晰度、针对性和完整性，以确保收集到的数据能够提供有价值的信息。合理的调查表设计可以确保调查过程的顺利进行，并为后续的数据分析和结果解读提供可靠的依据。

三是调查方案的制订。调查方案是对整个调查过程进行规划和安排的蓝图。它包括确定调查目标、样本选择、调查方法和调查时间表等。制订一个合理的调查方案可以确保调查的科学性和有效性，提高调查结果的可信度。

四是实地调查。实地调查是指通过实际走访、观察和访谈等方式，直接获取有关市场情况的数据和信息。实地调查可以帮助调查人员深入了解目标市场的真实情况，捕捉到客户的实际需求和反馈，通过与潜在客户的面对面交流，可以获得更准确、全面的数据，为后续的市场分析和决策提供有力支持。

这些工作的有机组合和协调进行，可以为企业提供准确、详尽的市场信息，帮助其作出科学决策，制定有效的营销策略，从而在竞争激烈的旅游市场中取得成功。

3. 调查整理阶段

调查整理阶段的主要工作包括资料整理、分析和提出调研报告。市场调查报告由四部分组成：（1）前言，主要说明调查的目的、方法、对象、时间、地点以及调查人员等；（2）正文，真实地列举调查的结果并作出分析；（3）结尾，主要是总结性说明，指出报告的作用；（4）附录，主要是一些附表、附图及有关的补充性说明。

（三）旅游市场调查的常用方法

1. 直接调查法

直接调查法是指在周密的调查设计和组织下，调查人员直接向被调查者收集原始资料，获取第一手资料的一种调查方法。这种调查方法的主要特点为时效性和针对性强，但调查成本高。常用的直接调查法有以下几种方式：

（1）访问调查法，是指调查人员将事先拟定好的调查问题以各种方式向被调查者提出来，以问询的方式收集资料、了解信息。

（2）问卷调查法，是指调查人员将设计好的问卷交给被调查者，被调查者根据调查表的要求填好交回，从而获取信息的调查方法。根据调查地点和回收方式的不同，问卷调查又可分为现场问卷调查和网络问卷调查两种。

（3）观察记录法，是指调查人员凭借自己的感官和各种记录工具，在被调查者未察觉的情况下，直接观察和记录市场信息的一种方法。

（4）实验调查法，是指把调查对象置于特定的控制环境里，通过控制外来变量和检验结果来发现变量间的因果关系的调查方法。这种调查方法的优点是操作比较容易、有可重复性、在管理上好控制，缺点是时间长、费用高、难以选择有代表性的实验市场、不能收集过去和将来的意见等。

2. 间接调查法

间接调查法又称为文案调查法或第二手资料调查法，它是通过收集旅游区内部和外部各种现有的信息数据和情报资料，从中选取与旅游规划客源市场调查内容相关的信息进行分析研究的一种调查方法。这种方法的特点是经济、省时、简便，可以为调查收集第一手资料提供背景依据。

二、旅游市场数据的收集

旅游市场是旅游产品的直接消费源泉，也可以称之为客源地市场。营销意义上的旅游市场是指在一定时期内，某一地区中存在的对旅游产品具有支付能力的现实的和潜在的购买者。旅游市场规模的大小，取决于市场的消费者数量、人们的支付能力和人们的购买欲望，三者缺一不可。而闲暇时间的多少和交通的便利程度是其约束条件。由于旅游活动及旅游业自身固有的特点，旅游市场相对于其他商品而言，具有全球性、异地性、波动性和高度竞争性等特点。

（一）旅游市场数据收集的内容

旅游市场作为旅游产品的直接消费对象，又可被称为客源地市场。旅游市场的构成及其变化趋势是旅游目的地规划以及营销的方向，所有旅游产品的开发都应围绕旅游市场的需求开展。针对旅游市场进行的旅游调查和数据收集是旅游规划过程中市场定位和细分的重要依据，也是最基础的工作。被调查地的所有人都可能是旅游地的消费者，我们称之为潜在旅游者，潜在旅游者是旅游市场的重要组成部分，也是旅游市场调查的重要内容。任何人都生活在一定的环境中，他们的行为受一系列外部和内部因素的影响，因此，旅游市场数据的收集是一项内容十分广泛的工作。

1. 旅游市场的结构

旅游市场的结构内涵非常丰富，包括潜在旅游者的年龄构成、收入水平和受教育程度等。针对旅游市场结构进行的数据收集是旅游规划必不可少的内容，收集这些数据可以使规划人员基本了解旅游市场的特征并初步掌握潜在旅游者的行为规律，是旅游规划的重要依据。

（1）旅游客源的年龄构成。随着年龄的增长，旅游者对旅游产品的需求会不断产生变化。年轻游客可能更倾向于探险或者背包旅行，随着年龄的增长，人们自身的生理机能会发生变化，他们更倾向于安静的旅游行程。旅行社等相关企业也会根据市场的发展趋势去打造适合于不同年龄段的旅游产品，目前国内的很多旅行社有单独针对中小学生的修学旅游产品，也有针对老年人客源市场而设计的银发旅游产品。

（2）旅游客源的收入水平。旅游市场客源的收入水平将直接决定市场的购买力。购买力是旅游管理者必须考虑的因素，也是形成市场的基本要求。随着我国居民收入水平的不断提高，目前已经有很多居民有足够用于旅行游览的可自由支配收入，而且这类人群的数量还在不断地增加，尽管相当大一部分的旅游者仍然只能够承担费用较少的旅游产品。此外，收入水平的高低还将决定客源地居民的出游频率和旅游费用。所有关于旅游行为的调查，无论是官方的人口普查机构、旅游行业协会、专门的市场调查机构，还是媒体的调查都表明，居民收入水平和外出旅游的频率之间存在着直接关系。家庭收入高，外出旅游的可能性就大，而且收入越高、越富裕的家庭在旅游上的消费就越多。

（3）旅游客源的受教育程度。客源地旅游者的受教育程度通常也是旅游调查数据收集过程中不可缺少的一部分。教育能够拓宽人们的兴趣爱好，会刺激旅游意愿的产生。随着旅游产业的不断发展，旅游产品供给不断增加，旅游者更多地开始追求旅游过程中的精神享受和文化感染力，因此受教育的程度越高，人们的出游率也会越高。

受教育水平同样可以影响到人们的旅游选择。旅游业发展初期，基于人们（开发商、批发商、旅游者）对旅游认识的局限性，旅游开发商和批发商更倾向于提供给人们观光类的旅游产品。但是，一方面，随着景区游客量的增加，观光型的景区环境不断受到破坏，游客体验感较差；另一方面，随着社会教育水平的提高，人们对旅游的认识逐渐提高，旅游品位不断提升，更多的高学历者愿意将目光放在旅游地的文化品位而不再是传统意义的观光上。

2. 旅游市场的产品供需状况

对旅游市场供需状况的研究是提供旅游产品的旅游企业必须要做的工作，是旅游企业制定竞争战略的基本条件，主要包括旅游产品的供需状况、旅游产品的价格定位、旅游市场的信息化程度及社会认知度。

（1）旅游产品的供需状况。旅游者的需求是旅游企业提供旅游产品的指南，市场导向模式是旅游规划与开发过程中的重要战略模式。旅游企业想要把自己的产品销售出去，就必须对旅游客源地居民的需求进行调查，并对调查结果进行分析以确定需要提供什么样的旅游产品。

目的地的旅游供给状况在很大程度上决定着旅游需求能否实现，以及能够在多大程度上实现。从旅游目的地的角度看，目的地的旅游供给状况还决定着旅游需求的规模、类型和结构。所以说，旅游供给因素是影响旅游需求的重要因素。

在影响旅游需求的旅游供给因素中，首要的是旅游吸引物的赋存状况。旅游吸引物的赋存状况是目的地发展旅游业的核心依托。旅游吸引物的丰富程度、类型、质量状况等对旅游目的地的旅游吸引力起着决定性作用。研究表明，观光旅游产品往往具有全球性吸引力，度假旅游产品往往具有区域性吸引力，人造景观往往具有地区性吸引力。旅游吸引力的强弱还取决于以旅游吸引物为依托开发而成的旅游产品与旅游者需要能否有效耦合。

在这里必须明确，旅游吸引物不是旅游产品，旅游吸引物等方面的资源优势必须通过产品开发、辅以相应的配套设施，形成经济优势，旅游目的地才有好的发展前景。因此，只有树立以资源为基础、以市场为导向的指导思想，明确吸引物与旅游产品的区别，明确资源优势与旅游经济优势的区别，致力于合理的产品开发，才能不断提高目的地的吸引力，更好地引导和刺激旅游需求的增长。

（2）旅游产品的价格定位。旅游产品的价格定位直接影响着人们对旅游产品的需求。西方经济学的价格—需求理论告诉我们，一般情况下，普通产品的价格和需求量有着负相关的关系，即产品的价格越高，需求量就越小，反之则越大。但是旅游产品和普通产品不一样，由于不完善的市场秩序带来的不公平竞争使得旅游产品的价格越来越低，随之而来的问题是旅游产品品质的下降，旅游服务的质量不断降低。所以价格很低的旅游产品通常不会被大多数人关注，而价位相对较高的旅游产品却供不应求。这种情况的发生是由旅游产品的特殊性质决定的，所以旅游企业必须对旅游产品进行合理的定价，以便吸引更多的客源。

（3）旅游市场的信息化程度及社会认知度。旅游市场的信息化程度决定旅游目的地在游客心中的知名度，旅游目的地向外传播的方式和程度起着很重要的作用。现代旅游的流动频度和广度都较传统旅游有了较大的提高，旅游目的地作为旅游信息最基本的综合体，必须要拥有一个功能强大的信息系统，以便为各行业、各部门及游客提供及时准确的旅游信息服务。自 20 世纪 80 年代以来，世界各国的旅游目的地管理机构陆续开始尝试利用信息技术手段，统筹和规范旅游目的地旅游信息的收集、汇总处理和有序发布。把建立、完善旅游信息服务体系看作旅游目的地基础设施建设的重要内容，已成为一种世界性的潮流与趋势。

（二）旅游市场数据收集的方法

数据收集过程是旅游市场开发的初始过程，也是基础过程，数据的广度和有效度将直接影响整个开发过程的严谨程度。数据的收集可以由小组成员根据其经验讨论得来，也可以由小组成员实地考察得来，在操作过程中要根据不同的情况选择更为有效的方法。

1. 小组座谈法

多数人都将小组座谈这一方法列为效果最差的市场数据收集的方法，或者有人根本就不认为小组座谈可以收集到有效的旅游市场数据，但是事实并非如此。不单单是对旅游业，对任何一个行业来说，小组座谈都是一种常用的市场调研方法。使用这种方法的主要目的不是对数据的收集，而是起到一种铺垫的作用，小组讨论可以加深调研成员对调研目的的认识，同时可以为以后的过程确立参数。

小组座谈法是一种定性调研，即将少量的有关个人（通常为 8 ~ 12 人）组织到一起，就顾客所看重的某一个话题展开深入讨论。典型的讨论话题包括：就某一拟建的景点而言，顾客的关注点会有哪些；对于某一拟推出的广告主题和广告活动，顾客将会作出何种反应等。

对于小组成员的选择需要谨慎，要经过严格筛选，以便能够全面代表对所研究地区可能有兴趣或者在该地区有利益关系的群众。但是，由于实际筛选工作难以保证其科学性，因此在将小组座谈会上的发现推断作为当地一般民众的意见时，调研者必须格外小心。此外，由于负责鼓励大家发言的小组组长在很大程度上会影响到会议讨论的情况，所以调研组织者必须对小组组长进行培训，以使其非常熟悉小组座谈的潜在目的。

虽然要注意的问题很多，但要想真正搞清楚对决策有影响的因素，小组座谈法始终是最具有价值的途径之一。

2. 科学观察法

人们习惯简称科学观察法为观察法，它是指旅游调查研究者根据一定调查目的和调查提纲的要求，亲临现场，直接观察旅游调查研究对象或被调查者的情况，以主动获得相关旅游现象的非语言资料的搜集方法。在旅游调查研究中，科学观察法是一种获得直接资料的调查方法，它一般适用于对具体旅游现象的研究，是旅游调查研究的一种最基本的方法。

（1）科学观察法的类型。依据不同的标准，从不同的角度可以对科学观察法作如下划分：

一是直接观察和间接观察。划分依据是观察时是否使用科学仪器。直接观察就是调研人员用自己的感觉器官进行观察，具有强烈的实感，但受观察者的主观影响较大。间接观察主要手段有摄像、录像、探测、遥感等技术，获得的资料较客观准确，但缺乏实感。

二是结构性观察和非结构性观察。划分依据为研究者对所观察对象的控制性强弱或观察提纲的详细程度。结构性观察指研究者对问题有严格界定，采用标准程序和手段进行观察。非结构性观察也称无控制观察，指研究者根据总的观察目标和要求，依据具体情况进行的观察。前者能获得大量的翔实资料，但是缺乏弹性；后者简便易行，但所得资料零散。

三是参与观察和非参与观察。划分依据为研究人员是否参与被观察者的活动。一般来说参与观察能获得大量真实的感性材料，观察比较全面深入，但主观性较大。非参与观察所得资料具有较强客观性，但所搜集资料偶然性较大。

四是连续性观察和非连续性观察。划分依据为研究人员所实施的观察是否具有连贯性和持续性。

五是自然观察和实验室观察。划分依据为研究人员实施观察的场所和组织条件。自然观察是在自然状态下进行的观察，结果真实可信。实验室观察是指旅游调研人员在模拟周围条件和环境对调查对象实施有效控制而进行的观察，具有严密性和精确性的特点。

（2）科学观察法的原则。科学观察法的实施原则主要有四个：一是客观性原则。要求调研人员按照旅游现象的本来面貌进行观察和记录。观察的客观性是资料有效性的保证。二是全面性原则。要求调研人员从不同侧面、不同角度和不同层次进行多方位观察，不能以偏概全，以正代反，以局部代整体。全面性是客观性原则的内在要求。三是深入性原则。因为旅游现象和被观察者的活动本身错综复杂，所以必须经过认真观察才能认识其真实状态。四是持久性原则。采用观察法是一项十分单调辛苦的工作，要达到全面、客观、深入的观察要求，调研人员必须保证观察的持久性和恒常性。

（3）科学观察法的优点。科学观察法有许多优点，主要包括以下几点：一是可以直接获得可靠资料；二是便于搜集非语言资料；三是能够避免人际交往因素的干扰，其不依赖语言交流，避免了语言交流中可能产生的种种误会和干扰；四是便于及时获得调查结果；五是运作简便、机动灵活。

（4）科学观察法的不足。科学观察法也有其缺点，主要包括以下几点：第一，观察到的现象具有表面性和偶然性。第二，观察的适用范围受到一定的限制。这主要体现在两方面：一是旅游现象的发生都有一定的时间空间条件，对某种尚未出现的现象、突发的事件或已经发生的现象，都无法采用观察法；二是某些旅游现象由于受伦理、道德、风俗甚至法律制约，不能借助于观察法。第三，观察的结果受到观察者自身的限制。一方面，受人的感官的限制；另一方面，受人的主观意识、主观素质的影响。第四，观察结论难以推及研究对象全体。观察法不适合宏观观察及大面积调查，一般观察样本较小，结果难以量化。

3. 问卷调查法

问卷调查法是指由旅游调研者向被调查者提供问卷并请其对问卷中的问题进行作答而搜集有关社会信息的一种旅游调查研究资料搜集方法。问卷调查法是现代社会中具有广泛用途和重要作用的一种旅游调研资料搜集方法。问卷调查法的特点如下：

（1）标准化。问卷调查法统一提问、回答的方式，对于所有的调查者以同一问卷进行询问，同时以同一种方法发放和填写问卷。由于使用标准化工具进行调查，所搜集资料便于进行统计分析和定量研究。但是，由于标准化，尤其是它多使用封装式提问和回答，也使问卷调查法的适应性和可获得信息的范围受到严重限制。

（2）书面性。通过书面与被调查者进行交流有其特殊作用：第一，这种交流方式可以突破时间的限制，使该方法的实施在时间上有缓冲余地。第二，能够突破空间的限制，即借助交通邮政等渠道，可以将问卷发送到广阔的社会区域，在大范围内同时进行调研。但书面性也有劣势，如只能获得书面信息，对文化程度较低的群体不太适用等。

（3）间接性。采用问卷法，调查者一般不用与被调查者直接见面，节省时间、经费和人力，且匿名调查有助于减少被调查者的顾虑，但问卷的有效率和回复率无法保证。

问卷调查由于种种特性，有着自身所适用的范围。首先，从旅游调查的规模和范围来说，问卷调查法适用于调查规模较大、范围较广的调查对象群体。其次，从旅游调查的研究方式来说，问卷调查法适用于定量研究的旅游调查研究课题。再次，从旅游调查研究对象的总体结构来讲，它也有其一般的适用规律。大致来说，该方法在成分单一的总体中比在成分复杂的总体中更加适用。一个成分复杂的群体，个体的背景往往相关很大，会给问卷的设计带来一定难度。最后，从旅游调查对象的群体类属来看，问卷调查法的适用性也存在差异。一般来说，城市居民比农村居民适用，大城市比小城市适用，文化程度高的群体比文化程度低的群体适用，专业技术人员和公务员比商业人员和工人适用，在中青年群体中比在老年人群体中适用，在男性人口中比在女性人口中适用。

4. 文献调查法

文献是指以文字、图像、符号、音频和视频等方式存储在物质载体上，按照一定逻辑组织的有关知识内容的信息记录。文献调查法是指旅游调查研究者通过搜集和摘取文献以获得与调查课题有关资料的方法。文献调查法可以起到两方面的作用：一是能够直接考察社会系统的现状和变迁；二是可以为其他旅游调查研究方法的应用提供有关社会环境的背景资料、历史状况，为其顺利实施提供基础。

文献根据物质载体的不同可以分为手书型文献、印刷型文献、缩微型文献、音像型文献和计算机存档文献五类。手书型文献是指没有经过正式排印的手写记录，如笔记、手稿、信件、日记、原始记录等；印刷型文献是指将知识内容印刷在纸张等物质载体上的文献，印刷方式主要有木印、石印、铅印、胶印等，载体主要为图书、报刊、画册等；缩微型文献是以感光材料为载体，利用光学记录技术，将手书型或印刷型文献予以缩小的文献；音像型文献是一种以有声影片、幻灯片、唱片、录音带、录像带等为载体，以音频或视频方法记录的文献；计算机存档文献是利用磁盘为载体记录的文献。

文献调查法是一种传统的调查方法，它是对人类以往知识的调查，是直接的书面调查，它所获得的信息是回溯性的信息。因此文献调查法既有其优点，也有其局限性。优点主要有：（1）文献调查法可以超越时空了解广泛的社会情况；（2）文献调查法可以获得稳定的信息，且信息可靠；（3）文献调查法实施起来相对容易；（4）文献调查法实施效率相对较高，投入的人力物力较少，但获得的信息比其他调查方法都多。

文献调查法的局限性主要有：（1）所获得的信息多为书面信息，缺乏生动性、具体性；（2）所获得的信息多为回溯性信息，不能反映新的情况；（3）文献调查法需要人们进行阅读理解才能获得信息，因此该方法要求调查者的知识水平较高；（4）文献调查法尤其是手工文献调查法很难获得全面的信息，通过文献调查法查找到所有的相关文献也不是件容易的事情。

5. 实验调查法

实验调查法是指旅游调研者根据调研目的，有意识地改变和控制研究对象，在创设的理想条件下通过观察、记录来搜集资料，认识其本质及其规律的方法。实验调查法具有实践性、动态性的特点。

实践性是指实验调查法以一定的实践活动为基础，通过调查研究者实施某种实践活动有计划地改变实验对象所处的社会环境，并在此基础上揭示旅游现象之间的因果联系，认识实验对象的本质和规律。实践性是实验调查法的本质特点。

动态性是就实验调查法的对象而言的。由于实践活动的不断进行，实践对象所处的社会环境不断变化，作为实验对象的组织和个人也必然发生不断的运动变化。

实验调查法按照不同的标准，可作不同的分类。

（1）研究性实验调查和应用性实验调查。该划分方式主要是基于调研目的。研究性实验调查是旅游调研者以揭示社会的本质联系和实验对象的本质及其发展规律为主要目的的调查，如对某一社会理论进行论证。应用性实验调查是以解决社会管理和社会工作的实际问题为主要目的的实验调查。

（2）现场实验调查和实验室实验调查。划分依据为实验环境。现场实验调查是指调研者在自然现实的环境中进行的实验调查，在这种环境中，调研人员只能部分控制实验环境的变化。实验室实验调查是指调研人员在人工环境下进行的实验调查，可对实验环境进行严格有效的控制，其特点是环境的人为性。在旅游调查研究中，一般都采用现场实验调查的方法，因为这种实验调查所处的环境都是自然的、现实的环境，其实验结果偏离现实的程度较低，易于应用和推广。

（3）对照实验调查、多实验组实验调查与连续实验调查。划分依据为调查的组织方式。对照实验调查是一种既有实验组又有对照组的实验调查方法。实验组是指旅游调研者用自变量来影响的组，也就是进行实验的组；对照组是指调研者不用自变量进行影响，但与实验组各项特征基本相同，用来与实验组进行对照的组。多实验组实验调查是一种有多个实验组的实验调查方法。连续实验调查是指调研者对同一研究对象在不同的时间里进行观察以检验假设的实验方法。这种方法只有单一的实验组，没有与实验组相对照的组，同一组在施加自变量之前是对照组，在施加自变量之后为实验组。

第二节　旅游市场分析与定位

在对旅游市场进行全面调查的基础上，规划人员应对客源市场的调查资料进行整理和分析，进而得出相关结论，以此作为选择目标市场和进行市场预测的依据。一般来说，旅游市场分析的内容主要包括旅游市场发育现状、旅游市场空间结构、旅游市场时间结构、旅游市场潜在需求、旅游市场竞争状况等。

一、旅游市场现状分析

旅游市场现状分析就是对旅游地入境旅游市场和国内旅游市场发育的总体状况进行分析，主要包括以下内容：（1）旅游市场规模和发展速度；（2）旅游经济总量，主要是旅游外汇收入情况；（3）区域旅游发展情况比较，包括区域内部比较和周边区域比较；（4）旅游发展阶段；（5）旅游者人口特征，包括性别构成、年龄构成、职业构成、文化构成、收入水平等；（6）旅游者行为特征，包括出游目的、旅游信息渠道选择、旅游资源偏好、旅游方式等；（7）旅游者消费结构，包括住宿、餐饮、购物、当地交通、景点娱乐和其他费用等；（8）旅游者对该地旅游接待质量的评价，主要是旅游者到访次数以及旅游者满意度等。

二、旅游市场空间结构分析

旅游市场空间结构主要是指旅游地客源市场的地域分布及构成，如入境旅游市场和国内旅游市场各自的市场份额和地域结构、主要客源市场的分布和接待状况、客源市场等级划分及其是否符合距离衰减规律和客源市场的空间流向规律等，以此来确定旅游地的主要客源市场，并有针对性地设计旅游线路、制定旅游市场营销策略、构建区域交流和合作网络等。

三、旅游市场时间结构分析

在进行旅游市场时间结构分析时，一方面，规划人员要了解旅游地接待旅游者总人次的时间变化情况，如月变化、周变化特征，以此总结出旅游地的淡旺季及其变化规律，从而对旅游地的产品、旅游项目、配套设施设备和服务做好均衡规划；另一方面，还要分析旅游者在旅游地的逗留时间以及影响其旅游时间的因素，以此丰富和完善旅游项目，延长游客的停留时间，增加旅游地的经济效益。

四、旅游市场潜在需求分析

旅游市场分析除了要体现现实旅游市场的发育状况以外，还要考虑潜在旅游市场的需求状况和变化趋势。它主要包括：影响潜在旅游市场需求的因素、潜在旅游市场的数量和范围、旅游市场潜力和消费能力、对潜在旅游市场具有吸引力的资源和产品、潜在旅游市场对旅游地的感知特征等。

对旅游市场潜在需求的分析通常要结合现有主要客源市场的出游率、旅游地可能的到访率以及距离衰减规律等。

五、旅游市场竞争状况分析

分析旅游市场的竞争状况有助于规划者明确旅游地的主要竞争者，了解竞争者的市场地位、竞争优势和劣势及其采用的竞争战略，以便更好地制订旅游地的市场营销规划。规划者通常应从竞争者的经营业绩、发展潜力等方面对竞争者作出全面的分析，主要包括以下五个方面：（1）竞争者的规划开发与经营目标；（2）竞争者的现有市场占有率与市场地位，根据该指标，旅游地可以大致了解竞争者的实力，并明确应采取何种策略来与之竞争，以巩固并加强自己的市场地位；（3）影响竞争者经营与发展的因素；（4）竞争者扩大经营规模或退出行业所面临的障碍；（5）竞争者的盈利能力和销售增长率，可以以此了解竞争者是否处于盈利状态，并判断竞争者是否具有扩大实力的可能。

除此之外，还要考虑和分析与竞争者合作的可能性以及采用什么合作方式，以达到客源互送、市场共享和利益共赢的目的。

第三节　旅游市场需求预测

对旅游市场进行数据收集的最终目的是对市场的需求和趋势进行预测，通常可以分为定量和定性两大类别。目前相关的研究绝大多数是采用定量的方法建立旅游需求的预测模型，进而使用各种数学方法进行预测；定性的方法主要为管理学中涉及的一些方法，如头脑风暴法、情景分析法等。下面是对各种预测方法进行的总结提炼。

一、旅游市场的定量预测

定量预测是使用历史数据或因素变量来预测旅游市场需求的数学模型。它是根据已掌握的比较完备的历史统计数据，采用一定的数学方法进行科学的加工整理，借以揭示有关变量之间的规律性联系，用于预测和推测未来发展变化情况的一类预测方法。定量预测方法也被称为统计预测法，其主要特点是利用统计资料和数学模型进行预测。然而，这并不意味着定量方法完全排除了主观因素，相反，主观判断在定量方法中仍起着重要的作用。

（一）因果模型预测

因果模型预测是定量预测的主要方法之一，主要用于研究不同变量之间的相关关系，用一个或多个自变量的变化来描述因变量的变化。

因果模型预测主要包括趋势外推、回归分析、数量经济模型、投入产出模型、灰色系统模型、系统动力学等。

1. 因果模型预测的特点和适用范围

事物的发展不仅取决于自身的发展规律，同时还受到多种外界因素的影响，如果把预测值称作因变量，那么影响预测对象发展的各变量则被称作自变量。研究因变量与自变量的关系，是因果关系模型的任务。因果关系模型在预测中应用最广，由于它的时间序列模型不同，不仅可以从事短期预测，还可以从事中期、长期预测，也可以预测宏观、中观、微观问题。

2. 因果模型预测的主要方法

（1）趋势外推法。趋势外推法是一种常用的利用事物过去发展的规律推导未来趋势的方法，这种方法简单实用，应用面广。在预测方法分类中，有的将其划归为因果关系模型，有的将其划归为时间序列模型，有的将其单列为一类。这里将其划归为因果关系模型。因为趋势外推法的模型和预测过程与回归分析类同，可以作为回归分析的特例，即以时间为自变量的回归分析。

采用趋势外推法，要注意它的两个基本假设：第一，事物是在同一条件或相近条件下发展的，即决定过去事物发展的原因也是决定未来事物发展的原因；第二，事物发展的过程是渐进的，而不是跳跃的。

趋势外推模型种类很多，实际预测中最常用的是一些比较简单的函数模型，如多项式模型、指数曲线、生长曲线和包络曲线等。

（2）回归分析法。与趋势外推法不同，这种方法主要用于研究不同变量之间的相关关系。回归分析不仅是一种应用范围极广的预测方法，同时也是建立数量经济模型的重要基础。回归分析主要包括一元线性回归、多元线性回归和非线性回归三种，而非线性回归又可通过一定的变换，转变为线性回归的形式。

（二）时间序列预测

在生产和科学研究中，对某一个或一组变量 $x_{(t)}$ 进行观察测量，将在一系列时刻 t_1，t_2，$\cdots$，t_n（t 为自变量且 $t_1 < t_2 < \cdots < t_n$）所得到的离散数字组成序列集合（$x_{(t1)}$，$x_{(t2)}$，$\cdots$，$x_{(tn)}$），我们称之为时间序列。这种有时间意义的序列也被称为动态数据。这样的动态数据在自然、经济及社会等领域都是很常见的。

1. 时间序列模型建模步骤

第一步，用观测、调查、统计、抽样等方法取得被观测系统时间序列动态数据。

第二步，根据动态数据作相关图，进行相关分析，求自相关函数。相关图能显示出变化的趋势和周期，并能发现跳点和拐点。跳点是指与其他数据不一致的观测值。如果跳点是正确的观测值，在建模时应将其考虑进去，如果是反常现象，则应把跳点调整到期望值。拐点则是指时间序列从上升趋势突然变为下降趋势的点。如果存在拐点，则在建模时必须用不同的模型去分段拟合该时间序列，例如，采用门限回归模型。

第三步，辨识合适的随机模型，进行曲线拟合，即用通用随机模型去拟合时间序列的观测数据。对于短的或简单的时间序列，可用趋势模型和季节模型加上误差来进行拟合。对于平稳时间序列，可用通过自回归滑动平均模型（ARMA 模型）及其特殊情况的自回归模型、滑动平均模型或组合、ARMA 模型等来进行拟合。当观测值多于 50 个时，一般采用 ARMA 模型。对于非平稳时间序列则要先将观测到的时间序列进行差分运算，化为平稳时间序列，再用适当的模型去拟合这个差分序列。

2. 时间序列预测的方法

时间序列，也叫时间数列、历史复数或动态数列。它是将某种统计指标的数值按时间先后顺序排列所形成的数列。时间序列预测法是一种历史资料引申预测，也称历史引申预测法，是以时间数列所能反映的社会经济现象的发展过程和规律性，进行引申外推，预测其发展趋势的方法。时间序列预测法通过编制和分析时间序列，根据时间序列所反映出来的发展过程、方向和趋势，进行类推或引申，借以预测下一段时间或以后若干年内可能达到的水平。

其内容包括收集与整理某种社会现象的历史资料；对这些资料进行检查鉴别，排成数列；分析时间数列，从中寻找该社会现象随时间变化而变化的规律，得出一定的模式；以此模式去预测该社会现象将来的情况。

3. 时间序列预测的分类

时间序列预测法可用于短期、中期和长期预测。根据对资料分析方法的不同，又可分为简单序时平均数法、加权序时平均数法、简单移动平均法、加权移动平均法、指数平滑法、季节性趋势预测法、市场寿命周期预测法等。

简单序时平均数法，也称算术平均法，即把若干历史时期的统计数值作为观察值，求出算术平均数作为下期预测值。这种方法基于下列假设："过去这样，今后也将这样"，把近期和远期数据等同化和平均化，因此只能适用于变化不大的事物的趋势预测。如果事物呈现某种上升或下降的趋势，就不宜采用此法。

加权序时平均数法，就是把各个时期的历史数据按近期和远期影响程度进行加权，求出平均值，作为下期预测值。

简单移动平均法，就是相继移动计算若干时期的算术平均数作为下期预测值。由于这种方法是简单的数据平均预测，所以准确性比较低。

加权移动平均法，即将简单移动平均数进行加权计算。在确定权数时，近期观察值的权数应该大些，远期观察值的权数应该小些。

上述几种方法虽然简便，能迅速求出预测值，但由于没有考虑整个社会经济发展的新动向和其他因素的影响，所以准确性较差。研究人员应根据新的情况，对预测结果作出必要的修正，所以有以下几种略微复杂的方法：

指数平滑法，即根据历史资料的上期实际数和预测值，用指数加权的办法进行预测。该方法实质是由内加权移动平均法演变而来的一种方法，优点是只要有上期实际数和上期预测值，就可以计算下期预测值，这样可以节省很多数据和处理数据的时间，减少数据的存储量，方法简便。它是国外广泛使用的一种短期预测方法。

季节性趋势预测法，即根据经济事物每年重复出现的周期性季节变动指数，预测其季节性变动趋势。推算季节性指数可采用不同的方法，常用的方法有季（月）别平均法和移动平均法两种。季（月）别平均法，就是把各年度的数值分季（或月）加以平均，除以各年季（或月）的总平均数，得出各季（月）指数。这种方法可以用来分析生产、销售、原材料储备、预计资金周转需要量等方面经济事务的季节性变动。移动平均法，即应用移动平均数计算比例求典型季节指数。

市场寿命周期预测法，就是对产品市场寿命周期的分析研究。例如，对处于成长期的产品预测其销售量，最常用的一种方法就是根据统计资料，按时间序列画成曲线图，再将曲线外延，即得到未来销售发展趋势。最简单的外延方法是直线外延法，适用于对耐用消费品的预测。这种方法简单、直观、易于掌握。

4. 时间序列预测的步骤

第一，收集历史资料，加以整理，编成时间序列，并根据时间序列绘成统计图。时间序列分析通常是把各种可能发生作用的因素进行分类。传统的分类方法是按各种因素的特点或影响效果分为四大类：长期趋势，季节变动，循环变动，不规则变动。

第二，分析时间序列。时间序列中每一时期的数值都是由许多不同的因素同时发生作用后的综合结果。

第三，求时间序列的长期趋势（T）、季节变动（S）和不规则变动（I）的值，并选定近似的数学模式来代表它们。对于数学模式中的诸未知参数，使用合适的技术方法求出其值。

第四，利用时间序列资料求出长期趋势、季节变动和不规则变动的数学模型后，就可以利用它来预测未来的长期趋势值 T 和季节变动值 S，在可能的情况下预测不规则变动值 I。然后，用以下模式计算出未来时间序列的预测值 Y：

$$加法模式 \quad T + S + I = Y \qquad (3-1)$$

$$乘法模式 \quad T \times S \times I = Y \quad\quad (3-2)$$

如果不规则变动的预测值难以求得，就只求长期趋势和季节变动的预测值，以两者相乘之积或相加之和为时间序列的预测值。如果经济现象本身没有季节变动或不需预测分季分月的资料，则长期趋势的预测值就是时间序列的预测值，即 $T = Y$。但要注意这个预测值只反映现象未来的发展趋势，即使是很准确的趋势线在按时间顺序的观察方面所起的作用，本质上也只是一个平均数，实际值将围绕着它上下波动。

二、旅游市场的定性预测

定性预测，就是依靠熟悉业务知识、具有丰富经验和综合分析能力的人员或专家，根据已经掌握的历史资料和直观材料，利用人的知识、经验和分析判断能力，对旅游市场未来发展作出性质和程度上的判断，然后再通过一定的形式综合各方面的判断，得出统一的预测结论。值得注意的是，定性预测技术一定要与定量预测技术配合使用。定性预测方法又称为主观预测方法，它简单明了，不需要数学公式，依据是来源不同的各种主观意见。

（一）头脑风暴法

在群体决策中，群体成员由于受心理相互作用影响，易屈于权威或大多数人意见，形成所谓的"群体思维"。群体思维削弱了群体的批判精神和创造力，损害了决策的质量。为了保证群体决策的创造性，提高决策质量，管理上泛用了一系列改善群体决策的方法，头脑风暴是较为典型的一个。

头脑风暴法可分为直接头脑风暴法（通常简称为头脑风暴法）和质疑头脑风暴法（也称反头脑风暴法）。前者是专家群体决策尽可能激发创造性，产生尽可能多的设想的方法；后者则是对前者提出的设想、方案逐一进行质疑，分析其现实可行性的方法。采用头脑风暴法组织群体预测时，要集中有关专家召开专题会议，主持者以明确的方式向所有参与者阐明问题，说明会议的规则，尽力创造融洽轻松的会议气氛，并且主持者一般不发表意见，以免影响会议的自由气氛，由专家们自由提出尽可能多的方案。

（二）情景分析法

情景分析法又称为前景描述法、脚本法，是假定某种现象或某种趋势将持续到未来的前提下，对预测对象可能出现的情况或引起的后果作出预测的方法。

（三）销售人员意见法

销售人员意见法通常在预测者无法直接接触消费者或者其他的被调查者时采用。具体做法是：请多位销售人员对未来某时段市场规模的最高值、最低值和一般值及三种情况的出现概率进行预测，得到各自的期望值。再将这些预测者的预测值进行平均，即可得预测结果。

第四章 旅游景区规划与设计

第一节 旅游景区与景区规划概述

一、旅游景区内涵、分类及特征

(一) 旅游景区的内涵

旅游景区是旅游业的重要组成部分，是旅游业发展的基础。传统的旅游业六大要素"食、住、行、游、购、娱"中，前三者是为旅游者实现旅游活动服务的，"购物"只是旅游过程中的一个附属行为，"游"和"娱"则构成了旅游活动的核心，而"游"和"娱"所依托的重要基础——旅游景区才是吸引游客开展旅游活动的主要因素。[①] 因此，旅游景区构成了旅游业发展的主体，在旅游业发展中占有极其重要的地位。

作为旅游景区，应该具有以下几方面的内涵：

---

① 张河清. 旅游景区管理 ［M］. 重庆：重庆大学出版社，2018：1.

第一，旅游景区有一定的空间范围和界线。旅游景区的规模可以不同，小到一栋建筑、一个庭院，如"最小的苏州园林"——残粒园，面积仅140多平方米；大到绵延数十上百平方公里的风景区，如黄山风景区，面积约1200平方公里。但是不论规模大小，都有一定相对明确的空间范围，形成了固定的、范围确定的经营服务场所。旅游景区一般都设有固定的出入口，使得旅游者不能随意进出，同时也界定了旅游景区的边界。

第二，旅游景区有供游客参观游览的吸引物。旅游景区是满足旅游者旅游需求的功能载体，是旅游者实现旅游目的的场所，其主体功能是旅游，因此必须能够为人们提供欣赏、游览或者从事娱乐活动的吸引物。旅游景区以一定的自然地理条件为基础，而景点、吸引物及其他相关设施分布其中，其吸引物特色构成了一个旅游景区景观资源的基本特征。不同类型的景区有不同的吸引物，风景名胜区以山清水秀的自然景观来吸引游客，人文旅游景区则以其历史、艺术和科学价值为吸引因素，游乐型景区则以其游乐设施吸引游客游玩等。吸引物构成旅游景区的核心要素，也是旅游者旅游动机萌发的刺激因素。

第三，旅游景区有良好的可进入性。旅游具有异地性的特征，是一种独特的异地体验，旅游景区需要有良好的可进入性，以方便游客进入。一般来讲，即使是风景非常优美、文化价值极高的地区，如果没有良好的可进入性，没有必要的交通等基础设施建设，也是很难形成旅游景区的。当然，不排除一些背包旅游者等特殊游客到一些可进入性较差但风景优美的地区旅游，但是这些没有经过开发的地区我们还不能称之为旅游景区。

第四，旅游景区拥有一定的旅游服务设施和基础设施。旅游设施包括为旅游者提供游览服务的设施，如旅游线路标志、景点解说牌、娱乐设施、休息亭等；也包括游客在游览过程中必要的一些生活服务设施，如餐厅、茶室、厕所等。必要的旅游服务设施是游客顺利完成旅游过程的基本保证。① 此外，旅游景区还必须有完善的基础设施，以保证旅游活动的正常进行和旅游服务设施的有效运转，主要包括出入交通、内部交通、停车场、给排水、垃圾处理、电力能源、邮政电信等设施。旅游服务设施和基础设施的完善程度也构成了旅游景区等级评价的重要内容。

第五，旅游景区有专门的经营管理机构。我国旅游景区类型多样，性质也较为复杂。有的是国家行政单位，如长白山景区的管理机构长白山保护开发区管理委员会（以下简称"长白山管委会"），作为吉林省政府的派出机构，正厅级建制，代表吉林省政府依法对管理区域内的经济和社会行政事务以及自然资源实行统一领导和管理。同时吉林省将长白山管委会按省内市（州）对待，实行"九加一"管理模式。有的是事业单位，如公园、博物馆、动物园、植物园等；有的是企业，如深圳世界之窗是由香港中旅集团和华侨城集团共同投资建设的大型文化旅游景区。但不论属于哪种类型，作为一个相对独立的单位，旅游景区都设有专门的管理机构，以保证旅游景区内资源得到有效保护，保证游客正常开展旅游活动。

（二）旅游景区的分类

1. 按旅游景区资源类型划分

按照旅游景区资源类型来划分，旅游景区可分为自然类旅游景区、人文类旅游景区、复合类旅游景区以及主题类旅游景区。

（1）自然类旅游景区。自然类旅游景区是指以自然环境的特色为基础的景区，由多个自然类旅游景点组成，以名山大川和江河湖海为代表，如西湖、九寨沟、张家界国家森林公园等。这类景区的特征是：国家为其所有者，以自然景观为其吸引力本源，自然环境优美，

---

① 苗雅杰. 旅游景区管理 ［M］. 北京：中国物资出版社，2010：3.

通常空间范围较大，游客的主要活动是游览观光。自然类旅游景区又可以划分为山地型自然旅游景区、森林型自然旅游景区、水景型自然旅游景区、洞穴型自然旅游景区以及综合型自然旅游景区五个亚类。

（2）人文类旅游景区。人文类旅游景区是人类生产、生活活动的艺术成就和文化结晶，是指由以社会文化事物为吸引力本源的建筑物（群）和场所以及其中的活动构成的景区。这些建筑物（群）和场所，起初并不是为了吸引游客而建造的，其中的活动也不是专门为游客的体验而开展的。这类景区一般年代比较悠远，文化内涵深厚，吸引着大量的游客前来参观访问，游客前来主要是为了游览和增长见识，如古代人类遗址、古代建筑、雕塑、壁画、文学艺术、伟大工程、帝王陵寝、名人故居等。

（3）复合类旅游景区。复合类旅游景区是指由自然景点和人文景点相互映衬、相互依赖而形成的相对独立的景区，该类景区中自然景观和人文景观的旅游价值均较高。复合类旅游景区的典型代表如国内的宗教名山五台山、峨眉山、普陀山、九华山等。

（4）主题类旅游景区。主题类旅游景区指主题鲜明的人造旅游景区，包括主题公园、主题类动植物园、游乐园和其他主题类人造景区。这类旅游景区是专门为吸引游客并满足其需求而修建的，主要由现代建造的房屋和建筑群、场所以及其中专门为游客设计的各种活动和游乐设施构成。游客到这些景区主要进行康体、休闲娱乐等活动。

2. 按旅游景区的旅游活动功能，结合旅游景区旅游资源特色划分

按照旅游景区的旅游活动功能，结合旅游景区旅游资源特色划分，其可分为观光型游览旅游景区、历史古迹旅游景区、民俗风情类旅游景区、文学艺术类旅游景区、娱乐游憩类旅游景区、科考探险类旅游景区和综合性旅游景区。

（1）观光型游览旅游景区。这类旅游景区具备独特、优美的自然景观和人工景物，有较高的美学价值，主要以江、河、湖、海、

山、林、瀑布、岩溶、气候、气象变化等为主要景观，国内如广西桂林山水、四川的九寨沟、吉林长白山、黑龙江五大连池等；国外如美国的黄石公园、日本的富士山等。

（2）历史古迹旅游景区。历史古迹是人类留下的遗迹和遗物，形象地记录着人类的历史，能引发人们对历史的回顾。历史古迹种类繁多，包括：早期人类遗址，如北京猿人遗址、陕西蓝田人遗址等；庙坛，如北京天坛、曲阜的孔庙等；陵墓，如明十三陵、清东陵、清西陵、黄帝陵、孔林等；古都城，如云南丽江古城等；寺观佛塔，如浙江灵隐寺、河南白马寺、少林寺、云南大理三塔、北京北海白塔、埃及金字塔等；古园林，如颐和园、苏州园林、上海豫园等；还有名人遗迹、碑帖、雕像、礼乐、乐器、陶俑、古玩等。

（3）民俗风情类旅游景区。民俗风情类旅游景区指的是民族集聚地、民族独特的生活习惯及生活方式，包括民族的衣着服饰、民居建筑、饮食特色、娱乐方式、婚恋习俗、节庆、礼仪、丧葬、生产交通、村落等方面所特有的风情、风尚、传统和禁忌，结合当地的自然景观，形成独特的人文景观，如云南西双版纳傣族村寨、大理白族村、丽江纳西族村，西藏藏族村，广西壮族村，贵州苗族寨等景区。旅游者通过到当地参加各项民族活动，体验和感受独特的民族风情。

（4）文学艺术类旅游景区。文学艺术类旅游景区以文化为中心，为旅游者创造一种特定的文化氛围，使游客在旅游过程中增长学识、增加艺术修养，如各地的艺术馆、美术馆、博物馆等，也包括一些文艺类主题公园，如无锡影视城等。

（5）娱乐游憩类旅游景区。娱乐游憩类旅游景区是指以优美的旅游度假环境（如阳光、沙滩、温泉、气候等）或者以人造景观为背景建设现代娱乐休闲设施为主的旅游景区。供旅游者开展观赏、康体疗养、运动健身、娱乐和休闲等旅游活动项目。根据其区位条件及旅游资源可经营发展以下不同类型的休闲度假景区：

一是康体疗养型。这是指依托宜人气候环境，能提供康体疗养活动的地貌、水文、生物等地理环境，有优美自然环境或有特殊康体疗养效用的地域，可经营发展康体疗养度假区。例如，温泉疗养（如陕西骊山温泉）、避暑疗养（如河北承德、江西庐山）、避寒疗养（如海南三亚、广西北海、云南西双版纳）等景区。

二是运动健身型。这类旅游景区以自然旅游资源为依托，有较好的山地，可以进行登山、探险、滑雪等运动，以达到健身和锻炼的目的（如云南玉龙雪山，黑龙江亚布力滑雪度假区，吉林的莲花山滑雪场、净月潭滑雪场），包含以水为基地的游泳、泛舟、潜水等运动项目（如云南的阳宗海、海南三亚的亚龙湾），以及各种狩猎场、垂钓场等。

三是娱乐休闲型。这是指以人造景观为背景建设现代娱乐休闲设施，供旅游者开展观赏、娱乐和休闲等旅游活动项目的景区，如大型的休闲中心、动物园及闻名世界的迪士尼乐园等。

（6）科考探险类旅游景区。科考探险类旅游景区是指以自然资源为主构成，并具有科学研究价值的景区，如雅鲁藏布江大峡谷、金华水下溶洞、湖北神农架等。

（7）综合性旅游景区。这类景区不仅有优美的自然风光，而且有大量的名胜古迹，是自然旅游资源与人文旅游资源有机结合的旅游景区，能吸引大量的旅游者前往观光旅游。

3. 按旅游景区的质量等级划分

根据中华人民共和国国家标准《旅游景区质量等级的划分与评定》（GB/T 17775—2003）规定，将旅游景区质量等级划分为五级，从高到低依次为 AAAAA、AAAA、AAA、AA、A 级旅游景区。AAA级、AA 级、A 级旅游景区由全国旅游景区质量等级评定委员会委托各省级旅游景区质量等级评定委员会评定，省级旅游景区质量等级评定委员会可以向条件成熟的地市级旅游景区质量等级评定机构再行委托。AAAA 级旅游景区由省级旅游景区质量等级评定委员会推荐，全国旅游景区质量等级评定委员会组织评定。AAAAA 级旅游景区从 AAAA 级旅游景区中产生，被公告为 AAAA 级旅游景区 1 年以上的方可申报 AAAAA 级旅游景区。AAAAA 级旅游景区由省级旅游景区质量等级评定委员会推荐，全国旅游景区质量等级评定委员会组织评定。

等级评定标准主要包括服务质量与环境质量、景观质量和游客综合满意度三方面。其中服务质量与环境质量共计 1000 分，分为 8 个大项，其中旅游交通 140 分，游览 210 分，旅游安全 80 分，卫生 140 分，邮电服务 30 分，旅游购物 50 分，综合管理 195 分，资源和环境保护 155 分。景观质量分为资源要素价值与景观市场价值两大评价项目、9 项评价因子，总分 100 分，其中资源吸引力为 65 分，市场吸引力为 35 分，各评价因子分 4 个评价得分档次。游客综合满意度总分为 100 分，其中总体印象满分为 20 分（很满意为 20 分，满意为 15 分，一般为 10 分，不满意为 0 分）。其他 16 项每项满分为 5 分。总计 80 分（各项中，很满意为 5 分，满意为 3 分，一般为 2 分，不满意为 0 分）。

（三）旅游景区的特征

旅游景区作为一个有机体，由内部系统和外部系统互动组成。处在社会大环境的旅游景区存在以下特征：

1. 综合统一性

旅游景区构成要素多元，这些要素既包括组成旅游景区内在吸引力系统的部分，又整合了旅游景区所在地域的一些独特的文化、民俗、社会和经济因素，内化融合为景区的综合吸引力。这些要素在旅游行为发生时产生联动效应，共同作用于旅游者的出游经历。而统一性体现在构成旅游景区的每一个要素的质量都必须是一致的，任何一个要素质量低劣，就会出现"短板效应"，破坏旅游者的体验质量，从而影响其对整个景区的认知。

2. 多层利益平衡性

旅游景区比起其他旅游企业更需要平衡与自身发展相关的各种力量。首先，旅游景区具有旅游活动生产和消费同一的特性，在景区系统中需要同时平衡旅游行为和消费行为，每一位游客消费经历的满意度要与旅游景区对旅游行为的认可度相统一、相适应。其次，旅游景区多是具有独特性和环境脆弱的区域，容易受到来自旅游发展造成的压力损害，季节性等自然因素增加了压力的强度，设施设备的不均衡使用也造成了效益递减，所以必须在与资源相关的各利益主体（包括管理者、经营者、享用者）在旅游景区系统中平衡时才能使景区良性发展。

3. 目标多重性

旅游景区资源具有公共性，为社会成员所共享，其除了承担旅游功能外，还发挥着研究、科学考察、经济等效用。例如，在海岸地带，旅游业就是与其他产业（电力、渔业等）共同使用当地资源的，乡村旅游的开展也是与自然保护、农业、林业共同发展的。单就承担旅游功能来讲，旅游景区的服务和设施也提供给多个对象，包括游客、当地居民和景区工作人员等，多用途决定了旅游景区的服务与设施具有多目标性。

4. 特有时效性

旅游景区的这一特征主要体现在：首先，随着社会文化的发展、意识的进步，旅游者对旅游景区的认知和评估不断更新；其次，每个旅游景区都在其生命周期的轨迹中发展，经历繁荣和衰败，良好状态的延续其实就是其吸引力时效的延长；最后，不同的资源基础可以开发出旅游景区的特色产品，从而带来管理状况的不断变化，需要不断建立新的管理制度。

二、旅游景区规划的目标及原则

景区规划是旅游规划中的一种类型，它是以景区为特定研究对象的旅游规划。景区发展旅游，是通过对旅游六大要素（吃、住、行、游、购、娱）的安排来满足旅游者各方面的需求，并实现景区的经济、社会、环境效益。因此，景区规划就是以景区为对象，根据景区的资源特点、市场状况和其他相关的自然和社会经济条件所进行的有关开发、保护、管理等内容的布局、设计、安排。其目的是使景区的开发建设和管理能够有计划、有步骤、合理、科学地进行。

（一）旅游景区规划的目标选择

旅游景区规划的目标是通过满足旅游市场需求来实现旅游功能系统的完善与运行，实现旅游需求与旅游供给的动态平衡。

景区规划的目标选择必须将景区置于区域开发的背景之中来考虑，景区规划的目标应与该区域的经济发展目标、城市规划目标、社区发展目标、生态环境和历史文化保护目标等相协调一致，纳入区域经济社会发展总体战略的框架之中。具体来说就是景区规划要提高旅游者的满意度、给投资者带来回报、帮助景区实现资源的可持续利用和以地方经济社会协调发展为根本价值取向。

1. 旅游者目标

旅游业以旅游者为本，提高旅游者的满意度是任何一个景区进行规划的根本目标之一。由于景区旅游活动具有复杂性，要想获得旅游者较高的满意度不是一件容易的事情。实际上，在景区旅游过程中，很多看似细小的地方都会影响旅游者的满意度。例如，在制订市场营销规划时过分夸张的宣传可能会导致游客实际参与后产生失落感；旅游服务设施规划不合理、指示牌系统不完善、住宿设施、餐饮服务、导游服务不尽如人意等情况，往往也会导致旅游者满意度下降。

旅游景区规划就是为景区开发提供规范，并尽可能提高旅游者的满意度，尽量避免相关问题的产生，而不是事后帮助旅游者解决问题。景区管理者也应该清醒地认识到，游客数量不等同于游客满意度，每年黄金周热门景点人满为患，同时游客投诉量也居高不下就是最好的证明。或许规划方案无法令每一个旅游者都获得精神上的满足，但至少规划者和管理者有了努力的方向。

2. 投资者目标

景区投资者为景区开发和建设投入大量资金，承担市场风险，理应获得市场回报。因此，在景区规划中帮助投资者实现经济效益是规划的另一个重要目标。保证投资者的回报，最主要的就是要实现规划设计的旅游产品能获得市场认同，满足市场的需要。首先，要求规划者能够在第一时间发现市场机会；其次，规划者要有足够的分析和综合能力为投资者设计出适合市场需求的旅游产品；最后，规划要对许多影响旅游的因素进行深入研究，比如景区与客源市场的距离、交通状况，景区旅游资源的品质和规模、基础设施的建设水平，景区开发所涉及的各个部门的情况等。

3. 环境目标

旅游资源和环境是景区开发与规划的对象，是景区的核心吸引力，实现旅游资源环境的合理开发利用是旅游规划的一个重要目标。旅游规划保护的对象是自然旅游资源和人文旅游资源，而这些正是旅游者渴望在旅游过程中体验到的东西。旅游规划者提供的方案应当是进行当前技术和资金条件下允许的、合理的开发。如果不充分重视对资源和环境的保护，未来可供开发的旅游资源会越来越少，旅游规划人员也可能会面临无事可做的境遇。所以对旅游规划者来说，有责任和义务协助景区实现资源的可持续利用，使景区向着生态、绿色的方向发展。

4. 社区目标

旅游业是国民经济的组成部分，它和其他许多产业是有关联的。景区也只有在所属区域的经济整体框架中找到合适的位置才能得到应有的发展。因此，在编制景区规划时不仅要考虑旅游者、投资者的需要，还要充分顾及当地社会经济发展目标，考虑当地社区居民的利益。

此外，在编制景区旅游规划时，应注意旅游规划与当地不同类型的其他规划相适应，如区域规划、城市规划、土地利用规划、各种专项规划等。要把规划目标与当地社会经济发展目标作为一个整体来考虑，了解和控制旅游业对当地社区的影响。

（二）旅游景区规划的基本原则

旅游景区规划是一项具有深远意义的战略性工作，会对景区所在地的社会经济文化产生重大的影响。因此，必须严格按照客观实际的要求，科学合理地进行规划编制工作，使规划方案真正建立在科学的基础之上。一般说来，旅游景区规划工作应遵循下列原则：

1. 独特性原则

旅游景区的独特性，是其对旅游者产生吸引力的根本原因，也是景区实现潜在经济优势的重要保证。景区规划要注重美学原理、突出个性、发挥特色、避免竞争，体现自然景观的自然美与人工景观的社会美和艺术美。在开发规划过程中，应注意突出民族特色，增强地方色彩，满足游客的猎奇心理。

独特性原则是旅游景区规划的中心原则，必须通过各种产品与服务来突出景区的独特之处，如通过自然景观、建筑风格、园林设计、服务方式、节庆事件等来塑造与强化旅游景区的形象。因此，旅游景区规划要有意识地突出主题形象，建立鲜明的旅游景区形象。

2. 整体性原则

整体性原则是指要保持旅游景区的整体性不被分割。因为有的旅游景区区域面积广大，在管理上可能被几个自然区或行政区分割，这对于旅游景区的管理和发展是十分不利的。注重整体性原则，一方面，应将旅游景区的管理和开发与当地的社会发展和经济发展有机地结合起来，列入区域规划，合理地规划旅游地的建设发展；另一方面，应将旅游景区的管理形成一个统一的整体，避免权限分散所造成的混乱。

3. 协调性原则

协调性原则是指旅游景区在开发规划中应注意经济、社会、环境效益的协调统一。旅游开发活动是一种经济技术行为，即利用一定的资金、技术将旅游资源的潜在优势转化为现实的经济优势。因此，经济效益是规划的首要目标。但经济效益并非旅游景区开发规划的唯一目标，还必须考虑其社会效益和环境效益。社会效益，一方面体现为旅游者在旅游目的地获得精神享受、情感熏陶后的愉悦感和满足感；另一方面体现在旅游者与旅游地居民之间的经济、文化交流所产生的相互影响。这就要求制订规划时将旅游地居民的利益与旅游者的利益平等看待，不能厚此薄彼。旅游景区的开发活动，必然对原有的生态环境产生一定的破坏作用，如对植被、水源的破坏；开发后大量外来游客的涌入也必然给旅游资源所在地的自然环境带来压力，并对当地居民的物质和文化生活产生一定的冲击，从而产生积极和消极两方面的影响。这就要求在制订规划时，要注意维护旅游地的基本生态进程，保护生物资源及其多样性，并制订相应的保护措施，处理好开发与保护的关系，使得旅游资源能被永续利用。

4. 市场导向原则

旅游业的发展，以旅游者的空间流动为特征，其流向变化、流量大小决定着旅游景区发展的规模和命运。旅游景区规划，要实现其目标就要以客源市场为导向制订其内容。首先，应通过周密调查，掌握潜在或现实的客源市场的地域构成、流量流向变化、消费特征变化及游客喜好程度等因素；其次，经过市场细分，确定目标市场及其需求状况；最后，以此为导向进行景区产品设计，选择开发项目，确定设施档次与消费水平，推出适销对路的旅游产品，并加强产品促销工作，用鲜明的特色和独特、完善的服务吸引旅游者的注意，不断挖掘潜在的客源市场，建立稳固的客源流条件，从而为规划目标的实现奠定基础。

5. 弹性原则

旅游市场变化很快，旅游者的口味也随着时尚潮流不断变化，规划不能预见未来所有的变数，景区规划应该在时间上和空间上留有弹性以适应不可预见的变化，并为后续开发和调节打下基础。在时间上，景区规划有很强的时效性，旅游者的偏好和需求会随时间推移而波动。因此，在景区规划中的分期目标和实现的具体年限之间应留有相应的弹性，以避免规划目标无法按期实现。在空间上，景区的发展速度有时会超出前期预测，景区的服务设施和景点的空间容量会出现供应不足的情况。因此，旅游景区规划在空间布局时应留有余地为将来计划外的扩展储备发展空间。

6. 可操作性原则

如果提出旅游开发政策、规划的意见和建议确实可行，在制定政策的过程中就应始终考虑具体的实施办法，并制定出一个具体的实施计划或战略。

第二节　旅游景区设施规划设计

一、旅游景区设施规划概述

景区设施是景区为旅游者和当地居民提供旅游体验服务和其他服

务的载体，即景区建筑物、场地空间、设施设备等的总称。景区就是
凭借它来为旅游者和当地居民提供服务的。

（一）景区设施规划的一般要求

景区设施规划设计在旅游规划中属于工程技术性设计的范畴，是
对景区规划建设内容的设计和安排。这一部分在规划编制中一般由具
有建筑专业背景的人员来做设计图，并简要进行工程建筑说明。设计
人员在对景区规划和背景资料进行消化理解的基础上，提炼设计理念
和元素，借助计算机设备来进行设计。因此此部分的文本材料篇幅不
大，而对图件的要求较高。要求设计者能使用 AUTOCAD、3D MAX、
COREDRAW、PHOTOSHOP 等软件，用平面结构图、效果图等形式
来表现规划者的思想和理念。

（二）景区设施规划的规范要求

《旅游规划通则》（GB/T 18971—2003）中分别对不同性质旅游
区规划的设施部分文本、图件作出了要求，在实际工作中，景区规划
也以此为标准。

1. 旅游区总体规划

旅游区总体规划的任务之一是安排旅游区基础设施建设内容，提
出开发措施。旅游区总体规划的内容有：规划旅游区对外交通系统的
布局和主要交通设施的规模、位置；规划旅游区内部其他道路系统的
走向、断面和交叉形式；规划旅游区其他基础设施、服务设施和附属
设施的总体布局；规划旅游区防灾系统和安全系统的总体布局；规划
旅游区的环境卫生系统布局，提出防止和治理污染的措施等。旅游区
总体规划的成果要求有道路交通规划图等图件。

2. 旅游区控制性详细规划

旅游区控制性详细规划的主要内容有：规定各类用地内适建、不

适建或者有条件地允许建设的建筑类型；规定建筑高度、建筑密度、容积率、绿地率等控制指标；规定交通出入口方位、停车泊位、建筑后退红线、建筑间距等要求；提出对各地块的建筑体量、尺度、色彩、风格等要求；确定各级道路的红线位置、控制点坐标和标高等。旅游区控制性详细规划的成果要求图件包括各项工程管线规划图等。

3. 旅游区修建性详细规划

旅游区修建性详细规划的主要内容有：道路交通系统规划设计；旅游服务设施及附属设施系统规划设计；工程管线系统规划设计；竖向规划设计；环境保护和环境卫生系统规划设计。旅游区修建性详细规划的成果要求图件包括道路及绿地系统规划设计图、工程管网综合规划设计图、竖向规划设计图等。

（三）景区设施规划设计应考虑的因素

景区设施规划设计要考虑上位规划和本规划的要求，做好市场调查工作。在设计的时候要综合考虑总体规划、建筑设计及设施规范标准的要求，并从设施使用者安全便利的角度慎重考虑，同时还要结合设施投资建设的成本与效益分析，综合权衡进行系统设计。要考虑的因素可以分为自然因素和人文因素两部分。其中，自然因素包括景区地质、地貌、气候（气温、降水、风、光照、湿度、雷暴、雾凇、雨凇）、水文、生物、土壤等基本情况，人文因素包括旅游政策、区域经济发展水平、旅游文化、人文旅游资源禀赋、设施现状、景区规划、设施管理水平等内容。

二、景区基础设施设计

景区基础设施是保障景区各项接待、经营活动正常开展的基础，是在景区建设中需要提前安排的发挥基础作用的设施。景区基础设施包括交通设施、信息设施（含电子门禁设施）、水电气热供应设施、环境卫生设施、风险防治设施等部分。

（一）景区基础设施的功能

第一，改善可进入性。旅游景区要做到让游客进得来、散得开、出得去，就必须依靠完善的景区交通设施。

第二，满足旅游者需要。满足游客在景区对水、电、气、热、通信等的需求。这类设施会涉及管道、网络等的敷设，因此在景区规划设计当中应作长远规划，进行合理设计。

第三，提高旅游服务质量。营造优美的环境，帮助旅游者获得满意的旅游经历。良好的旅游体验建立在优美的环境和旅游者的文明行为基础上。

第四，减少旅游风险。减少和消除旅游者在旅游过程中可能出现的风险和灾害，保障旅游者人身财产安全。

（二）景区基础设施设计的原则

一是前瞻性原则。景区基础设施建设工程量大，投资大，且多为固定设施，因此基础设施设计要有前瞻性，为景区留有发展空间和余地。

二是科学性原则。要特别注意按景区的自然条件（含地质地貌、气候、水文、植物等要素）来规划基础设施，并对项目进行合理选址和线路安排。

三是标准性原则。对基础设施的设计、建设、管理、维护、更新要遵照相关规定执行，包括国家和地方政策、行业标准规范、行政规章等。

（三）景区基础设施规划的简易程序

景区基础设施规划应遵循如下程序：

第一步，对景区现有的基础设施类型、规模和使用情况进行调查。

第二步，根据旅游规划的性质和等级，决定需要规划的基础设施的类型，即决定需要规划哪些基础设施。

第三步，结合景区未来不同规划期内的接待规模预测，确定基础设施的建设规模和设施容量。

第四步，对景区基础设施进行规划设计。

三、旅游景区基础设施的分类

（一）景区给排水设施

景区的给排水设施包括给水设施和排水设施。根据水的用途可以将景区用水分为生活用水和景观用水，生活用水满足游客、景区居民和工作人员的饮用、烹饪和冲洗等生活需要；景观用水则用于景观水体、绿化浇灌等用途。

1. 景区给水设施

给水设施包括水源与取水工程、水处理工程、给水管网工程。对景区给水设施的规划首先要估算景区的用水量，参照相关国家标准如《地表水环境质量标准》（GB 3838—2002）、《地下水质量标准》（GB/T M848—1993）的规定，规划景区的给水设施。参考《生活饮用水卫生标准》（GB 5749—2022）、《城市污水再生利用　城市杂用水水质》（GB/T 18920—2020）等标准的要求，规划给水处理设施。对景区给水管网建设与敷设也要进行规划设计。

2. 景区排水设施

景区排水设施可以划分为污废水处理系统和排水管网系统。雨水可以通过明渠流到河流湖泊，也可以通过管道经处理厂处理后用于园林和消防。污水的处理要通过污水管道和处理厂净化后排放，水中杂质经沉淀池沉淀后由人工清运固体垃圾。在规划设计时要先对雨水径流量和污废水生成量进行估算，然后对排水管网、污水处理设施和景区排水附属设施分别进行规划设计。对污水的处理可以采用建设污水处理厂、公厕污水处理设施、地埋式小型污水处理站和人工湿地污水处理设施等方式进行。景区排水附属设施有排水泵站、井管、出水口及雨水蓄水池。

排水设施规划要结合防洪规划统一安排。城市基础设施的规划中包含防灾减灾的内容，其中就有防洪设施规划。

（二）景区电力设施

电力是景区的动力之源，景区所有设施和经营场所的正常运行都离不开电力。对景区电力设施进行规划要从以下几个方面考虑：

1. 景区供电负荷

景区供电负荷有季节性、密度小、分布不均匀和地区差异性大等特点，因此需要借助一些电力负荷预测方法来预测电力负荷。

2. 景区供电电源

供电电源主要有变电所和水电站两种形式。

（1）变电所。变电所是景区最主要的供电设施，由变压器、配电装置、室外构架以及辅助装置组成。变电所的设计要考虑以下原则：一是合理确定变电所容量和变压等级；二是靠近负荷中心，以降低损耗、方便检修；三是要有多方位进出线走廊，便于各级电压线的进出；四是选择地质基础好的区域，如百年一遇洪水位以上的非雷击区等；五是结合景观美化和设施的其他要求综合考虑。

（2）水电站。对于小型水电站的规划设计要慎重，水电虽然有成本低、清洁环保的特点，但建设不当也会对景区的生态系统造成不可逆转的破坏。建设水电站要选择河流落差大、水流稳定的地方，且要方便电力输出，当然还要与景区总体规划相符。

3. 景区供电网络

对景区的供电网络要进行科学设计，统筹兼顾各种设施的布局规划，考虑近期、中期、远期的配套衔接，节约用地，综合开发，统一建设，减少对景区的视觉污染。

4. 景区电力线路

景区电力线路有架空式和地下式两种敷设方式。应根据景区的自然地理状况、旅游设施规划以及电力设施的投资预算来选择电线的敷设方式。

第一，架空敷设。架空式电力线路敷设主要适用于地形地貌复杂、跨距大的景区，要从路径选择、线路架设和安全保护的角度进行设计。

第二，地下敷设。地下敷设电缆的方式有直埋、隧道、沟槽、排管、水下穿管及悬挂等多种形式，应根据施工条件、电压等级、电缆数量和投资预算等因素确定敷设方式。架空式敷设成本低，技术简单，但在技术经济性和景观保护方面，地下敷设更合适。

电缆穿越林间、横穿水下有距离规定，电缆与建筑、道路及排水、通信等其他管线设施平行或交叉也有安全距离要求。

（三）景区相关信息设施

1. 景区电信设施

电信设施作为信息传递的重要渠道，在景区内扮演着不可或缺的角色。游客可以通过手机信号、宽带网络等电信设施，及时获取景区内的各类信息，如景点介绍、活动通知、天气预报等。同时，电信设施也为景区管理提供了便利，如监控设备的实时传输、应急通信的保障等。除了电信设施，景区还配备了邮政、广播和电视等辅助信息传递方式，以满足不同游客的需求，提供全方位的信息服务。

2. 景区信息传输设施

景区信息传输设施可分为信息传输网络、信息传输建筑物及信息传输设备三大类。其中，传输网络由电缆、光缆等组成；传输建筑物包括电话亭、移动网络基站、卫星地面站、邮政局所、无线及有线广播电（视）台等各种建筑物；传输设备包括程控交换机、无线收发信机、卫星通信解调器、计算机、电源等。

3. 景区电子门禁设施

景区电子门禁设施，即景区电子门票自动售检票系统，该系统融计算机技术、信息技术、电子技术、机电一体化及加密技术于一体，具有很强的智能化功能。采用电子门票系统来实现整个景区售票、检票、票务统计等工作，实现了计算机售票、检票、查询、汇总、统计、报表等各种门票通道控制管理功能及全方位实时监控和管理功能。

电子门禁系统的优点有：（1）杜绝因伪造的假票带来的巨额经济损失；（2）取消手工管理和统计，保证数据及时、准确，提高工作效率；（3）杜绝财务统计漏洞，减少人情票，杜绝工作人员作弊；（4）提高旅游景区品位及管理水平，提升服务质量；（5）快速精确统计和实时查询票务及参观人员流量、客源地等情况；（6）提供可定制的各种形式的报表数据，以便制定各项决策。

景区电子门禁系统包括电子门票卡、IC卡读写终端设施、指纹验票机、电子门票管理软件、专用服务器、PC计算机等设备。其中，电子门票卡分为条码型、磁卡型、IC卡型和指纹型几种类型，指纹验票机含指纹仪、IC卡读写器、三辊闸、控制主机等设备。

第三节 旅游景区娱乐规划设计

一、景区娱乐的基本认识

（一）景区娱乐的内涵

关于"娱乐"的定义，《现代汉语词典》（第7版）的解释是：使人快乐或消遣；快乐有趣的活动。旅游景区的娱乐，其准确的概念和内涵，目前学术界尚未达成一致。本书从两个方面来把握娱乐的文化内涵：一方面，娱乐代表着"快乐"，体现了人们追求自由、满足身心愉悦的精神要素；另一方面，这一精神要素的实现要以一定的物质载体为基础，也需要一定的表现形式。因此，本书将景区娱乐定义为：景区为旅游者提供的，以消遣放松获得精神愉悦和身心平衡为目的的多种旅游活动方式和服务的总称。参与者追求身心愉悦、寻求快乐是娱乐的本质要素，旅游景区是娱乐产生的空间载体。

一次完整的景区娱乐活动以旅游者的参与为前提，以景区娱乐产品的生产为依托，以旅游者对景区娱乐产品的购买和使用为表现形式。旅游者为景区娱乐消费的主体；景区娱乐产品，包括与娱乐产品的生产、销售有关的各环节工作人员，是景区娱乐的核心，也是景区娱乐消费的客体；而景区娱乐消费是联结主体和客体的中间环节，是实现景区娱乐市场价值的途径。这三个部分的不同组合构成了千姿百态的景区娱乐活动。景区娱乐消费是一种指向明确的经济文化行为，与观光、住宿、餐饮、购物以及交通消费共同构成了旅游者完整的旅游行为。

值得注意的是，景区娱乐的存在和发展要以旅游目的地一般休闲娱乐业的存在和发展为基础，特别是在旅游目的地城市中，两者往往具有相同的物质载体。但是，景区娱乐与一般休闲娱乐之间存在着明显区别。

首先，两者的参与主体不同。景区娱乐活动的参与主体是旅游者，并且由旅游者在旅游活动过程中完成，一般休闲娱乐活动的参与主体主要是当地居民。

其次，两者的使用价值不同，产品或服务的品种、特色、档次有所不同。景区娱乐产品或服务是针对旅游者的需求设计开发的，除了满足旅游者追求心理愉悦这一目的之外，还应满足旅游者求新求奇求知的心理需求，因此应该赋予娱乐产品或服务更多的地方特色、民族特色以及纪念价值、艺术价值，而一般休闲娱乐产品或服务则应更注重经济性，满足当地居民日常休闲娱乐的需要。

再次，景区娱乐的生产或销售稳定程度较低，消费风险较大。一般休闲娱乐活动的消费者主要是当地居民，市场相对较为稳定；而景区娱乐的消费者为流动性很强的旅游者，受到旅游活动季节性、周期性的影响，旅游者人数和消费意愿上表现出来的明显差异，使得景区娱乐的生产和销售具有很大的波动性。此外，旅游者在景区娱乐消费的时候，对产品和服务缺乏了解，消费具有盲目性、从众性和冲动性，售后服务实现水平低，因此，消费具有较大的风险。

最后，两者的销售网点布局有所不同。一般休闲娱乐消费网点主要是满足当地居民日常消费，因此主要设置在社区周边、商业活动中心等地；而景区娱乐销售网点的设置必须根据旅游者活动的特点，主要布局在城市商业繁华地段、旅游景点、名胜古迹、宾馆饭店附近及其他方便旅游者到达的地方。

（二）景区娱乐的类型

景区娱乐根据旅游者在旅游活动过程中参与方式的不同，可划分为观赏性娱乐和参与性娱乐两大类别（见表4-1）。其中，观赏性娱乐主要指旅游者在景区内参观游览，并由此引发联想和想象所产生的愉悦感受的娱乐方式；参与性娱乐主要指旅游者在景区亲身参与娱乐项目而获得愉悦感受的娱乐方式。

表4-1　　　　　　　　　　景区娱乐的类型

大类	细分类别	特征及举例
观赏性娱乐	舞台类	话剧、服装、声乐、器乐、舞蹈、驯兽、杂技、魔术、茶道、相声、小品、地方戏曲、电影特技、水幕电影
	花会队列类	行进的方阵、队列，花车表演
	场景模拟类	火山、山洪、地震暴发场景模拟
参与性娱乐	体验刺激类	过山车、摩天轮、滑翔伞、大摆锤、海盗船、激流勇进、蹦极、鬼屋、滑索、滑水、快艇
	游艺竞技类	迷宫、猜谜、模拟枪战、射箭
	体育健身类	钓鱼、骑马、游泳、溜冰、攀岩、保龄球、高尔夫球、拓展训练
	康体疗养类	温泉疗养、推拿按摩、足浴、洗浴
	吧馆休闲类	品茶、品咖啡、品酒、品当地特色饮料
	农庄体验类	果园采摘、茶园品茶制茶、狩猎、烧烤
	工艺制作类	陶瓷作坊制瓷、手工艺品制作
	民俗风情类	对歌、招亲、学跳少数民族舞蹈和当地地方特色舞蹈、跳集体舞、篝火晚会
	博彩类	斗鸡、斗狗、赛马、博彩

观赏性娱乐与参与性娱乐的划分并不是绝对的，为了增强娱乐的吸引力，两者常常穿插进行，如浙江横店影视城的舞台表演项目常常

请观众担任其中的一些角色，使之既具有观赏性，又具有参与性。一些民俗风情园内的民俗风情表演也常常在表演的过程中穿插与游客互动的环节。参与、体验是景区娱乐的核心吸引力所在。

（三）景区娱乐的主要作用

第一，创造旅游吸引物，弥补天赋资源的不足。景区的娱乐项目可以不受自然条件的限制，根据市场需求进行创造，对于天赋旅游资源较为丰厚的景区，娱乐项目能够为游客提供更多景区内观览体验的选择，而对于天赋不足的景区，娱乐项目则可以成为其最主要的招徕客源的旅游体验对象。

第二，增强游客体验，提高旅游满意度。景区娱乐服务不仅能让游客欣赏精彩的节目表演，同时也能让游客主动参与到娱乐活动中来，在体验的过程中获得美好、愉悦的享受，从而增强景区对游客的吸引力和游客对景区的满意度。

第三，带动相关要素发展，提升景区经济效益。娱乐项目本身利润空间巨大，是景区的重要收入来源。此外，娱乐项目的开发，可以延长游客停留时间，有效改善景区收入模式，进而拉动食、住、购等其他要素的发展，促进景区经济的良性循环。

二、景区娱乐项目规划设计和运作

景区娱乐项目，也是景区产品的构成部分，其项目的规划设计和运作必须遵循市场营销的一般规律，即要对该项目进行全面性的宏观和微观环境分析，了解不同地区类似项目的发展情况与趋势，明确自己项目投资的方向，确定项目定位，锁定目标顾客，根据消费群体的消费习惯、消费心理，确定产品价格，制定经营手法及策略，然后选择合适的场地投资兴建。选址时须考虑行业的特性，如离市区的远近、交通的便利与否、周边娱乐业的互动与竞争、停车场的大小、周边的客源与定位是否匹配、娱乐场地面积大小是否适宜等。

（一）景区娱乐项目设计的原则

一个成功的娱乐项目，必须能带给体验者舒适享受，让体验者感受到奇特新颖、惊险刺激或博弈快感。也就是我们通常说的娱乐"四性"，即享受性、新颖性、刺激性和对抗性。

1. 享受性原则

大部分游客到景区旅游，是希望在紧张工作之余，得到精神上的放松，在有条件休闲娱乐时，希望能够住得舒舒服服，玩得心满意足。所以，娱乐项目的设计，首先应考虑设计一个优美舒适的环境、轻松愉快的氛围和周到满意的服务。比如温泉景区一定要有优美的环境、豪华的设备，并提供殷勤周到的服务，其设施、环境要与普通浴池相区别，游客在泡温泉时，能感受到一种特殊的享受和满足。所以，娱乐项目必须讲究享受性。

2. 新颖性原则

新、奇、特的娱乐项目最能引起人们的兴趣，因为人们总是希望接受新鲜事物，所以，景区要不断更新娱乐项目的内容或形式，才能使之常玩常新。新奇独特的娱乐项目能满足旅游者猎奇的心理，取得出奇制胜的效果。当第一个水上滑梯出现在海滨浴场和城市泳池时，这奇特的设计构思、新鲜的创意使浴场和泳池多了一项"水上乐园"的称号。在这之后，水滑梯的设计者们不断变换水滑梯的几何参数和供水量，创造了速降滑道、瀑布滑道、旋转滑道、麻花滑道、封闭滑道和透明滑道等多种水上滑梯形式，还增加了滑道水帘、滑道喷射及灯光音响背景等设计。后来又出现了浪摆滑道、螺旋滑道、大型载筏滑道、冲浪漂流滑道和造浪池等，更使水上娱乐项目不断翻新，形成了繁花似锦的水上世界。这些娱乐项目都获得了极大成功。

3. 刺激性原则

惊险刺激的娱乐项目最能满足年轻人争强好胜、勇敢冒险的娱乐心理。越是惊心动魄的项目年轻人越有兴趣，他们从这一类惊险的娱乐中感受激动和兴奋。惊险刺激的娱乐项目很多，如激流勇进、超级列车、过山车、太空船、海盗船和动感电影等，这类勇敢者的游戏，能够超越别人、战胜自己，富有很强的挑战性和诱惑力。

4. 对抗性原则

娱乐项目的对抗性设计也是十分重要的。大众普遍具有争强好胜、一搏输赢的心理，像模拟枪战、激光打飞碟、水战等娱乐项目，都有着强烈的对抗色彩。只要一分输赢，就有了能力、智力、魄力等诸多方面的对抗，趣味性、刺激性和挑战性都由此迸发。在娱乐项目中进行精神奖励或物质奖励，也可以达到激发娱乐兴趣、鼓励成功取胜的积极效果。

（二）景区娱乐项目设计的步骤

景区娱乐项目的市场化要求很高，需要严格按照市场规律进行运作，但景区同时又是一个精神文化产品，过分的商业化会使项目陷入短期的不可持续发展。设计出符合市场需求的娱乐产品，处理好商业利益与景区良好社会形象两者之间的关系，是娱乐项目能够成功运作的前提。

景区娱乐产品设计需考虑四类因子：旅游资源（旅游价值）、与旅游可达性密切相关的基础设施、旅游专用设施和旅游成本因子（费用、时间或距离）。其基本的步骤是：

1. 景区环境分析

在设计景区娱乐产品之前，首先要对景区所处的宏观和微观环境进行分析，研究社会、政治、经济、文化、习惯、地理、心理、合作伙伴、竞争对手等诸多因素，综合分析景区资源的优势和劣势，从而选定目标顾客，对产品进行市场定位，作出正确的市场预期。

2. 确定产品主题

产品主题通过产品名称显示。名称是产品性质、大致内容和设计思路等内容的高度概括，直接反映了娱乐产品的主题。产品名称应简短（一般为 4～10 字），切合旅游景区的主题，突出当地的特色，并且富有吸引力。如福建武夷山的"印象大红袍"演出，"大红袍"是著名的武夷岩茶品种，"印象"是张艺谋等山水实景演出的品牌，两者相结合，产品特点极为鲜明。

3. 设计产品内容

景区娱乐产品的内容是吸引游客参与的前提。没有充实的娱乐内容，娱乐产品只不过是一具空壳，娱乐活动的内容应当符合上文提及的四个设计原则，即享受性原则、新颖性原则、刺激性原则、对抗性原则。

4. 进行市场运作

娱乐项目要取得成功，不仅要有好的项目策划和设计，还需要有符合市场规律的运作方式。策划的开始，已经为经营定了主调，完美地将策划方案付之于经营，认真执行与因时因地的灵活调整也是非常重要的。而且，娱乐潮流日新月异，必须根据市场需求不断调整运作策略，适时地增加新的娱乐方式，推陈出新，让游客有常来常新的新鲜感。

5. 建章立制，完善管理

景区娱乐项目通常会吸引大量游客聚集，此外娱乐项目大量采用高新技术，追求惊险、刺激，维持景区娱乐活动秩序，确保项目设施的安全十分重要。因此，娱乐项目的制度管理不可或缺，其中又以安全制度最为突出。

6. 反馈评估修正

娱乐项目试运行之后，需要不断收集游客的反馈意见，对项目的市场定位、内容设计、运作方式进行评估，及时纠正失误，保证娱乐活动朝健康的方向发展，确保实现营利目标。

（三）景区娱乐运作的有效策略

1. 品牌化运作策略

随着景区娱乐产品不断发展，品牌将成为景区娱乐经营中最重要的因素。娱乐产品具有生产与消费的同时性，游客在购买前无法分辨娱乐产品的优劣，因此品牌对游客的选择行为具有重大的影响。

2. 市场化运作策略

景区举办娱乐活动，开发娱乐产品的主要目的之一就是增加创收途径和扩大社会效益，娱乐项目的举办应当遵循一定的市场规律，进行市场化运作。一方面，要考虑成本因素，时间、地点的选择和人工的使用要尽可能符合成本节约原则；另一方面，要力求达到效益最大化，这里所说的效益不仅指经济利益，还包括社会形象收益和为当地经济发展带来的其他社会效益。

3. 持续创新策略

景区娱乐市场竞争激烈，一个好的产品被推出后，很快会出现大量模仿产品，景区必须持续进行创新，打造独具特色的娱乐精品，才能保持强大的生命力。比如迪士尼公司有一个著名口号"永远建不完的迪士尼"，长期坚持采用"三三制"原则，即每年要淘汰三分之一的硬件设备，新建三分之一的新概念项目，每年补充更新娱乐内容和设施，使产品永久保持吸引力，不断给游客带来新鲜感。

三、主题公园规划设计

（一）主题公园概述

主题公园（theme park）是围绕一个或多个特定的主题，以模拟景观和园林环境为载体的人造休闲娱乐活动空间，是一种多属性的休闲娱乐景区。[①] 世界上第一个现代意义的主题公园是 1955 年美国电影动画师沃尔特·迪士尼在加利福尼亚州建成的迪士尼乐园。随后，在北美、欧洲以及亚洲的一些国家和地区都兴建了大量的主题公园，并结合各国和各地区的自然环境与文化传统产生了许多类型。我国真正意义上的主题公园出现的标志是 1989 年深圳华侨城投资创建的"锦绣中华"建成开业，虽然只有数十年的发展，但我国的主题公园已从原来的低层次盲目发展时期逐渐过渡到市场化规范经营时期。

1. 主题公园与一般城市公园、游乐园的区别

主题公园与一般城市公园的区别：主题公园最大的特点就是具有鲜明的主题特征和文化氛围，而一般城市公园只作为城市绿地空间供市民户外休闲、游憩活动，强调环境的自然特征和生态功能，没有鲜明的主题文化特征。另外，主题公园一般具有商业性质，门票价格较高、园区消费也较高，客源市场广阔。而一般城市公园是公益性的，不以追求经济利润为目的，甚至免费向公众开放，其价值主要体现为社会效益和生态效益。

游乐园与主题公园的区别：游乐园一般也是商业性公园，但国际上普遍认为单纯的游乐园不是主题公园，因为游乐园不具备明确的文化主题，其游艺设施与公园环境主题联系不甚紧密；而主题公园无论

---

① 苗雅杰，王钊. 旅游规划与开发［M］. 北京：中国财富出版社，2013：161.

有无游艺设施，其环境布置、景观营造等都紧紧围绕一个或多个主题展开，这是主题公园区别于非主题公园的本质特征。虽然游乐园也能带给人们刺激的体验，但其只是单纯地借助器械进行游乐，游乐的过程没有一个特定的情节背景依托，各游乐项目之间缺乏内在的联系。

2. 主题公园的鲜明特征表现

主题公园有不同于传统旅游景区的特征，只有对这些特征有一个清醒的认识，才能正确总结主题公园在实践中的经验教训，才能在主题公园的规划设计中自觉地处理好投资者、大众旅游者和设计人员之间的关系，使主题公园的设计更合理、更规范，同时做到雅俗共赏。

第一，强烈的个性与普遍的适宜性的有机结合。每一个成功的主题公园都具有强烈的个性，也就是旅游业常说的"特色"，有的甚至具有不可模仿的独特性。强烈的个性和鲜明的特色是主题公园成功的必要前提，如迪士尼乐园是高科技的体现，常变常新，个性强烈；好莱坞"宇宙制片厂之旅"之所以长盛不衰，是因为它代表了好莱坞影视娱乐文化，具有世界上不可模仿的独特性。主题公园如果缺乏个性，处处模仿建设，则必然会分散客源，最终难以摆脱失败的结局。在突出个性特色的同时，主题公园的活动内容对游客来讲，还要具有普遍的适宜性，能够满足不同年龄、不同职业、不同文化层次游客的心理、娱乐需要，这样才有可能吸引更多的游客。

第二，景观环境的虚拟性与主题活动的多样性。景观环境是主题公园着意营造独特旅游氛围的关键。主题公园用虚拟的构思表现一个非日常的舞台化的世界，其发展主流就是最大限度地满足特定人群在虚拟环境中的情感体验、生理体验和心理体验。因而在景观环境的营造过程中，应围绕主题尽一切可能与众不同、别出心裁地烘托艺术气息和塑造文化氛围，赢得旅游者的共鸣、认同和喜爱，形成主题公园与旅游者之间的双向交流与沟通。如果只是简单生硬地模仿、抄袭，或者照搬一些习惯做法的套路去仿造景观，就是纯粹的人造景观了，当然就不能形成主题公园的品位效应和品牌形象。因此主题公园的景观环境具有极强的整体性、连贯性和复杂功能性，必须由规划、设计、建筑、艺术等多方面的专业人士根据独立的、完整的、专业化的景观环境理念去有创造性地完成。

主题活动是主题公园的活力源泉，是主题公园提高品位档次、创造个性、树立形象、建立品牌效应至关重要和无法或缺的内容，缺乏游乐功能的主题公园不能算作主题公园。赢得旅游者满意度的基础是游乐主题活动的多样性，它主要由活动形式的多样性、项目内容的多样性、接待服务的多样性等多个方面决定。活动形式的多样性表现为人造仿景观—人造真景观—真景观与仿景观的组合，以及景观静态性展示—表演动态性娱乐—项目活动性参与的共轭形式。项目内容的多样性主要表现为以虚拟环境如时光倒流、回归自然、进入太空、走进未来和梦临仙境等超时空氛围的情感体验；以特殊物理状态如高速运动、骤然变速、失重、超重和太空环境模拟中的生理体验；虚幻环境中在恐惧、冒险和梦幻等非常态条件下的心理体验。接待服务的多样性主要表现为导游、餐饮、购物、表演、乘骑、活跃气氛等景区服务。主题公园的主题活动多样性特征构成了满足旅游者多样化休闲娱乐需求和选择的基本条件和内涵基础。

第三，高投入，高消费。要让游客逗留较长时间，必须有较大的活动范围和活动项目，这样自然就会增加主题公园的投入，扩大占地规模。由于投资巨大，为了还本付息，维持经营并赚钱，伴随着高投入的是较高的门票价格与景区内的高消费。

第四，生命周期的延长靠项目不断更新。与自然遗产旅游资源（如武陵源、九寨沟）和文化遗产旅游资源（如故宫、长城、兵马俑）相比，主题公园由于游客重游率低和可以模仿重建，其生命周期一般较短。延长生命周期的办法是不断更新游览项目，迪士尼乐园长盛不衰的原因就是项目常换常新，不断增强吸引力，强化旅游形象，以提高游客重游率。

第五，成功的主题公园对邻近地区影响巨大。一个大型主题公园开发成功后，将使整个区域受益，其中受益较显著的是交通运输、宾馆酒店等行业，同时，周围地产也会迅速升值。例如深圳锦绣中华、世界之窗、中国民俗文化村和欢乐谷等主题公园的成功运作，不仅提高了华侨城周围宾馆的入住率，而且带动了房地产的开发，房地产现已成为华侨城的支柱产业之一。同时，上述四大主题公园的成功开发也极大地提高了深圳的人气和知名度，吸引了大量的国内外游客前来游玩。

第六，经营管理的企业性。主题公园的创意、策划、投资、经营、管理等行为和过程都应该遵循市场经济规律，因此，主题公园必须由一定的经济组织来从事经营活动和负责管理工作，这种经济组织决定了主题公园的企业性。主题公园的企业性特征与一般城市公园的公益性（事业性）特征是有本质区别的。

（二）主题公园区位选择

区位选择在这里主要指的是项目地址的选择，也就是主题公园在经济市场中的地理位置，包括宏观区位和微观区位。

1. 宏观区位

主题公园适宜选在经济发达、流动人口多的大城市或特大城市里。目前世界上大型的主题公园基本都建在人口密集的地区，如欧洲的主题公园多分布在人口集中的西欧和北欧国家，北美地区的大型主题公园主要分布在美国的东北部和中西部。

主题公园适合建造在市场型地区（旅游资源非优区），不适合建在自然旅游资源和人文旅游资源丰富的地区，也就是资源型地区。一个地区和城市是不是适合建造主题公园，关键在于其经济发展水平，这是选择宏观区位最重要的条件。另外，如果当地传统旅游资源非常丰富，就会对主题公园的客源产生影响，成为一个不利因素。

主题公园的区位选择还要受周边旅游地位置的空间影响。以上海为例，它的客源市场就受到苏州、无锡、杭州等地的分流，反过来也一样，上海也会分流这些地方的旅游客源。一般来说，不受其他客源市场干扰或分流的区位，是较理想的地方。

2. 微观区位

微观区位是主题公园在市县建设中所处的地理位置。选择微观区位主要考虑以下几点：

一是客源市场的大小。这就需要考察当地的旅游业发展前景、周围是不是有同类的作品、竞争情况如何等，要避免重复建设和恶性竞争，以免瓜分客源，两败俱伤。

二是是否有便捷的交通，即绝大多数游客能够方便使用的公共交通工具，例如平价的公共汽车可到达。这样，游客的流入才会方便、快捷。微观选址的时候，应该同时考虑游客在主题公园停留的时间和往返交通所需要时间的关系，一般选择乘坐公共汽车等交通工具往返不超过 2~3 个小时的距离为好。所以，主题公园一般都建在交通要道旁。

三是市政基础设施较好，即能享有大市政的方便。大市政指供水、供电、供气、排水、通信等完善的市政配套设施。

（三）主题的选择与功能分区

1. 主题的选择

主题是主题公园的灵魂，统领着主题公园环境氛围的营造和活动项目的编排，构筑了旅游者游园的线索，是形成主题公园商业感召力的核心支点。因此，主题的选择是决定旅游主题公园经营管理成败的关键。

不同类型的主题公园，其主题选择有所不同。主题选择的指导思想是能够使公园产生浓厚的文化氛围并深受游人喜爱。具体选择时须遵循以下原则：

第一，拉拢性。在主题公园的有效客源市场半径之内，主题具有独特性和唯一性，应避免主题的雷同。如20世纪90年代初，日本兴起了建"外国村"，但他们不是将"外国村"集中建在一地，而是将其分散建设，如在长崎建"荷兰村"，在广岛建"法国村"等。这种分散的做法既丰富了各地的旅游项目，又不会造成相同类型旅游产品的竞争。

第二，大众性。选择主题时应当选择人们十分熟悉、亲切的形象来展示自己的主题，使得主题贴近大众，符合市场需求。如迪士尼乐园使用聪明伶俐的米老鼠、喋喋不休的唐老鸭等这些可爱的迪士尼卡通明星做主题形象，向人们传达其"销售快乐"的经营理念。还有以"交通"为主题的交通公园，模拟各种交通环境和设施，通过各种有趣生动的方式向儿童和成人讲述各种交通法规和交通安全知识，深受大众欢迎。

第三，延续性。在高度信息化的现代社会，市场是瞬息万变的，游客的兴趣取向也是变化的，包括旅游在内的一切消费行为都可能被"流行"所左右。但开发主题项目要考虑可持续发展，应当更多地从人的本性的需求出发来选择主题，如以回归自然、贴近自然的人的本性为主题等。

第四，延展性。选择主题要有能够延展的足够空间和弹性，进一步延展开发关联性的商品，吸引人们的重复消费。如海洋公园内开发用海洋生物标本制作的相关产品，环球影城开发影视作品周边产品，形成综合的运作系统。

主题公园的主题应具有健康的文化内涵和品位以及鲜明的个性特点，体现健康向上的生活方式和精神追求，成为大众体验美好情感、感受梦境的地方，能为不同地区的人们所接受和欣赏。一些地方建造的神怪、迷信和不符合道德及社会价值观念的主题公园往往昙花一现，没有持久的生命力。

2. 功能分区

由于主题公园的人造景观造价高，其前期工程建设投资巨大，因此景区经营者通常希望尽量扩大旅游者接待规模。但从旅游者角度考虑，他们希望单位空间的旅游人数在一个合理的、可以接受的范围内。因此，主题公园在进行功能分区设计时，应综合考虑高、中、低密度功能区的合理配置，既要使景区能够维持较大规模的游客接待量，又要保证游客在景区游玩时感觉舒适。

一般而言，主题公园功能分区有以下几类：以现代化游乐项目为主的游乐区、以特色人文景观为主的观光游乐区、以自然景观为主的生态休闲区、以旅游者接待设施和服务为主的服务区。

以现代化游乐项目为主的游乐区属于游客密度较大的区域，如横店影视城的梦幻谷游乐区、香港海洋公园的山上机动游乐区，该类区域的设置能够有效提高主题公园项目的游客容量，但这类游乐区也存在个性不鲜明、易被模仿的缺陷。目前，国内许多景区内的游乐项目都十分相似。

以特色人文景观为主的观光游乐区是指主题公园内的购物区、表演观赏区和以人文遗迹为主的区域，是中密度游客容量区域。这类分区能够在一定程度上提升景区游客容量。

以自然景观为主的生态休闲区属于低密度旅游接待区，其功能以给游客美的感受、怡情悦性为主。

以旅游者接待设施和服务为主的旅游接待服务区是典型的游客密集区，在为旅游者提供餐饮、住宿等服务的同时，也延长了旅游者停留时间，增加了景区的经济收益。

主题公园的功能分区设计不仅要使各项旅游功能完善，相互配合，还要为后期旅游活动的组织和设计创造条件。不同类型的旅游分区应相互隔离，以避免产生冲突，如喧闹、嘈杂的现代游乐区和静谧的酒店住宿区要严格分区。同类型的旅游分区在大体集中的同时还要注意相对分散，以利于旅游者分散活动。

（四）主题公园设施的构成

1. 游乐活动设施

游乐活动设施是主题公园中最主要的内容。早期的主题公园一般活动内容单调，活动设施类型单一。随着主题公园建设的不断发展，活动设施种类日渐增多。现代主题公园的活动设施已不再局限于单纯的惊险刺激型机械游乐，而是集文化、教育、科技与游乐为一体，呈现出多元化的局面。

（1）游艺设施。游艺设施是指供人们游乐的各类机械、电子游艺设备，方式有人力、重力、机械或电动力等，可谓种类繁多。现代游艺设施有如下特点：一是惊险性、刺激性。现代娱乐心理学概括"刺激性"的内涵为摇晃感、旋转感、高度感、坡地感、隧道感和迷宫感。现代游艺设施的许多类型就是以制造上述感觉作为设计目的，如滑道的坡地感、飞轮的旋转感，大型过山车则集摇晃感、高度感、坡地感、隧道感于一身，富有强烈的刺激性。二是造型趋向巨型化、情节化。一些游艺设备如过山车、摩天轮、水上滑道等向着巨型化方向发展。另外，现代游艺设备的造型设计中常融入一定的故事情节及与之适应的环境因素，使之更富戏剧性。同为过山车，在迪士尼乐园的"开拓公园"中为穿梭于旧矿山中的采矿列车，在"宇宙山"中为漫游太空的宇宙飞船；北京游乐园的"快乐杯"（一种杯状转椅）在迪士尼乐园变为爱丽丝的下午茶派对，洋溢出几许浪漫与温馨。在现代游乐园的环境设计日趋主题化的背景之下，游艺设备造型的情节化、环境化也是必然趋势之一。

在游艺设施项目组织过程中，应格外注意以下两点：

第一，兼顾各年龄层次的需求。有些游乐园建设者只把眼光放在儿童身上。事实上，游乐园中以家庭为单位的游乐方式相当普遍，成年游客占游客总数的3/4，因此不能忽视成年人的娱乐需求。一般而言，儿童适宜新奇、趣味性较强而不超出其心理、生理承受范围的活动项目，如碰碰车、旋转木马等；青年人喜爱惊险性、刺激性较强的项目，如过山车、激流勇进等；中老年人则适宜速度低、惊险度小的项目，如观览车、单轨列车等。充分考虑不同年龄层次游客的需要，有助于扩大游乐园的游客来源，增强游乐园的吸引力。

第二，注意传统保留项目与特色新项目的搭配。有些游乐项目如摩天轮、过山车等已成为游乐场所的标志，属于游乐园的保留项目。为突出个性和风格，游乐园也应发展一些特色项目，以增强竞争力。

（2）展示设施。第一，陈列展馆。展馆种类很多，有纵向展示世界发展的历史和未来的，如奥兰多迪士尼世界的未来绿洲馆；有横向展示各国、各地区历史文化民俗风情，如美国佛罗里达迪士尼世界的世界橱窗由11个国家（墨西哥、挪威、中国、德国、意大利、美国、日本、摩洛哥、法国、英国、加拿大）的展馆组成；还有以某一专题门类作为主题的，如海洋世界的水族馆，迪士尼世界的交通馆、能源馆，北京游乐园的电影奥秘馆等。

第二，模拟环境。模拟某一时代、某一地域、某一文学作品中某一场景的环境展示，如汤姆·索亚王国、加勒比海盗馆等。如果说各类展览馆、展厅是以陈述的方式向游客展示其主题内容，那么模拟环境则是以戏剧性的手法向游客讲述各种故事、经历。如迪士尼世界的漫游幻境馆是一个幻想乐园，观众通过亲身经历各种幻境，畅游未来的文学艺术和电影世界；童话乐园则创造了一个个温馨可爱的童话场景，将游客从现实世界带入童话王国。

现代展示设施有如下特点：一是高科技手段的引入。设计充分运用声、光、电、计算机等技术，发挥音响、照明的作用，加上动画、电影，逼真表现主题内容，将现实和虚幻成功地融为一体。如迪士尼乐园的海盗馆有天幕、大海、村庄、藏宝洞等，海面上炮声隆隆、战火纷飞，村庄里人声阵阵、鸡鸣犬吠，现代科技手段将环境塑造得十分真实可信。二是注重游人的参与性。与传统展示场所游人以观看为主的特点相比，现代主题园中的展示设施更注重游人的参与性。如迪士尼世界的太空馆，游人乘坐飞船、火箭体验星际旅行、太空探险的历程，能够在游乐中获得直观的感受并学到知识。

（3）表演设施。表演设施是指提供各类演出的场所，如露天剧场、音乐厅、电影厅、马戏院等。游乐园中的表演设施与一般表演设施的不同之处在于其表演内容更注重趣味性、知识性和科普性，如趣味电影、民俗歌舞、马戏表演等。迪士尼世界中国馆剧场放映的《奇妙的中国》，向游人展示中国的风土人情；广州东方乐园电影厅放映的《追逐》系列片利用立体电影的三维特效给观众以逼真的感受。

同展示设施一样，游乐园的表演设施也成为展示高科技手段的舞台之一。以各类电影厅为例，传统的立体电影已不再是主角，出现了180度、360度环幕电影。迪士尼乐园的360度环幕电影《美国之旅》由9个巨大环形屏幕形成连续的画面，观众坐在可转动的座位上欣赏电影。水幕电影是又一种新型电影，其原理是利用特制高压水泵将湖水喷射成巨型屏幕，再以专用强效电影机打出图像，配以多声立体音响，效果十分壮观。

（4）体育娱乐设施。体育娱乐设施是指开展各项娱乐性体育活动的场所，如跑马场、棒球场、高尔夫球场、保龄球馆、赛车场、溜冰场等。

2. 餐饮商业设施

在现代游乐园中，餐饮商业设施不仅以其不可缺少的功能服务于游人，还常常以新颖、漂亮、富有特色的造型成为游乐环境中的重要角色。商业建筑的店面设计形式多样，有的采用精致优美的异国建筑风格与造型，有的展示古朴典雅的乡土风情，有的精雕细刻，有的简洁明快、形象鲜明。

在一些大型主题游乐园中，餐饮商业建筑往往汇集在一起，以商业街、商业广场的形式出现，成为游乐园中独立的区域。如北京世界公园的国际街、无锡欧洲城的欧洲风情街、深圳世界之窗的亚洲街和欧洲街、广州东方乐园的食街等。最著名的要数东京迪士尼乐园的世界市场，平面呈十字形，包括1家剧场、8家餐厅、16家商店，吃的、用的、玩的应有尽有。琳琅满目的商品以食品、礼品、纪念品为主，包括印有卡通人物的钥匙扣，画有米老鼠图像的帽子、瓷器、迪士尼故事书、CD唱片等。经过精心设计的待售商品与主题相呼应，于不明显之处为营造游乐氛围出一份力。散置的餐座、商亭是餐饮商业设施的另一种形式，色彩绚丽、造型独特，也是一道风景。

3. 后勤服务设施

在大型主题公园中，除游乐、餐饮商业设施外，还必须拥有一整套功能齐备的后勤服务设施，如迪士尼乐园的配套设施包括医疗中心、摄影部、失物招领处、婴儿中心、存物处、迷失儿童招领和问讯处、婴儿车出租、残疾人服务等。

4. 技术供应和工程服务设施

技术供应和工程服务设施是主题公园正常运转的保证，这套系统包括通信系统、废物处理系统、监控系统、机械电子设备维修系统、供电系统、制造安装和修理车间等。对拥有大型游艺设备的主题公园来说，电是主要的动力来源。除了城市电力供给外，为保证不会因停电而影响游乐设备的运转，主题公园内一般都采取两路供电。

此外，游乐园运转中必然产生废水、垃圾等废弃物，这就需要一整套废物处理系统。

（五）主题公园规划设计要点

1. 设计立意中积极发挥创造性思维

整体的设计构思是一个主题公园的灵魂所在，它直接关系到一个乐园的成败。作为乐园的设计者，必须要懂得利用和发挥地形地貌的优势，要了解这一地区独特的历史和文化，并因地制宜地去适应这一地域的游客心理，揣摩他们的美学观点、艺术爱好等，为拟建中的主题公园确立一个框架。

美国迪士尼乐园是由绿树、鲜花、建筑、道路、卡通造型组成的童话世界。它总是把一条街放在入口处，游客进入大门，走在街头便有被夹道欢迎的感觉，看到的都是与各种主题相关、风格相似的建筑物，其色彩搭配得非常耀眼夺目，加之不时有一些吸引人的活跃气氛的小品表演，使游客一入门便开始感受到欢乐的氛围。由真人表演的卡通人物大游行在每天下午上演，伴随着欢快的音乐，各种童话世界中的人物跳着欢快的舞蹈来到人们的面前。他们不时与街道两侧参观人群中的儿童握手，做一些滑稽可笑的动作，逗得孩子开心大笑，这是迪士尼乐园精心策划的欢乐氛围。

2. 精心选择景点与游乐项目

主题公园景点与游乐项目的选择应围绕主题展开，结合公园开发规模、环境状况、投资规模等因素进行综合设置，并充分突出新颖性、刺激性、戏剧性和艺术性，做到不断创新，以满足人们不断变化的需求。具体的项目内容及景点如观赏景观类、机械设施类、动物观赏类、运动游戏类和休闲度假类，在实际操作中应进行综合考虑，使主题公园的项目及活动内容丰富多彩、高潮迭起。主题公园内各项文娱、体育活动还应注重其参与性、知识性、娱乐性和趣味性，各项活动要强调情、景、人三者融为一体，力求新颖奇特、引人入胜。以欢乐谷二期香格里拉森林主题区的大型游乐项目"雪山飞龙"——悬挂式过山车的包装为例，该主题区营造了如同一片原始丛林的氛围，丛林探险队邀请游客进入"世外桃源"并感受寻梦香格里拉的各种神奇经历。游客进入排队区，通过外围老宅、古庙、残塔等景观，以及区内循环播放的故事片，不知不觉地进入故事角色，在不断的环境渲染和情感累积后，最终乘上过山车，体验红龙大战的痛快淋漓。这种游玩经历使游客感到新奇、刺激和兴奋，身心得到极大的满足。

3. 合理的空间构想

（1）空间造型。主题公园应通过优美的空间造型，创造出丰富的视觉效果，赋予景园以美好的形象特征。形成游乐空间的元素包括建筑物、铺装材料、植物、水体、山石、峭壁等，这些元素的不同组合可产生或亲切质朴、或典雅凝重、或轻盈飘逸、或欢快热烈的空间效果。

（2）空间序列与流线系统。任何一种空间序列都应包含序幕、高潮及松弛阶段，有节奏地组织环境韵律，可以使游客长时间保持体力和激情。主题公园的基本流线结构有四种：环线组织、线性组织、放射状组织、树枝状组织。另外，由环线组织与其他流线结构又分别复合出三种流线组织，如昆明民俗村流线系统由环线与树枝状组织结合，无锡太湖乐园流线系统由环线与线性组织结合，东京迪士尼乐园流线系统由环线与放射状组织结合。

（3）空间组合。一是轴线组合。轴线组合是一种常见的空间组合手法。从轴线的地位分析，有全园性轴线和区域性轴线。轴线的实现手法有多种，如轴线与主交通线、中心广场重合，用一系列景点、标志物等的序列关系构成轴线，以水系、绿化等地貌特征形成轴线。二是递进式组合。递进式组合是以层层递进的环境关系产生对比、渐变而达到主题环境的高潮。递进手法是一种丰富环境的方法，常与过渡环境相对应，在过渡空间设计中运用较为普遍，有时也与轴线手法同时运用。如广州世界大观园由入口进入大都市广场，两侧是美国街、德国街，热闹的气氛、缤纷的环境，将人们带入欢乐世界，直至穿过主楼、欢乐广场，色彩斑斓的太阳湖中央景区才呈现在眼前，将环境气氛推至高潮。三是并列组合。并列组合指将若干环境因素互不接触而并列放置，以产生相互之间的关系。其组合方式有集锦式组合、尺度组合。前者如迪士尼乐园，将各种不同时代、地域的环境、建筑片段高度密集地布置在一个大环境中，形成犹如拼贴画或蒙太奇的艺术效果；后者如深圳锦绣中华、世界之窗，将一些环境元素的尺度缩小或放大组合于环境中。四是互含式组合。互含式组合指两个空间区域相互穿插形成共同体，双方共同拥有某一环境。如深圳中国民俗文化村中的侗寨、独龙寨、音乐喷泉区、石林景观等若干主题区域共用一片水系，各自的环境特征在水面上得到放大，形成空间环境的延伸。

4. 通过高品质服务给游客以欢乐

一个充满魅力的主题乐园一定是一个为游客提供了高品质服务的乐园，表现在处处为游客着想。打开迪士尼乐园的导游图，它传达的资讯便可以让你真切地体会到迪士尼乐园是如何把快乐、价值执行到每一处细节上，并形成行为标准加以不断地调整和补充的，如人手一份的世界多国文字的图例说明，宽敞的标志清晰的停车场，每个游乐场、商店和餐馆的简短介绍。在迪士尼乐园，很少看见拖儿带女的家长，因为孩子大多坐进了免费的儿童手推车。游客对欢乐的体验，客观上是对员工服务质量的一种评价。

主题公园服务质量的第一个标准是安全。现在的很多游乐设施都具有惊险性和刺激性，在每一个有一定危险性的项目运行中，应设有解说员介绍周围的环境、即将出现的场景和新的感受，使得游客有足够的心理准备，安全顺利地游玩。

第二个标准是干净。如迪士尼乐园内，旋转木马的铜把手每夜要擦拭光亮，射击场每天清晨5点要重新油漆，地面若有烟蒂需要立刻清扫干净。迪士尼乐园创造了一种宾至如归的轻松、欢乐的氛围，让游客在乐园里如同在自己家里一样自由放松。这种感受与惊险刺激的旅行过程相比毫不逊色。

第三个标准是要超出游客的预想。迪士尼乐园所追求的是娱乐之后的思考和给游客留下的创新想象和启发。在迪士尼乐园，老人也能享受到孩童般的欢乐。娱乐之后，善于思考的人会得到更多的感悟，体验到快乐的附加值。

第四节　旅游景区购物规划设计

一、景区购物之旅游商品概述

广义的景区购物是景区的一个领域或要素，指游客为了满足需要而在景区购买、品尝，以及在购买过程中观看、娱乐、欣赏等行为。旅游购物作为一种旅游行为，对景区及当地社会文化、经济及其他领域的旅游政策都会产生影响。狭义的景区购物是指游客在景区游览过程中购买特色旅游商品的行为。对景区而言，发展旅游购物是提高景区旅游整体经济效益的重要途径，是丰富景区旅游资源的重要手段，亦是景区开展旅游营销的途径之一。

（一）景区旅游商品的定义及特点

景区商品包括两个部分：旅游商品和一般消费品。旅游商品是景区购物的主要组成部分，其产生的效益也很大；一般消费品是人们购买的生存资料，如食、衣、住、用方面的基本消费品。

广义的旅游商品是指旅游景区为满足旅游者的旅游需求以交换为目的而提供的具有价值和使用价值的有形和无形商品和服务的总和。

因此，旅游商品是一个商品集合体的概念，它包括了交通商品、餐饮商品、住宿商品、景观商品、购物商品、娱乐商品以及包含在其中的服务类商品。狭义旅游商品是指旅游地商店对游客出售的有形商品。

旅游商品具有以下特点：

第一，实用性。实用性是指商品具有一定的使用价值。旅游者在旅游过程中所购买的纪念品可以是一件有一定使用价值的生活日用品或其他有特殊用途的物品，如一件印有景区标志的文化衫、一件工艺雕饰、一个有特殊图案的挂件等。这些物品，既有实用功能，又因其特定的产地和特殊的工艺、图案或设计而具有纪念意义。

第二，艺术性。在很多情况下，旅游者购买旅游商品是为了将其作为礼品送人，或作为纪念品、收藏品珍藏。因此，旅游商品应具有较高的艺术性。旅游商品只有具备艺术美，才能符合人们的审美情趣，才能具有特殊的欣赏价值和收藏价值，才能有市场。

实用性、艺术性是旅游商品的本质属性。旅游商品如果没有实用性，就失去了作为商品的价值；如果没有艺术性，也就不能区别于一般商品。

第三，纪念性。一次旅游就是一次经历。对于旅游者来说，这种经历是难忘的、具有纪念意义的。这种纪念意义既体现在旅游者日后的记忆（回忆）中，也体现在其旅游时所购买的各种纪念物中。在旅游地购买的饰物、挂件、明信片，甚至在旅游地收集的门票，都可能作为该次旅游的纪念品而被永远珍藏。旅游商品的纪念性价值，主要来自商品的民族特色或地方特色。例如，许多外国女性旅游者常常购买中国旗袍、绣花鞋等，她们看中的是中国的民族特色。

第四，时代性。旅游是人们追求精神和物质体验的一种消费活动，具有鲜明的时代气息。旅游商品必须适应人们这种消费活动的特点而具有时代性。特别是随着社会的发展，高科技已渗透到生产和生活的方方面面，许多商品显现着高科技的时代印记，不断更新换代。

例如，在我国，像景泰蓝这样的传统工艺品已经渗透到诸如钥匙扣、指甲刀、水笔、吉祥物、手机外壳等各种日用品中。

（二）旅游商品的类型

旅游商品是一种特殊商品，其特殊性主要在于它的购买者是旅游者，因此旅游商品的分类标准有别于一般商品的分类标准，其着重体现旅游商品对旅游者的直接效用，或者说体现旅游者对旅游商品的直接需求的性质。旅游者对旅游商品的直接需求可以分为四种类型：纪念性需求、日常生活性需求、旅游专用性需求、其他需求。根据需求，可将旅游商品分为旅游纪念品、旅游日用消费品、旅游专用品和其他用品。同一种旅游商品可能具有多种效用，本书采用旅游商品对于大多数旅游者的最直接、最主要的效用作为旅游商品分类标准。

1. 旅游纪念品

旅游纪念品是为回忆一次旅游而购买的商品，是纪念特殊时期或经历的物品。对一般旅游大众来说，旅游纪念品真正的意义并不在于这件物品的价值，重要的是它可以证明旅游者曾经到过什么地方，曾经有过什么经历。通常旅游纪念品要标上产地地名，或用产地的人、地、事物特征作商标。

过去，旅游纪念品的范围非常小，主要指旅游者在旅游目的地购买的具有浓厚当地特色的土特产品或手工艺品。如今，无论是日常生活用品还是其他产品，只要是游客因纪念的目的而购买的商品都可以称为旅游纪念品。因此，旅游纪念品是旅游商品中品种最多、数量最大、销量最好的商品，也是最受旅游者喜爱的物品。

旅游纪念品的常见类型有：

（1）旅游景点型纪念品。它是以文物古迹、自然风光、景区特色为题材，为特定旅游景点开发制作的。古文物复制、仿制品等属于这类纪念品，如兵马俑复制仿制品、彩陶复制品、苏州仿古碑帖字画、主题乐园中的卡通娃娃等。此外，介绍风土人情、景点特色、历史沿革、名人诗文、土特产品的专著或游记等书刊、导游图、风光图片、风情画册、书签、明信片等也属于这一类型。

（2）事件依托型纪念品。它是一种专门为特定事件或活动（如运动会、风筝节）开发的旅游纪念品，如世界杯足球比赛期间，旅游部门及赛事承办方等订制印有球赛标志的书包、电子足球游戏机、打火机、T恤衫、纪念币等纪念商品，向游客出售。

（3）名优特产品。这类产品种类很多，可分为工艺品、土特产品等。工艺品是观赏性和陈设性较强、艺术价值较高的旅游商品，包括雕塑工艺品、织绣工艺品、编织工艺品、漆器工艺品、金属工艺品、花画工艺品、美术陶瓷和其他工艺品等。雕塑工艺品包括玉器、象牙雕刻、骨刻、石雕、木雕、刻砚及其他各种雕刻工艺品。织绣工艺品包括刺绣、织锦、缂丝、抽纱、花边、绒绣、机绣、手工编结、珠绣、地毯等。编织工艺品是指用竹、藤、棕、草、玉米皮、麦秸等原料，编织出造型优美、风格各异的篮、盘、帽、席、包等手工艺品，美观实用。漆器工艺品主要分布于北京、福建、上海、重庆、江苏扬州、四川成都、山西平遥、贵州大方、甘肃天水、江西宜春、陕西凤翔等地。金属工艺品包括景泰蓝、烧瓷、金银器皿、花丝镶嵌、仿古铜器、斑铜、铁画等。花画工艺品中工艺花主要包括绢花、纸花、绒花、羽毛花、塑料花等，工艺画主要有贝雕画、羽毛画、树皮贴画、麦秸贴画、牛角画、软木画、竹帘画、棉花画、彩蛋画、邮票贴画等。美术陶瓷主要有景德镇的青花瓷、粉彩瓷和颜色釉瓷，唐山的新彩瓷，浙江的龙泉青瓷等，此外，还有一批古代名窑瓷，如河南的钧瓷、河北的定瓷等。其他工艺品包括扇、伞、料器、内画壶、宫灯、手杖、绒鸟、工艺蜡烛等。

土特产品是以当地原材料生产加工的地方传统产品，具有浓厚的地方性特征。土特产品多为当地名优产品，根植于当地生活文化中，是在当地居民日常生活中的优质产品。旅游食品是土特产品的重要组成部分，是指便于旅游者携带或邮寄的各种瓶装、匣装、袋装以及其他各种特别包装的食品，而不是指在旅游宾馆饭店中供游客食用的各种食品。它包括名酒名点、高级糖果、糕点、风味食品、方便食品、饮料、软硬包装饮料、名贵药材等。普通食品如果在包装装潢、款式造型上能结合旅游需求特点，则都可以制成很好的旅游食品。

（4）名牌产品。名牌产品指在一国或世界上被消费者普遍认可的商品，它们已成为一个国家或一座城市非常有代表性的商品，如法国的化妆品、日本的电子产品、中国的茶叶、韩国的人参等。这类产品在当地购买具有产地优势和价格优势。

旅游纪念品不是一般商品，是具有当地真实性和象征性的一种特殊文化产品，是旅游者亲自接触当地历史文化的重要载体。

2. 旅游日用消费品

旅游日用消费品是旅游者在旅游活动中所必备的生活日用品，主要满足旅游者在旅游活动中的日常需要，是旅游者外出的必需品。它包括服装和用品两大类，如各种旅游服装、鞋帽、器械和洗涤用品、化妆用品、娱乐用品等。

旅游日用消费品不同于一般日用品，要求实用品艺术化，具有纪念意义，带有礼品性质，因此它是实用性与纪念性相结合的商品。

旅游日用消费品的常见类型有以下几种：

（1）轻工产品。包括玻璃制品，如刻花、拉花、贴画玻璃水具、酒具、花瓶、烟缸、料器、餐具、罐、盘、筒等各种器皿；搪瓷陶瓷制品，如杯、盘、碗、水壶、茶具、咖啡具、搪瓷艺术挂牌、纪念牌、钥匙链；以及旅行刀剪、旅行闹钟、旅行小电器产品等。

（2）化工日用品。包括高档卫生用品，如高档香皂、药皂、浴液、牙膏；高档护肤用品，如香脂、香膏、营养液、防晒霜、防蚊油等；高级衣物保护用品等。

（3）文体用品。文具，如高级金笔、圆珠笔、铅笔、彩笔、转笔刀、裁纸刀等；体育用品，如棋、牌、球，以及各种健身器材等。

（4）毛皮革制品。如毛皮革服装、鞋帽、手套、围巾、皮毛褥子、靠垫、坐垫等。

（5）纺织产品。如针棉纺织品，包括内衣、浴衣、运动衣、手套、袜子、传统服装、婚礼服、旅行服装、旅行鞋帽、面巾、枕巾、床单、窗帘、提包等；丝绸及丝绸复制品，包括头巾、围巾、手帕、领带、台布、窗帘、风景壁挂等；毛纺织品类，包括羊毛衫、兔毛衫、羊毛毡、头巾等。

3. 旅游专用品

旅游专用品是指满足旅游者从事旅游活动专门需要的旅游商品，最显著的特点是具有专用性，如旅游专用鞋、户外专用服装、望远镜、照相器材、风雨衣、电筒、指南针、游泳用品、各种旅游手杖、各种应急品等。

4. 其他用品

旅游景区要充分考虑旅游者的多样性，结合当地气候环境，满足部分游客的特殊需求，如适当地准备一些药品、急救物品等。

二、景区特色商品设计

（一）景区旅游商品设计的理念解读

1. 考虑游客需求的理念

随着体验经济的来临，旅游者的购物需求呈现出多元化的发展趋势，他们对旅游商品的地方特色、文化内涵、纪念意义、美观程度和实用性更加重视。鉴于此，旅游商品的生产经营者必须以旅游者的购物需求为导向，根据旅游者的国籍、来自地区、民族、年龄、性别、职业、个性、心理特征、消费特点和购物偏好等，确定不同的目标市场群体。

2. 展现景区与地方的文化理念

对于旅游者来说，旅游是为了体验当地的特色文化、民俗风情。由于生活方式、思想观念的差异，越具有地方特色的商品往往越容易吸引游客，在旅游商品中融入地方文化元素的设计是必不可少的。实践证明，文化品位越高的旅游商品，越受旅游者的欢迎，因此，利用地域文化提升旅游商品的竞争力具有现实意义。在展现地方文化的同时，需考虑旅游商品对景区主题文化的展示，从而提升景区旅游商品传播景区主题、文化、形象的价值。

3. 体现创新理念

旅游商品同时也是时尚品，要与时代共同进步。旅游商品的设计创新是无极限的，创新是生命力，是财富之源。旅游商品的创新设计理念主要体现在以下几个方面：旅游商品功能设计的创新，功能设计要以人为本，从消费者的需要出发，充分体现人性化设计理念；旅游商品形式（材料、造型、包装）的创新，可以形成独特的个性，不使自身淹没在同类产品的浩瀚大海之中；旅游商品应尽可能具有时代感，以适应人们的价值取向和生活方式的变革。

4. 注重实用理念

旅游商品的实用性是指旅游商品具有的日常使用价值。对于许多旅游者来说，购买旅游商品是因为看中了它的日常使用价值，同时也可作玩赏和馈赠之用。调查发现，纯欣赏的旅游商品对旅游者来说，所激起的购买欲望至少会降低一半，只有将实用性与艺术性巧妙结合，才能吸引更多的购买者，即所谓的"好看"又"实用"。旅游商品的实用性还要考虑多样化，旅游商品种类要丰富，可供选择性大，能够最大限度地满足不同阶层、不同职业、不同民族、不同年龄、不同性别、不同爱好、不同实际需要、不同经济能力游客的审美和实用需求。实用性还体现为配套功能的完善性，它是旅游商品生产可行性和优质性的重要保证。

对于大多数旅游商品而言，旅游者一般会在旅游过程中消费或携带，因此，旅游商品还应具有轻便性的特征。

（二）景区旅游商品设计的基本要素

1. 题材选择

（1）以旅游者的需求为题材。景区商品设计的核心是对旅游者需求的发现、分析、归纳、限定以及选择一定的载体和手段予以开发和推广。景区商品设计的过程是从需求开始，以商品作为载体将设计师的认识和判断物化的过程，并通过市场渠道将产品转化为商品进入人们的生活中。

（2）以时尚为题材。所谓时尚指的是一种外表行为模式的流传现象，表现为服饰、语言、文艺、宗教等方面的新奇事物往往迅速被人们采用、模仿和推广，表达人们对美的爱好和欣赏，或借此表达个人内心被压抑的情绪。时尚属于人类行为的文化模式的范畴。时尚可看作习俗的变动形态，习俗可看作时尚的固定形态。由于时代变化，景区商品的款式更新速度加快，景区商品开发必须迎合时代发展，除了集娱乐性、趣味性、教育性于一体之外，时尚已经成为景区商品开发设计的一大特征。

（3）挖掘本地特色题材。旅游商品要反映当地特色，在题材上可以适当与当地的自然景观、历史遗产、资源特色、民俗风情相结合，使景区商品成为当地文化的缩影，具有纪念意义和收藏价值。如武夷山景区开发了以自然景观为题材的武夷山风景风情挂（台）历、武夷山古镇风情书签，与邮政部门协作发行的武夷山风光系列明信片、武夷山风光邮票，以民情风俗为题材的武夷山民俗系列旅游商品等。

2. 造型设计

旅游商品造型设计应根据所选题材，结合现代人的生活方式进行设计。目前旅游商品的设计造型主要有：吊坠、手机链、钥匙扣、手镯、手表、手帕、扇子、T恤、环保袋、笔筒、烟灰缸、相框、毛巾、筷子、茶具、壁挂、冰箱贴、鼠标垫、杯子、钱包、夜灯、帽子、帆布鞋、拖鞋等。由于旅游商品有沿途购买的特点，考虑到旅游特性，纪念品的设计不宜过大过重。景区旅游商品造型设计一定要将技术和艺术进行有机结合。

我国拥有丰富的旅游资源和独具特色的工艺技能，借鉴旅游发达国家的优秀案例，景区在设计旅游商品造型时，既要考虑传统工艺品的造型，又要考虑与现代人生活相融合的改良的造型。

3. 功能设计

旅游商品的功能就是旅游商品的作用。一般来说，它由纪念性功能、审美性功能和实用性功能三大要素所构成。

景区旅游商品的纪念性功能是旅游商品所具有的所在旅游地的某种特色，而这种文化特色又能引起人们对这次旅游的美好回忆，增加其对生活意义的认识和理解。旅游商品的审美性功能指商品具有造型艺术美，还具有自然美和社会美。其自然美，如玛瑙的晶莹剔透、红木的天然纹理、动植物天然造型等；其社会美，如一件陶瓷精品，蕴含了悠久的历史文化内涵。旅游商品的实用性功能指商品具有某种日常使用的价值。有时，旅游者喜欢购买旅游商品作为礼物送人，该旅游商品一旦成为情感的信物，其价值就远不是旅游商品本身的价值所能衡量的。总之，纪念性、审美性和实用性是旅游商品最基本的功能特征，是其具有吸引力的根本所在。因此，紧扣这些特征来进行旅游商品的开发和生产，就能获得良好的社会效益和经济效益。

4. 设计材料选择

景区旅游商品的材质指的是形成或制作商品的基本原料。旅游商品材质种类多样，包括铜、玉、陶、石、骨、角、牙、竹、木等。随着现代科学技术的迅猛发展，旅游商品的材质使用取得了突破性进展，新材料不断涌现。对于传统文化浓重的主题，要特别尊重传统的材质和传统的工艺。因为这样的材质和工艺才能更原汁原味地反映传统的文化主题。对现代文化浓重的主题或者引入的现代文化浓重的主题，对材质的使用应偏重于创新后的材质，但也不排除用传统的材质反映现代的文化主题。新材质最大的特点是价格低廉，轻盈便携。例如，安阳殷墟旅游商品材料选用软陶、橡胶、树硅胶等化学合成材料替代传统材料，新材料与传统材料相比具有轻便、不易破损、清洗方便等方面的优势。材美工巧是产品制作的基本条件，从工艺到品质是一个追求完美的过程。选材精良、质量上乘的旅游商品，在市场上能够获得更多旅游者的青睐。

（三）景区旅游商品设计的主要方法

景区旅游商品设计目前并无系统的、自成体系的设计方法，多采用或借鉴现代工业产品设计的原理方法。在设计方法上可分为以下几种：

1. 模仿设计法

模仿设计法是对已有的特色物品进行仿制而使其成为旅游商品的开发创新方法。根据旅游商品模仿物的不同，又可分为名人字画的仿制品或微缩品、出土文物的仿制品或微缩品，以及著名古建筑或具有典型民族特色的民居的微缩品或残存古遗迹的微缩复原模型等。

仿制旅游商品的开发设计必须遵循一定原则，即充分尊重原物原貌，以尽量相近的材料来制作，这样才能收到较好的效果。还有一类仿制型旅游商品，是对其他省份或地区已有旅游商品在外观和加工工艺上稍做修改或适当加入本地元素而生产出的商品，但因为这类商品过于"大众化"，且牵涉到一个相互模仿而导致"百物一面"的问题，因此尽管它的开发设计成本较小，但因吸引力不够，无法带来较高的经济效益。

仿制型的旅游商品一般制作都比较精致，因此价格比较昂贵，购买这类商品的多为有一定经济实力和文化品位的旅游者。

2. 功能扩散设计法

这种方法在开发设计中，不仅保留原有功能，还考虑了改进增加其他功能，使之成为多功能性旅游商品。具体又分为两种类型：

（1）功能改进。经功能改进后的旅游商品不仅是一件具有纪念价值的旅游商品，还可以作为礼品馈赠。它不是一般意义上的摆设、挂饰，同时还具有日常生活的使用价值。比如，将民族地区特有的民族服装、民族挂饰等，在保留部分典型的民族风格外稍做改进，使之更加生活化和大众化，成为日常生活中可以穿着的服饰。

（2）加工改良。充分利用现有资源及技术，对传统商品在加工上进行改革，加入新的设计理念，使商品焕发新的面貌。如湖南益阳地区竹资源十分丰富，传统的竹编制品主要是竹席等生活用品，经技术改进，可加工成水竹地毯、竹编提包、挂件等。我国拥有丰富的民族文化资源，且传统民间工艺实力较为雄厚，通过功能扩散开发旅游商品有较大的资源与技术优势。对传统商品进行加工改良可采用以下方法：一是多因素组合法。这种方法主要是将日常生活中较为常见且常用的器皿、服饰等，在生产时继续保持其原状，但增加一些特有的民族特色或以正宗纯粹的民间工艺对其进行加工，使其具有景区、地方特色或传统风格。二是题材创新法。这种方法一般依托于影响较大的国内、国际大型旅游活动，将活动内容及主题融入商品之中，使其变成具有纪念意义的旅游商品。这类旅游商品不仅可以收藏或者日常使用，还可以作为礼品馈赠。此外，还有移植设计、替代设计、标准化设计、专利应用设计、集约化设计、创造性设计等方法。

（四）景区旅游商品的包装设计

景区旅游商品的包装设计与内在的关系紧密相连，从某种意义上说就是内容和形式之间的关系。内容虽然决定形式，但形式反过来也会影响内容，好的形式有助于内容的体现，而坏的形式则有损于内容。所以，旅游景区应该将旅游商品与其外在包装视为不可分割的一个整体。设计开发出的旅游商品本身所包含的民族风格、地方特色、艺术性等各种特性综合赋予了景区独特的文化内涵。

1. 包装设计的理念

景区旅游商品的包装设计必须强调其文化品位。这可以从两方面体现：

其一，旅游纪念品的包装设计应突出景区文化、时代特征。随着生活水平的改善，人们在追求物质满足的同时也渴望追求精神上的满足，即需要一种具有文化品位的商品包装，它能够促使消费者产生情感上的共鸣。因此，设计者应该思考设计旅游商品的社会效用，注重设计的文化性。

其二，景区旅游商品在包装材料选择上应以自然材料为主，如用纸、竹、木、泥、植物的茎叶等天然材料，因地制宜、量才适用地设计制作各种包装物品。传统的天然包装材料，包装时以原始状态简单加工，精心装饰，不仅能体现东方传统美学观念，而且也能体现现代人的环保意识。现代人更加重视从自然材料的视觉、触觉中享受大自然的恩赐与自然的气息。传统材料的包装个性特点比较鲜明，具有强烈的地方特色。设计师要深度分析了解景区自然材料的特点，然后利用这个特点，把它的灵性与神韵呈现出来，进行重组，设计出包含着景区全部文化信息的包装物品。

2. 包装设计的方法

景区旅游商品的包装一般属于销售包装，在设计种类上可以分为独立包装设计和通用包装设计两种。

独立包装设计是指对每种景区旅游商品进行单独包装设计。旅游商品的包装应当与其商品的质量和价值相适应。不同档次的旅游商品，质量和价值也不同。包装是商品的外衣，它应当同商品的质量、价值相对应，如实地展现商品的内在质量，有效地发挥其介绍、宣传、美化商品的功能，从而使旅游商品的整体形象更加完善。所以，设计者应针对不同档次的商品、不同层次的需求选择相对应的包装。既不要把高档商品做成"败絮其外，金玉其中"，自贬身价；也不要把低档商品做成"金玉其外，败絮其中"，华而不实。

通用包装设计是指对不同种类、不同层次的旅游商品采用统一的包装设计。只是包装的大小不同，形式设计完全一致，如包装纸、包装袋。这种包装主要用于那些不需要单独包装的、价格比较便宜的旅游商品，通用包装比单独包装成本低廉许多。可以每家店铺设计自己的通用包装，也可以一个地区采用统一的通用包装。

独立包装和通用包装这两种包装设计形式可以从不同角度、不同层面满足不同消费者的需求。

三、景区购物环境设计

（一）景区购物环境的构成

景区购物环境主要包括购物场所环境和购物服务环境。

1. 购物场所环境

景区购物场所主要指景区购物建筑以及景区购物设施等，购物场所环境的优劣直接影响旅游者的购物消费。旅游商品与购物设施的不同组合会带给旅游者完全不同的心理感受，完美的组合可增加旅游商品的魅力，强化景区购物经历，促进旅游商品销售。在现代市场经济中，旅游者越来越重视旅游购物环境，日益追求购物设施的现代化、特色化、人性化。景区购物场所环境包括以下几个方面：

（1）景区购物网点的布局状况：景区内是否有经营规模较大的购物区，购物点布局是否合理，景区内购物商店的布局是否与景点相衔接，是否方便旅游者选购。

（2）景区购物商店经销商的旅游产品状况：景区购物商店（摊点）经销的旅游商品种类是否丰富，是否有地方特色等。

（3）景区购物商店内的环境状况：景区购物商店的环境布置如招牌、橱窗设计、内部装饰、货架排列与商品展示等是否具有吸引力，商店内的空间布局是否有利于与旅游者交流，是否具有恰当的文化氛围特征等，这些都会影响旅游者的购物消费。

2. 购物服务环境

景区购物行为还受服务环境的影响。景区购物服务是指景区内的购物经销商、导游及政府等为旅游者在景区购物提供的一系列服务。景区购物服务环境包括景区购物经销商提供的购物服务环境、导游人员提供的购物服务环境、政府提供的购物信息服务环境以及购物售后服务环境等。景区购物商店是否诚信经营，营业员服务态度的好坏、服务水平的高低、对所销售商品知识掌握的多少、对旅游者的热情程度，以及有关旅游商品、购物商店的信息宣传是否完善、售后服务体系是否健全等都会对旅游者的购物活动产生重大影响。

（二）景区购物场所环境设计

1. 标牌

标牌是吸引旅游者购物的重要方式，因而其命名应有所讲究。一般说来，符合以下几条的就是好标牌：能引起游客兴趣和好奇心；反映经营特色和传统；便于记忆，易于传播。若商店荣获"旅游定点商店"或"消费者信得过商店"等称号，应在标牌醒目位置标明，让游客放心购物。标牌的尺寸应与商店规模相适应，字体以高雅、醒目为标准。如果要在夜间吸引旅游者，也可在字体旁饰以彩灯，或用霓虹灯展示，通过忽明忽暗的对比强化旅游者的印象。

2. 商品的展示

柜窗展示是引导旅游者购物的另一个重要方式。以陈列展示为目的的商品陈列台和样品陈列橱窗，通常设在比较醒目的地方，陈列的广告功能体现为对旅游者消费起指导作用。样品橱窗通常是用玻璃围起的，由于它比陈列台有更加规则的外形，往往起着分割商场空间的作用。陈列台和样品橱窗展示应使旅游者在较远的距离就能看到想买的商品，起到较好的视觉导向作用。商品的归类也有一定的要求：从一类商品到另一类商品在内容和形式上都应有自然的过渡，符合逻辑序列，以便顾客寻找。如文房四宝和工艺品、古玩在一起或相邻，烟酒与食品相近，服装与绸布相近等。商品的陈列有专门的技巧，如上下、疏密、搭配、挂法，这些都应从商品的性质出发进行专门考虑。不同的商品陈列在同一柜台上，上下顺序应合乎常理。如大小商品同柜，小商品应在上；高低档商品同柜，高档商品应在上；鞋帽同柜，帽子应在上。不同商品陈列在同一货架上，上面是需展示的商品（推荐商品），中间是销售最快的商品，下面则放储存性的商品。不同规格的商品陈列的疏密不同。一般高档商品摆得比较宽松，以显示其贵重，如珠宝、首饰等，一个柜台可以只放少量的几件。不易被人注意的商品可放在畅销商品的旁边，以促进销售。

3. 柜台与货架

柜台是旅游商品销售常用的设备，它的宽度在 50～55cm 之间，长度在 120～150cm 之间，高度在 80～95cm 之间。转角处的柜台造型有三角形，也有扇形，柜台的造型与经营商品有关。如珠宝、首饰和精制工艺品、名贵药材等，通常要求柜台上部展示空间较小，以显示其珍贵。

货架一般作为存放商品和展示商品的常用设备，其宽度一般在150～200cm之间，高度在210～240cm之间，商品陈列面安排在60～200cm之间，以便于营业员操作。一个空间内的货架其造型风格应一致，以产生和谐的整体感。货架的传统材料是木材、金属（钢铝）、玻璃，在国外有使用玻璃钢取代木材和金属、用有机玻璃取代普通玻璃的趋势。

4. 色彩与照明

景区商店的色彩与其规模和经营的商品直接有关。一般大型商店力求色彩的整体协调和淡雅，小型商店则力求突出个性，但在色调选择上宜采用中性色调，彩度偏弱，以突出商品。如果商品归类明确，其环境色彩应明显反映出商品的特征。如食品一般以暖色调装饰，服装、绸缎以和谐色装饰等。商品与货架的色彩关系是：商品的色彩鲜艳，则货架应成为商品的良好背景。为突出商品色彩形象，商店的室内墙面天顶、地面等色调应该采用明度、彩度极低的色调，这样，商品更能显示其五彩缤纷、五光十色的风姿。色彩泛用技巧有以下几点：

（1）泛用色彩要与商品本身色彩相配合。店铺内货架、柜台、陈列用具要为商品销售提供色彩上的配合与支持，起到衬托商品、吸引顾客的作用。如销售化妆品、时装、玩具等时应用淡雅、浅色调的陈列用具，以免喧宾夺主，掩盖商品的美丽色彩；销售手机、珠宝首饰、工艺品等时可配用色彩浓艳、对比强烈的色调来显示其艺术效果。

（2）泛用色彩要与楼层、位置结合，创造出不同的气氛。如店铺一层营业厅，入口处顾客流量大，应以暖色装饰，形成热烈的迎宾气氛；也可以采用冷色调装饰，缓解顾客紧张、忙乱的心理。地下营业厅沉闷、阴暗易使人产生压抑的心理感觉，用浅色调装饰地面、天花板可以给人带来赏心悦目的清新感受。

（3）色彩泛用要在统一中求变化。店铺为确定统一的视觉形象，应定出标准色，用于统一的视觉识别，显示企业特性。但是在泛用时，在店铺的不同楼层、不同位置，又要求有所变化，形成不同的风格，使顾客依靠色调的变化来识别楼层和商品所在位置，唤起新鲜感，减少视觉与心理的疲劳。

要想使商品看起来琳琅满目，丰富多彩，照明手段的应用就很重要。旅游商店的光源一般以接近自然光色的冷光源为主，常用金属卤化物灯和冷色的荧光灯。在布光方式上，常将整体照明与局部照明相结合。整体照明能使整个店堂的亮度均匀，营造良好的购物环境，局部照明则使空间层次发生变化，增强环境气氛和商品的表现力，如射灯、筒灯和日光灯对陈列台、货架、柜台和样品橱窗的照明。例如，金银首饰，用高级紫红丝绒做衬底，柔和而明亮的射灯灯光，会给人以高贵、豪华、典雅的感觉。如用一般的白底、白光或无衬底、无光则大失水准。色彩和照明对于店铺环境布局和形象塑造影响很大，为使营业场所色调达到优美、和谐的视觉效果，必须将店铺各个部位如地面、天花板、墙壁、柱面、柜台、楼梯、窗户、门以及售货员的服装等设计出相应的色彩与照明效果。

旅游者感知商品除通过视觉外，还通过嗅觉和触觉等，因此，旅游商品还要注意保持橱窗、柜台及陈列的商品清洁且确保没有油漆味、霉味等异味。注意空气气味的调节，必要时可喷洒空气清新剂。另外，除特殊商品外应允许旅游者用手触摸商品，因此要保持商品的清洁度和光滑度，以利用触觉去激发旅游者的购物行为。

（三）景区购物服务环境设计

1. 招聘高素质营业员

景区在招聘营业员时，要对营业员进行考察。应主要从以下几方面进行考察：

（1）具有吸引人的仪表，包括容貌、服饰、发型、姿态、风度等。营业员要特别注重仪表，一般来讲，在衣着方面应当整洁，款式适时，大中型商场营业员应统一着装，在举止风度方面应亲切自然又不失端庄，对待每一位顾客都要热情有礼貌。

（2）敏锐的观察力和准确的判断力。善于察言观色，能够通过对消费者的衣着和言行进行观察，判断其购买力和购买欲望。

（3）较为灵活的反应能力，能接一，问二，联系三。"接一"，是指接待排在第一位的顾客，因为这是最直接面对的顾客，所以需要以自己最快的服务速度来进行接待；"问二"，是指礼貌地请第二位的顾客保持一定时间的等待，然后自己抓紧时间招呼第一位顾客，快速完成与第一位顾客的交易；"联系三"，是指一般会有其他的服务人员，对第三位顾客进行照顾。

（4）较优秀的语言表达能力。一般要求用语准确、规范，讲话语气、音量适中，语速因人而异，对老年人应尽量放慢。

2. 培训营业员，提高销售服务水平

对营业员要经常进行培训，使之不断提高销售服务水平。

（1）判断、了解来意，适时接待。一般来讲应抓住以下有利交谈的时机：旅游者较长时间地观察注意某类或某件陈列商品时；旅游者在漫步中突然停步注意、观察某件商品时；旅游者像是在寻找什么商品时；旅游者在敞开陈列的商品前，耐心挑选，不愿离去时；旅游者对某件商品观察一段时间后，目光离开商品思考时；旅游者与营业员有意无意地正好面对面时。

（2）展示商品，争取旅游者。通过对比介绍或补充介绍使旅游者增强购买信心。对于旅游商品，可通过与异地销售的同类产品作价格、种类等方面的比较，突出在原产地购买所获得的货真价实及特殊纪念意义的感受。出示商品从高档向低档逐级展示，并让旅游者亲自试一试。突出介绍旅游商品的文化内涵和独一无二性。

（3）周到服务，善始善终。不仅要热情迎客，还要礼貌送客，买与不买都一样，买多买少都一样，增进游客的信任和满意度。

3. 完善售后服务，建立良好的市场秩序

在一些国家，游客在购物的同时可获得质量保证的凭证，退货自由，同时大宗商品由商店负责办理打包、报关、托运等手续，顾客无须为怎样带回去这类问题劳神。然而，目前我国的旅游企业却很少能做到这一点。完善的售后服务，可以解决游客购物的后顾之忧。

此外，良好的购物环境是建立在良好的市场秩序基础之上的。如果商贩漫天要价，导游导购时收取巨额回扣，店主以假充真、以次充好，会严重扰乱旅游商品市场秩序，引起投诉事件，破坏旅游景区的形象，最终严重影响景区的销售收入。因此，景区必须实行规范化经营，使每一批商品都经得起质量抽查，每一件产品都明码标价，让游客购得放心，买得舒心。

第五章　旅游线路规划与设计

第一节　旅游线路概述

一、对旅游线路定义的理解

研究的角度不同，对旅游线路会有不同的理解。目前，我国学术界还没有统一的规范性定义。研究学者们分别从旅行社产品设计、区域（景区）旅游规划、市场的角度，给出了不同的解释。

（一）从旅行社产品设计的角度

徐明、谢彦君[1]（1997）认为，旅游线路是旅行社或其他旅游经营部门以旅游点或旅游城市为节点，以交通路线为线索，为旅游者设计、串联或组合而成的旅游过程的具体走向。

陈志学[2]（1994）在《导游员业务知识与技能》中提到，旅游线

---

[1]　徐明，谢彦君. 旅游学概论［M］. 大连：辽宁师范大学出版社，1997：3.
[2]　陈志学. 导游员业务知识与技能［M］. 北京：中国旅游出版社，1994：8.

路是指旅行社生产的包价旅游产品，是根据旅游资源和接待能力以及旅游者的需要而规划出来的旅游途径。

朱国兴[①]（2001）指出，区域旅游线路是旅行社或其他旅游经营部门在特定区域内利用交通为外来旅游者设计的联结若干旅游点或旅游城市并提供一定服务的相对合理的线性空间走向。

（二）从区域（景区）旅游规划的角度

许春晓[②]（2001）认为，旅游线路是旅游经营者或管理者根据旅游客源市场的需求、旅游地旅游资源特色和旅游项目的特殊功能，考虑到各种旅游要素的时空联系而形成的旅游地旅游服务项目的合理组合。

马勇[③]（2019）提出，旅游线路是在一定的区域内，为使游人能够以最短的时间获得最大观赏效果，把若干旅游点或旅游城市合理串联起来，并具有一定特色的路线。

（三）从市场的角度

汪月启（1993）在《纵横天下行》中指出，旅游线路是旅游服务部门根据市场需求分析而设计出来的包括旅游活动全过程所需要提供服务的设计线路。

阎友兵[④]（1996）认为，旅游线路是旅游服务部门根据市场需求，结合旅游资源和接待能力，为旅游者设计的包括整个旅游过程中全部内容和服务的旅行游览线路。

---

① 朱国兴. 区域旅游线路开发设计：以皖南旅游区为例［J］. 皖西学院学报，2001（4）：105 – 108.
② 许春晓. 旅游业空间布局演进规律与案例研究［J］. 热带地理，2001（3）：246 – 250.
③ 马勇. 旅游规划与开发［M］. 武汉：华中科技大学出版社，2019：181.
④ 阎友兵. 旅游线路设计学［M］. 长沙：湖南地图出版社，1996：1.

总体来说，旅游线路是指在一定地区空间内，旅游部门（旅行社、旅游景区等）针对旅游目标市场，凭借旅游资源及旅游服务，遵循一定原则，专门为旅游者旅游活动设计，把若干旅游目的地合理地贯穿起来的路线。

二、旅游线路的主要特征

（一）综合性特征

旅游线路的综合性表现在它是由多种旅游吸引物、交通设施、住宿餐饮设施、娱乐场地、各项活动以及相关服务构成的复合型产品，能够同时满足旅游者在"食、宿、行、游、购、娱"等方面的综合需求。它既是物质产品和服务产品的综合，又是旅游资源、基础设施和接待设施的结合。旅游线路的综合性表现在旅游线路的设计涉及众多行业和部门，其中既有直接为旅游者服务的酒店业、餐饮业、娱乐业、交通运输业以及旅行社等，又有间接为旅游者服务的农副业、商业、制造业、建筑业等行业和海关、通信、邮电、公安、银行、保险、医疗卫生等部门。

（二）不可贮存性特征

旅游线路主要通过服务满足游客需要，只有当游客购买并消费时，旅游资源、设施与服务相结合的旅游线路才得以存在，即具有不可贮存性。旅游线路的不可贮存性加深了旅游线路产品供需之间的矛盾，旅行社需采取相应的措施改变不利局面：一是使旅游线路产品的开发能力具有一定的弹性，在具体安排上可以加以调节；二是调节需求量，使其与供给相适应，即通过各种有效渠道，如用价格等手段削减旅游旺季需求量和刺激旅游淡季需求量，使旅游需求量在结构上稳定分布。

（三）不可分割性特征

旅游线路是经过深度加工的高附加值产品，旅游经营者经过设计、开发，将原来分散存在于各个行业的不同产品，组合形成旅游线路并进行销售，极大地提高了产品的原有价值，提高的价值内容有很大部分是由即时劳务构成的。因此旅游线路的设计、开发和销售获利具有高度的一致性和不可分割。旅游线路产品的销售与旅游者的旅游活动同步，一旦旅游者作出购买选择，就同时拥有了旅游线路的使用权，当其消费行为结束时，使用权自动消失。

（四）分权性特征

旅游消费活动中，旅游线路的所有权、经营权和使用权是分开的。一般情况下，旅游线路的所有权属于目的地所有，旅游中间商拥有旅游线路的经营权，旅行社销售旅游线路时，旅游者获得旅游线路一定时间内的使用权。旅游者通过购买获得暂时性的使用权，并在使用过程中有责任保持旅游产品物质和非物质构成的完好无损。旅游线路的分权性易造成旅游线路促销宣传和销售的困难，因为旅游者对购买某一旅游线路产品可能怀有较高的风险预期。帮助旅游者克服消极的心理预期，是旅游线路营销成功的关键。

（五）可替代性特征

旅游需求是建立在人类基本生活需求之上的一种高层次需求，旅游消费受到政治、经济、文化、环境等各方面复杂因素的影响而表现出较大的需求弹性和可替代性。日益增多的旅游线路的数量和类型让旅游者有了更多的选择余地，不同旅游线路之间的替代性很强，旅游者对线路的选择具有较大的随机性，因此旅游线路的销售具有很大的风险，竞争激烈。

（六）脆弱性特征

旅游线路中"食、宿、行、游、购、娱"各部分的构成比例关系会因旅游者的规模、需求不同而有不同的组合方式。在旅游接待过程中，任何一部分的超前或滞后都会影响旅游活动的正常运转，进而影响到旅游线路整体效能的发挥。旅游线路常常受到季节和节假日等因素的制约，表现出明显的季节性特点。旅游活动有可能受到战争、社会动乱、自然灾害、国际关系、政府政策、经济状况等诸多因素的影响，外部因素的变化会引起旅游者需求的变化，继而影响旅游线路的销售状况。

（七）后效性特征

旅游过程结束后，旅游者才能对旅游线路的质量作出全面、准确的评价。旅游者对旅游线路质量的评价，是其期望质量与经历质量相互作用的结果。期望质量是旅游者在实际购买前，根据获得的信息对线路质量进行的预期判断；经历质量是旅游者以其实际获得的感受对线路质量所作的评价。如果期望质量高于实际的经历质量，旅游者就会对该旅游线路，甚至对旅游目的地或负责经营的旅行社产生不满。因此，重视旅游者的反馈，及时发现旅游线路存在的问题，根据旅游者的意见或建议对旅游线路加以改进是十分必要的。

三、旅游线路的类型划分

（一）按照旅游者的组织形式分类

1. 包价旅游线路
包价旅游，是目前我国游客出行的主要形式；包价旅游线路，也是旅行社最常态的旅游产品。根据市场需求的不同，目前有两大类包价旅游：团体综合服务包价旅游和散客综合服务包价旅游。

2. 组合式旅游线路

组合式旅游线路，是指整个旅程设计有几种分段组合线路，游客可以自己选择和拼合，并且可以在旅程中改变原有分段选择。

3. 自助式旅游线路

自助式旅游线路，是指由旅游者自己设计旅游线路，旅行社负责线路实施中游客的各项服务需求。

（二）按旅游活动的性质分类

按旅游活动的性质，旅游线路大致可分为游览观光型、休闲度假型、专题型、会议奖励型旅游线路等。不同性质的旅游线路，在组织上有不同的特点。

1. 游览观光型

游览观光型线路是典型的大众旅游，最基础，层次也最低，但市场占有率最高。

2. 休闲度假型

休闲度假型线路多用于满足游客休息、度假的需要，旅游线路串联的旅游点少（一般只有1～2个），而游客在每个旅游点停留的时间长，旅游线路重复利用的可能性高，因此，对于旅行社而言旅游线路成本较低，利润较高，旅游线路的设计也要简单、经济得多。

3. 专题型

专题型线路也称为主题型旅游线路，这是一种以某一主题内容为基本思路串联各点而成的旅游线路。全线各点的旅游景物（或活动）有比较专一的内容或同属性，因而具有较强的文化性、知识性或趣味性。由于各条线路的主题多种多样，因此受到不同兴趣爱好者的欢迎。

4. 会议奖励型

会议奖励型旅游，主要包括会议旅游和奖励旅游两部分。会议旅游是指企业到旅游目的地召开会议，既是与会员工的一种休闲活动，也是一种会议形式；奖励旅游是为了对有优良工作业绩的员工进行奖励，组织员工进行的旅游。此类型旅游的旅游线路要求在设计的过程中既重视会议的设施需求，又注重满足游客休闲度假的需要。

（三）按旅游线路的距离分类

根据旅游者在旅游过程中的位移距离及活动范围，可分为短程旅游线路、中程旅游线路、远程旅游线路等。

1. 短程旅游线路

短程旅游线路游览距离较短，活动范围较小，多为到周边的城镇、远郊旅游。这类旅游线路与一日游线路经常是重合的，例如，郑州市的金鹭鸵鸟园专线、巩义浮戏山专线等，都是市区游或近郊游。

2. 中程旅游线路

中程旅游线路游览距离较远，活动范围一般在一个省级旅游区以内或跨省级旅游区的周边地区，例如，郑州—王莽岭—皇城相府线路即属于此类。

3. 远程旅游线路

远程旅游线路游览距离长，旅游者活动范围大，一般指国内跨省级旅游区范围以上，包括海外旅游线路、边境旅游线路。

（四）根据旅游者在旅游过程中的活动轨迹分类

1. 巡游型线路

巡游型线路即观光周游型旅游线路，其特点在于旅游的目的是观赏，线路中常包括多个旅游目的地。从经济角度而言，巡游型线路成本较高，而同一位旅游者重复利用同一条线路的可能性较小。

2. 常驻型线路

常驻型线路即度假逗留型旅游线路，其特点是线路中包含的旅游目的地数量相对较少，旅游的目的多是度假，主要在于休息或娱乐，不在乎景观的多样或变化，因此度假线路所串联的旅游目的地较少，日均消费额高。常驻型旅游线路的设计要比巡游型相对简单、经济一些。

（五）按旅游线路的空间布局形态分类

1. 两点往返式

两点往返式，在远距离旅游时主要表现为乘坐飞机往返于两个旅游城市之间；若在旅游城市内，则表现为住地与景点的单线连接。此种线路易使旅游者感到乏味，比如，郑州—大连、大连—郑州。

2. 单通道式

此类线路，远距离以乘火车进行旅游为典型；在旅游城市中，则表现为若干景点被一条旅游线路串联，旅游者一路上可以观赏不同的旅游项目。如铁路部门开行的郑州—厦门旅游专列，一路上既能感受到京九铁路沿线老区的红色革命精神，又能观赏到武夷山的秀丽风光。

3. 环通道式

该类线路是上述单通道式旅游线路的变化形式，由于此种线路没有重复道路，接触的景观景点也较多，旅游者会感到游览行程最划算。比如，郑州—洛阳—登封—开封—郑州。

4. 单枢纽式

该类线路以一个旅游城市（镇）为核心，其他所有旅游目的地都与之连接，形成一个辐射状联络体系，其特点是有明显的集散地，便于服务设施的集中和发挥规模效益。旅游者选择一个中心城市为"节点"，然后以此为中心向四周旅游点作往返性的短途旅游（大多为一日游）。比如，郑州—云台山、郑州—开封、郑州—洛阳、郑州—登封，这些线路中郑州即处于节点的中心城市。

5. 多枢纽式

该类线路以若干个重要的旅游城市（镇）为枢纽连接其他的旅游目的地，几个枢纽旅游城市（镇）间有线路直接相连，该线型一般运用于旅游大区，这种分散客流聚集点的方式有利于缓解某一枢纽在旅游高峰时的承载压力。例如，济南—青岛—大连旅游线路就有多个枢纽旅游城市，在一定程度上缓解了山东半岛、辽东半岛的客流压力。

（六）按旅游线路的全程计算旅游时间分类

按旅游线路的全程计算旅游时间，可分为一日旅游线路、二日旅游线路、三日旅游线路和多日旅游线路。

第二节　旅游线路规划与设计的指导思想、影响因素和设计原则

旅游线路设计又称旅程设计，是根据现有旅游资源的分布状况以及整个区域旅游发展的整体布局，采用科学的方法，确定最合理的游线，使旅游者获得最丰富的旅游经历的过程。[1] 旅游线路设计主要从两个方面考虑：一是尽可能满足旅游者的旅游愿望，使旅游者获得最佳的游览效果；二是便于旅游活动的组织与管理。旅游线路设计是一项技术性与经营性非常强的工作，其意义是便于旅游者有目的地选择、安排自己的旅游活动，有计划地支配旅游费用，避免"漫游"，有利于发挥各旅游点的功能，便于旅游服务部门组织接待。

---

[1]　王颖，易兰兰. 旅游线路设计 [M]. 北京：中国农业科学技术出版社，2018：6.

一、旅游线路设计的指导思想

(一) 创新精神

任何产品都要经历从投入到衰退的阶段，旅游线路也遵循这一规律。旅游市场具有不稳定性和可选择性，因此旅游线路的设计要随着市场的不断变化而不断创新，才能使旅游线路具有强大的吸引力和生命力。旅游线路的设计在适应旅游产品不断变化的情况下要不断更新，对传统线路应该有所改进和突破，对旅游资源、交通等要素进行新的组合，以实现旅游线路的可持续发展。

(二) 依托城市

一个地区除了旅游资源以外，基础设施、旅游接待设施以及交通设施也是影响旅游业成败的关键因素，而这些因素大都依托于一定的城镇体系，在旅游线路设计中起着骨架支撑作用。区域中的主要城镇往往也是主要的旅游中心，它们不仅是旅游客源地，更重要的是旅游接待中心、旅游集散中心，机场、火车站、汽车站、码头布局在那里，并且有较好的接待条件和较强的容纳能力。城镇体系的建设与旅游业的发展是相辅相成的，基础设施、旅游接待设施以及交通设施都良好的城镇，一般来说也是旅游业发展比较好的地方，而旅游业的发展也促进了这几个方面的建设。

旅游线路不能脱离旅游中心。目前，我国的一些旅游区与依托城市之间的关系有以下几种：

第一，资源优良，区位条件与区域经济基础好。这种情况以我国沪宁杭地区和北京市及其郊区最为典型。比上述地区类似的旅游风景区，有西安地区、广州及珠江三角洲地区等。

第二，资源品位高，区位条件与经济背景较弱。这种类型在我国占有很大比例，如安徽黄山与九华山、湖南张家界、宜昌长江三峡、贵州黄果树、四川峨眉山等。其共同点是，依托城市经济基础稍差或距离依托城市较远，经济条件不够优越，交通也欠发达。这些情况在一定程度上制约了区域旅游的发展。

第三，资源品位较差，区位与经济条件好。这类地区本身的旅游资源较少，邻近的周边地区资源类型单调，而一些著名的风景区又距离这些城市较远。往往是游客到访这些城市之后，匆匆一游便很快离去，便捷的交通反而为游客离开提供了方便条件。

（三）全域旅游

全域旅游是在一定区域内，以旅游业为优势产业，对区域内经济社会资源尤其是旅游资源、相关产业、生态环境、公共服务、体制机制、政策法规、文明素质等进行全方位、系统化的优化提升。全域旅游能够实现区域资源有机整合、产业融合发展、社会共建共享，以旅游业带动和促进经济社会协调发展，是一种新的区域协调发展理念和模式。

在全域旅游中，各行业积极融入其中，各部门齐抓共管，全城居民共同参与，充分利用旅游目的地全部的吸引物要素，为前来旅游的游客提供全过程、全时空的体验产品，从而全面满足游客的全方位体验需求。旅游线路设计者在设计线路时应遵循这一主旨，不再停留在追求旅游人次的增长上，而应注重旅游线路质量的提升，追求旅游对人们生活品质的提升，追求旅游在人们新财富革命中的价值。

（四）美学思想

旅游美学的最根本意义在于，其具有促进和提升旅游实践品位和格调的功能。旅游是现代人对美的高层次的追求，是综合性的审美实践。旅游线路设计就是要在旅游资源中发现美，并按照美学原理创造美，使分散的美集中起来，形成相互联系的有机整体，使复杂、粗糙、原始的美经过创造和保护而跨越时空、流传久远。

旅游线路设计者必须了解游客的需求，即旅游者对景观的审美偏好、审美习惯，以最大限度满足旅游者的审美需要，进而获得社会的认可和回报。美的最高境界是自然的意境美、艺术的传神美、社会的崇高美和悲壮美，这也是旅游线路设计中所追求的最高目标。旅游线路的美学特征越突出，知名度越高，旅游吸引力和市场竞争力就越大。

（五）生态观念

生态旅游的产生是人类认识自然、重新审视自我行为的必然结果，体现了可持续发展的思想。生态旅游是经济发展、社会进步、环境价值的综合体现，是以良好生态环境为基础，保护环境、陶冶情操的高雅社会经济活动。生态旅游在国外，尤其是在美国、加拿大、澳大利亚以及很多欧洲国家已经发展非常成熟，成为非常流行的旅游方式。它所提倡的"认识自然、享受自然、保护自然"的旅游概念成为 21 世纪旅游业的发展趋势。草原、湖泊、湿地、海岛、森林、沙漠、峡谷等生态资源和文物一样，极易受到破坏，并且破坏了就很难再生，甚至可能在地球上消失。因此，在设计旅游线路时应注意当地生态环境保护，秉持可持续发展思想。

（六）效益观念

旅游效益是旅游者和旅行社甚至全社会都在追求的。不同的是旅游者追求的是以旅游体验为主的旅游效益；旅行社追求的是经济效益及其在社会上的声誉；全社会追求的是旅游的综合效益，包括经济效益、社会效益和生态效益。设计旅游线路时，要兼顾经济效益、社会效益和生态效益，尽可能做到旅游效益最大化。

在旅游活动中获得效益是所有旅游活动的参与者、经营者、决策者所追求的目标。作为旅游者，追求的是旅游"性价比"；作为旅游经营者，追求的主要是经济效益；作为旅游决策者，经济效益、社会效益和生态效益同样重要，追求的是旅游业的科学发展。

1. 旅游经济效益

旅行社产品同其他产品一样，也有各种成本支出。一条旅游线路的成本主要由两部分组成：线路构成项目的成本（包括住宿、餐饮、交通、门票、导游服务等各种费用）和旅游线路设计费用（包括设计人员工资、业务费等）。旅行社作为一个企业，其设计旅游线路的最终目的在于销售旅游线路，获得经济利益，即以相对低的投入，获得相对高的效益。

2. 旅游社会效益

旅游活动是一种特殊的活动。旅游者通过旅游，除了可以游览风景名胜，品尝各地美食、开阔眼界、增长知识以外，更重要的是，可以领略到自然界和人类生活的"真、善、美"，获得巨大的精神享受。因此，旅行社设计的旅游线路也应该有较高的文化品位和内涵，能满足旅游者求真、求美、求善的精神需求。

同时，旅行社作为社会经济生活中的一个组织，也必须考虑自身的行为对社会造成的影响，必须重视旅行社自身在公众中的品牌形象。事实上，只有那些既注重经济效益又讲求社会效益的旅游线路，才是真正受旅游者欢迎的产品，才是能在市场中长盛不衰的产品。

3. 旅游生态效益

旅游生态效益越来越受到人们的重视，类似"除了脚印，你什么也别留下；除了照片，你什么也别带走"的生态旅游口号越来越深入人心。对于生态比较脆弱的旅游目的地，保护旅游生态环境更显得十分重要。在旅游线路设计中，必须要注意保护旅游生态效益。

二、旅游线路设计的影响因素

（一）旅游资源特点

旅游资源的品位、规模及其特色是影响旅游线路设计的重要因素，它直接决定了旅游线路规划设计的方向、内容和灵活度。一般来说，若旅游区拥有数量较多、品位较高、特色鲜明的旅游资源，那么就可以设计多条主题鲜明、内容丰富、灵活度较高的旅游线路。

（二）旅游景点（区）的空间格局及组合特点

旅游景点（区）的空间格局及组合特点直接影响到旅游线路的数量、形态、走向和结构体系。如果旅游区空间几何形态呈块状，一般在旅游区内可以形成两条或两条以上的一级旅游线路；如果旅游区空间几何形态呈线状或带状，在这样的旅游区一般只有一条一级旅游线路。旅游区内景点若是围绕旅游中心城市集中分布，则有利于设计以旅游城市为中心的多条环形或辐射型旅游线路；若景点远离中心城市或深处边远地带，则不利于形成旅游线路；但如果这类边远的景点旅游质量很高，对游人的吸引力很强，或是若干个景点成群分布，则有可能以当地城镇为依托形成次一级的新兴旅游区和旅游线路。旅游区内部如果存在阻碍游人穿行的自然地形障碍（如高海拔、雪山冰川、大漠、江湖、沼泽等），必然会影响旅游线路的走向，旅游线路需要绕过这些自然障碍。

（三）客源市场特征

游客的旅游行为偏好及旅游行为综合特征是旅游线路设计的重要依据。各类游客具有不同的旅游偏好和行为特征，不同职业、年龄和文化素养的游客，其旅游动机也各不相同，在线路设计时应充分考虑。另外，旅游线路的设计还受游客行为规律的影响，当旅游成本已确定时，整个旅程带给游客的体验水平只有等于或大于这一确定水平，游客才会出行。

（四）旅行通道与交通设施的往返联结及组合

旅游交通是旅游线路组织的生命线，不论是国内旅游还是国际旅游，都必须精心地安排全程的交通方式、交通工具，并使其相互衔接。

旅行通道的畅达性和旅游交通方式联合运营程度也是旅游线路设计的一个重要依托。旅游客源地与旅游目的地之间、旅游目的地各景点之间、旅游景点与旅游依托城市之间的旅行通道要满足游客"进得来、出得去、散得开"的需求，尤其是在旅游旺季时，旅游线路设计一定要考虑这个因素，因为它直接影响了游客的旅行质量和重游率。多种旅游交通方式的良好结合也有助于提高游客的旅行满意度。总之，要尽量做到"便利、高效、快速、安全、舒适、经济"。对国外游客，旅游线路的起讫地点应尽量安排在不同的进出口岸，以便旅游者出入境，避免重复往返。

为安排好旅游交通，必须对国内的交通现状，包括类型、分布、形式、网络做到心中有数，以制订具体的线路计划，使之路线合理，形式多样，衔接方便，尽量缩短交通旅程，增加游览时间。

当然，旅游交通的组织不仅是一个"旅"的问题，还应包含"游"的设计。要从路线的主题思想需要、旅游城市和景点的实际条件出发，尽可能安排其中一两段丰富多彩的旅游交通节目，如乘船、骑骆驼、坐马车、乘电缆车等，将它们细致地组织到旅游活动项目中去。合理的旅游交通组织起着调节游客情绪的重要作用，如富春江—千岛湖—黄山旅游线路设计中交叉组织车、船交通，并在景点中安插了乘牛车、渡竹筏、坐电缆车等活动项目，这样既丰富了旅游内容，又可增添游兴。

三、旅游线路的设计原则

（一）旅游者导向原则

旅游者是旅游活动的主体，在设计和销售旅游线路时，必须以旅游者的意愿为导向，最大限度地满足旅游者的需求。一般情况下，旅游者的可达机会随距离增加而急速衰减。旅游者出游决策和实施同旅游景观的吸引力（旅游价值）达到某一最低值相对应，即当旅游成本已经确定的情况下，整个旅程带给旅游者的体验水准只有等于或大于某一确定水平时，旅游者才会成行。而随着旅游成本的增加，旅游体验水平只有呈等于或高于与旅游成本增加速度成比例的某一速度增长时，旅游者对于旅游线路才会有满意的评价。

1. 旅游体验效果递进

总体来看，旅游者对旅游线路选择的基本出发点是以最小的旅游时间和旅游消费比来获取最大的有效信息量和旅游享受。同样的旅游项目，会因旅游线路的结构顺序与节奏的不同而产生不同的效果。在交通合理方便的前提下，同一线路旅游点的游览顺序应由一般的旅游点逐步过渡到吸引力较大的旅游点，这样才能极大地调动旅游者的游览兴趣，促使游程顺利完成。

在旅游线路设计中，必须充分考虑旅游者的心理状况和体能，并结合景观类型组合、排序等，使旅游活动安排做到劳逸结合、有张有弛；遵循体验效果递进原则，把高质量的旅游景点放在后面，使旅游者兴奋度一层一层地上升，在核心景点达到兴奋顶点。一条好的旅游线路，就如同一首和谐优美的"交响乐"，要有"序曲—发展—高潮—尾声"，有时是激昂跌宕的旋律，有时是平缓的过渡，富有节奏感、韵律感。当然，旅游线路的节奏安排还应注意游客的特点，例如，中老年人适合节奏慢、旅途舒适的线路；年轻人更青睐节奏快、富有挑战性和刺激性的旅游线路。

2. 新奇与熟悉相结合

旅游者的旅游动机尽管多种多样，但其共性都是追新猎奇。新奇的事物令人兴奋、愉快、满足。一条旅游线路中，除了包括必要数量的旅游热点景区外，根据旅游线路的主题和市场需求，有针对性地选择一些对于旅游者来说还不是很熟悉的、新奇的旅游冷门景区，往往也会收到出人意料的效果。但在新的环境中，一点熟悉的因素也没有，又需要一个适应和熟悉的过程。新奇和熟悉，既是矛盾的现象，也是平衡的现象。在组合旅游线路时要正确处理，使二者有机结合起来，才能使旅游者在旅游活动中既得到追求新奇的满足，又不产生孤独、陌生及思乡之感。当然，追求新奇应是占主导地位的，也是旅游线路设计的主要依据，在辅助环节中可以穿插一些旅游者熟悉的内容，为旅游者创造一个既有新奇感又有安全感的环境。

（二）不重复原则

在设计旅游线路时，应慎重选择构成旅游线路的各个旅游点，最佳旅游线路应是由一些旅游依托地和尽可能多的、不同性质的旅游点串联而成的环形（或多边形）路线，应避免往返旅途重复。当依托地周围的那些旅游点之间距离较近时，可将它们分作几组安排在同一天游览；若各旅游点与旅游依托地距离在一天行程以上，旅游者便没有必要返回依托地过夜，而是就近住宿，然后前往下一组旅游地，这就形成了环形旅游支线。

事实上，旅游者的游览活动并不仅仅局限于旅游景点，旅途中沿线的景观也是旅游观赏的对象。在游览过程中，如果出现走回头路的情况，就意味着要在同一段线路上重复往返，相同的沿途景观，要再浏览一遍，旅游者会感到乏味，减弱旅游的兴趣。这种重复，对旅游者来说，就是一种时间和金钱上的浪费，是旅游者最不乐于接受的。因此，在旅游线路设计时应尽量避免。

当依托地周围的那些旅游点之间距离较远，而它们都与旅游依托地距离在一天行程之内时，为减少改换住宿地点的麻烦，增加游客的安全感，一般是重返原住宿处过夜，然后再前往其他旅游点，这就形成了放射形旅游支线。采用这种类型的旅游线路的原因在于：一是由于旅游者对中心城市有归属感，觉得中心城市食宿条件比周围景点或小城市好得多；二是周围城市之间没有方便的交通条件，或者虽有交通条件也不及与中心城市的联系方便；三是路程短，可以在一日内游览完并返回。多种因素使游客宁愿走回头路也不愿在周围景点过夜，或是用环线把它们连接起来。目前，这种旅游线路在国内的短途旅游中较为常见。

（三）多样化原则

组成旅游线路的各项内容，如旅游景点、旅游活动项目、餐饮、住宿、交通、服务等的类型很多，完全有条件组合成多种类型的旅游线路以供市场选择。任何一次旅游中交通费用和食宿费用均占相当大的比例，在具体的旅游线路组合时，可以选择不同类型的旅游点和不同等级的宾馆（甚至是租用不同等级的房间），分别组合成不同档次的线路供游客选用，以适应不同经济水平的旅游者的需要。

各旅游景区（点）有等级、功能之分，分别有不同的吸引半径（例如，同属北京，八达岭长城、故宫的吸引半径超出了国界，而龙门涧、十渡等景区的吸引半径主要还是在市内）。因此，要注意旅游线路上旅游景区（点）及活动内容的多样化，如在一个景点参观古代庙宇、佛塔等古迹，在下一个旅游景点则可以品尝一些名扬四海的美味佳肴，再前往下一个景点又可以欣赏风景优美、民风淳朴的宁静小镇等。

总之，在旅游线路设计时，为增加旅游乐趣，要使景点选择尽量富于变化，避免单调重复。以游览观赏为主要内容的旅游线路，切忌安排过于紧张的观赏内容，要避免把轻松愉快的旅行变成一次疲劳的参观活动。

（四）合理搭配原则

旅游线路在时间上是从旅游者接受旅游经营者的服务开始，到圆满完成旅游活动，脱离旅游经营者的服务为止。旅游线路时间安排是否合理，首先，要看旅游线路上的各项活动内容所占的时间和间距是否恰当。其次，要在旅游者有限的旅游时间内，尽量利用快捷的交通工具，缩短单纯的交通运行时间，以争取更多的游览时间，并减轻旅途劳累。由于旅游交通费用往往是主要开支，因此最好能顺便游览旅游目的地附近的景点。当然，如果遇到一些美丽的景观公路，则另当别论。最后，不论是为期一天的短途旅游，还是为期一个月的长途旅游，都要适当留有自由活动时间。同时，还要留出时间，以应对旅途中随时可能发生的意外，如果时间紧张的话，要抓住重点，宁可放弃一些次要的旅游点。在旅游消费过程中，以时间为序的各项空间活动的准时性，也是反映旅游业管理水平的重要标志之一，如交通工具是否准点、从业人员是否准时迎送等，都有可能影响整个旅游体验。

就人体的生物钟规律来说，经过一夜睡眠的充分休息后，上午是人在一天之中精力最为充沛的时候。对于旅游者来说，上午的猎奇、感知欲最旺盛，心理上希望并且实际上能够收集和感知的环境信息量最大。因此，上午的游览最好是安排在沿途及景点景物比较丰富的景区，以满足此时游人想多感知信息的心理需求。如果上午游览景观的丰富度和环境信息量不足，就容易使人产生该条线路的游览内容不够丰富，甚至平淡的感觉。经过上午的参观游览，尤其是中午进餐之后，人体的血液多流入胃肠消化道，而大脑则处于相对缺血的状态，于是出现常言所说"饭饱神虚"的现象。此时旅游者对获取和感知环境信息的欲望大大减退。因此，午饭刚结束之后的沿途及景点上的景观安排，应当相对淡化一些。而午餐一两个小时之后，人的大脑又逐渐兴奋起来，这时的游览内容也应当相应地丰富起来。总之，游览内容的丰富度应尽量与游人一天中对旅游环境感知欲望的强弱相吻合，合理搭配游览景点，恰到好处地为游客提供适量的感知景物对象，以满足其旅游感知需求。

（五）主题突出原则

主题和特色可使旅游线路充满魅力，并具有强大的竞争力和生命力。个性化旅游需求推动旅游走向主题化，主题旅游线路、主题旅行社、主题旅游宾馆度假村、主题旅游项目蓬勃发展。

旅游线路的特色或主题的形成主要依靠将性质或形式有内在联系的旅游点串联起来，并在旅游交通、食宿、服务、娱乐、购物等方面选择与此相适应的形式。就一条观光旅游线路来说，应尽量安排丰富多彩的游览节目，在有限的时间里让游客更多地参观和领略当地最具代表性的风景名胜和民族风情，在组合旅游吸引物时要尽可能将最著名的景点连接起来，这样才能使旅游者在游览后对整体线路有深刻体会。例如"丝绸之路"旅游线路，就是将西安、敦煌、吐鲁番乃至中东、欧洲的与古代丝绸贸易有关的旅游点串联成线，其中包括参观文物古迹、了解民族风情、观赏仿古歌舞（如仿唐乐舞《丝路花雨》等）、品尝历史名菜佳肴、下榻富有地方和民族特色的饭店、骑骆驼或乘坐毛驴车，旅游纪念品则有古碑刻拓片、唐三彩等，以使游客充分体验古代"丝绸之路"的情调。

（六）灵活机动原则

旅游过程牵涉面广，即使做了最充分的准备，意外的情况有时仍难以避免，如遇到不可抗力的灾害而只能改变旅行计划，或由于某些缘故而必须临时变更部分旅行安排等。因此，在旅游线路设计时，日程安排不宜过于紧张，应留有一定回旋余地；执行过程中，也需灵活掌握，允许局部变通。

（七）旅途安全原则

在旅游活动中，保障安全是旅游者最基本的要求。在旅游安全没有保障的情况下，再精彩的游览活动也不能激发旅游者的旅游兴趣。只有那些能确保旅游者人身、财产安全的旅游线路，才能让旅游者放心购买，放心游玩，才是有市场活力的旅游线路。

1. 交通安全

旅游者一旦开始出游，飞机、火车、轮船、汽车是旅游者到达旅游目的地的主要交通工具，安全到达旅游目的地是旅游者对旅游交通最基本的要求。为了确保交通安全，在旅游线路设计时必须选择安全的交通路线，选择有质量保证的交通工具和运输公司。

在实际工作中，到达同一旅游点的交通路线往往有若干条。旅行社在确定具体的交通路线时应以安全为第一原则，在保障安全的基础上再选择经济省时的路线。如雨季的山区常常会有山体崩塌、滑坡的现象，乘汽车沿盘山公路上山的安全性就大大降低，坐索道或景区小型飞机上山虽然会增加成本，但行程的安全性却更有保障。

目前，我国的交通运输业除铁路运输外，航空运输、船运、公路运输等都有多家运输公司经营，市场竞争十分激烈。旅行社在旅游线路中安排旅游者乘坐的交通工具来源也各不相同，有些是旅行社自有资产，有些是旅行社临时租用而来的，这些情况就导致旅游交通工具的质量和交通运输质量良莠不齐。旅行社在面对市场中林林总总的交通运输企业和交通工具时，不能只简单地比较价格，而应该综合考虑，确保安全第一，选择信誉好、有质量保证的交通工具和运输企业。

另外，在旅游线路设计中要注意在旅游线路中尽量不安排夜间交通。一条旅游线路的游览时间总是有限的。一些旅行社为了在有限的时间内安排更多的游览活动，提高经济效益，往往会采取夜间行车，白天游览的模式。表面上看，旅行社提高了旅游效率，但实际上却增加了旅游交通安全的隐患。因为夜间行车，不仅路况差，而且驾驶员受生理规律支配往往感觉比较疲劳，容易发生交通事故。

2. 餐饮安全

在旅行中，游客对用餐环境、食品卫生状况和食品口味都比较注重。卫生、美味、有特色是游客对旅游餐饮的一般要求，其中卫生又是最基本的要求。如果在食品安全方面发生问题往往会造成比较严重的后果，甚至会危及旅游者的生命安全，因此，旅行社在设计旅游线路时应格外重视餐饮安全问题，选择正规的旅游定点饭店。菜品以大众菜为主，一般不安排特色菜，因为有些特色菜原料和加工方法都比较特殊，游客食用后可能会引起身体不适。例如，到海滨城市旅游，住海景宾馆、玩水上项目、吃海鲜大餐是一般旅游者比较向往的事，然而，目前旅行社所组织的海滨旅游线路大多不会安排游客吃海鲜，这主要是出于餐饮安全的考虑。因为海鲜是凉性食品，比较容易引起腹泻等胃肠道疾病，有时并非是食品卫生的原因，客人也会感觉不适。旅行社为了避免这些"麻烦"，所以一般不安排集体吃海鲜的项目。

3. 自由活动安全

旅行社在设计旅游线路时，一般都会安排适当的自由活动时间。所谓自由活动，就是由游客自行安排在旅游目的地的活动，无须导游或旅行社人员陪伴。从理论上说，旅游者在自由活动期间的人身安全、财产安全与旅行社无关，但实际上在旅游过程中旅游者一旦发生安全事故，旅行社也难辞其咎。因此，旅行社在旅游线路中是否安排自由活动，安排多长时间，应以确保安全为出发点。一般来说，在治安状况良好、社会环境稳定的旅游目的地可适当安排自由活动，而在那些社会环境、治安状况较差的旅游目的地最好不要安排自由活动，以免发生意外。

（八）冷热平衡原则

旅游线路设计者要从全局观念出发，做到以热带冷，平衡发展。其实，任何一个旅游区都有一个从冷到热的发展过程，并具有各自特点和资源优势。设计和开发旅游线路就是要不断发掘新的资源特点和吸引力。首先，必须调查哪些景点资源是相互补充的，哪些景点资源是相互制约的，以便在设计时充分利用和发挥资源特色，克服制约作用，增强互补作用；其次，应当知道，区域内某些景点，尽管目前还可能处于"温"或"冷"状态，但其资源特点往往与"热"景点是互补的，有利于增强主题思想；最后，旅游线路开发设计要独具慧眼，大胆创新，另辟蹊径，破除老路线、老面孔的从众思想，不断开拓新景点、新路线，尽快使"冷"点通过扶植而"热"起来，从而带动整个区域旅游的平衡发展。这既能提高游客的"旅游性价比"，又能促进旅游区的扩散和持续发展。

（九）时效优先原则

旅游活动的效果或旅游者的旅游体验受自然景观、客观因素影响明显，如何使旅游者的旅游活动与旅游地优美的自然景观、良好的客观环境完美结合，体现时效优先原则，是旅游线路设计者需要考虑的问题。体现时效优先原则要展现最美的旅游景观，针对不同的季节推出不同的旅游线路，紧扣社会热点推出适应性旅游线路。

1. 展现最美的旅游景观

当旅游者选择一条旅游线路，选定一个旅游目的地进行旅游活动的时候，其心愿是要看到旅游目的地最美的季节和最动人的景观。要想满足旅游者的这种心愿，在设计旅游线路的时候就要尽量注意旅游景观的时效性。

第一，根据自然景观的季节性变化设计路线。自然景观作为旅游活动的客体，具有季节性变化的特征。一些自然景观受季节变化影响，一年四季呈现不同的景象。某些特定的自然景观只有在特定的季节或特定的时间才能看到，如香山红叶只能在深秋时分观赏，著名的吉林雾凇只有在隆冬时节才会出现等。旅行社在设计旅游线路时应该熟悉各个旅游地自然景观的季节变化特点，推出相应的旅游路线。

第二，围绕民间节庆活动设计路线。在世界各地，各种类型的民间节庆活动比比皆是。这些民间节庆活动以丰富的内容、奇特的形式吸引着各地的旅游者。特别是一些世界知名的节庆活动，如巴西的狂欢节、德国的啤酒节、我国傣族的泼水节等，对旅游者有着极大的吸引力。然而，节庆活动并非天天都有，只有在特定的时段才会举行。旅行社要完成对民间节庆旅游线路的设计，需要对民间节庆信息有准确的了解。

第三，根据旅游地的气候环境设计旅游路线。旅游活动是一种以户外为主进行的活动，气候环境是否舒适在很大程度上会影响游客的旅游体验或旅游满意程度。研究表明，一般来说，气温为 18℃ ~ 23℃，相对湿度为 65% ~ 85%，空气比较洁净、透明，日照中含有一定的紫外线，每立方厘米空气中含有负氧离子 1000 ~ 1500 个，气压为 100 千帕上下，风速 2 米每秒左右，旅游者会感到比较舒适。如 4 ~ 9 月，印度酷热难当，自然不是旅游的最佳季节；9 月至翌年 3 月，是尼泊尔旅游的最佳时光；柬埔寨的雨季来临的时候，游客恐怕不会感到舒服。在不适合旅游的季节进行旅游，所带来的不便往往会使人感到遗憾。旅行社在设计旅游线路时，不能只单纯地考虑旅游地的景观状况，而忽视气候环境的舒适状况，要将旅游时间与旅游目的地最美的季节和气候环境协调一致，努力使旅游者欣赏到旅游目的地最好的景观，使旅游者的旅游体验达到最优，旅游满意度达到最高。

2. 针对不同的季节推出不同的旅游线路

旅游线路的时效性不仅体现在表现旅游目的地最美的环境上，还表现为该旅游目的地旅游路线适合人们出游的季节。对我国旅游者来说，由于我国还没有普遍推行带薪休假制度，所以旅游者出游时间主要还是集中在法定节假日，即通常所说的"黄金周"。然而，虽然同为"黄金周"，人们的旅游消费特点却有很大的不同。旅行社在设计旅游线路时，应考虑旅游线路的投放时段与人们出游的特点是否相符，针对旅游者不同旅游季节的消费特点推出适时的线路。

3. 紧扣社会热点推出适应性旅游线路

时效原则的另一项意义，体现在对社会信息的及时采集与即刻推出适应性的产品上。在迅速把握机会、果断决策、抢占先机方面，产品的主动性充分体现，会使产品声名远播，赢得良好的市场信誉。旅行社紧扣社会热点适时推出相应旅游线路，如奥运会游北京，世博会游上海，电影《非诚勿扰》热映后游三亚，《泰囧》热播后游泰国等，不仅受到旅游者的欢迎，也能给旅行社带来良好的经济效益和社会声誉。

第三节　旅游线路中的不同要素设计

一、旅游线路中的餐饮设计

（一）旅游餐饮与旅游线路的关系

旅游餐饮是指在旅游活动中满足旅游者需求的餐饮服务。旅游不仅是精神享受，也是物质享受，在旅游构成的六大要素中，"食"是旅游者最基本的需求之一。旅游餐饮伴随着旅游活动出现，是餐饮业与旅游业相结合的产物。一个旅游线路产品能否有很高的市场占有率，能否为旅游经营者带来可观的经济收入，餐饮是一个关键问题。旅游餐饮在旅游线路中发挥着重要的作用。

1. 旅游餐饮是旅游线路设计中的基础环节

旅游餐饮是旅游活动的物质基础，是旅游线路设计中不可缺少的基础环节，对旅游线路的设计和开发有着重要影响。一方面，餐饮是保持人们体力，保障旅游活动顺利开展的前提条件；另一方面，品尝到可口的美食有利于人们带着愉悦的心情进行旅游活动，尤其是在以品味美食为主的旅游线路设计中，旅游餐饮的作用尤为重要，只有把旅游餐饮设计好，才能使旅游者满意。

2. 旅游餐饮对旅游线路选择的影响

在很多旅游线路开发中，旅游餐饮已经不只是一种美食，更是一种文化、一种民族风情，品尝各地的特色食物和风味小吃已经成为观光之余吸引旅游者的重要因素。旅游餐饮对旅游者选择旅游线路有很大的影响。富有地方特色的旅游餐饮体现出来的饮食文化，不仅丰富了游客的旅游体验，提高了游客的游览质量，更为旅游线路增加了亮点，丰富了旅游线路的内容，提升了旅游线路的知名度。

3. 旅游餐饮是旅游线路的重要组成部分

旅游餐饮不仅可以满足旅游者在饮食方面的基本生理需求，更重要的是可以成为旅游者旅游经历的组成部分，满足旅游者的好奇心和求异心理。以民族、民俗、土特产、原生态为特点的特色餐饮，带有较深的地方烙印，一般成本较低，但附加值高，可与购物等联动，拥有巨大的市场，如篝火晚餐、滨海大排档、野外烧烤、民族家庭餐等。在设计旅游线路时，应遵循经济实惠、环境幽雅、交通便利、物美价廉、有特色等原则合理安排旅游餐饮，注意安排体现地方和民族特色的风味餐。

（二）旅游餐饮选择的原则

在进行旅游线路的设计时，如何选择旅游餐饮，对旅游活动有很大的影响，在进行旅游餐饮选择的时候要以客人为重点，体现市场营销目标，应遵循以下原则：

第一，应体现旅游线路的特色。旅游线路设计中的餐饮选择要以反映本旅游线路的特色为基础，能够更好地为旅游线路服务。比如，以农家乐为主的旅游线路的餐饮选择，最好是体现与"农"相适应的特点，以本地的土特产和具有本地特色的餐饮为主；又比如，到西安的旅游线路，它的餐饮选择就要顾及西安丰富的小吃文化。

第二，旅游餐饮的选择要适当，符合旅游者的需求。在进行旅游线路设计的时候，餐饮选择要符合旅游者的需求。一方面，要符合旅游者的消费水平，针对旅游者的消费水平提供相应档次的餐饮，不能盲目地选择餐饮，以免影响整条线路的销售；另一方面，在进行餐饮选择的时候，要根据旅游者的要求选择餐饮，特别是以体验美食为目的的旅游活动，餐饮的选择一定要与旅游者进行协商，满足旅游者的需求。

第三，要符合旅游经营者的利益。旅游线路设计中的餐饮选择要符合旅游经营者的利益，不管如何选择餐饮，旅游经营者都会从中获得一定的收益，这样才能补偿旅游经营者的劳动耗费。

第四，要注意灵活的原则。一条旅游线路确定后，餐饮选择并不是一成不变的，要根据具体的情况加以区分。有时候旅游者要求改变，可以在适当的情况下予以满足；有时候由于一些突发情况，比如食物不卫生、旅游线路变更等，餐饮选择也要发生改变。

（三）旅游餐饮选择的主要依据

旅游餐饮的选择是一项复杂细致的工作，其主要依据有：

1. 目标市场的旅游者需求

在进行餐饮选择的时候，必须以旅游者的需求为首要依据。要选择好旅游餐饮，必须要对旅游者有一定的了解，了解其所属阶层、旅游目的、消费水平、职业特点、年龄结构、风俗习惯、饮食嗜好等特点及其对用餐环境、菜肴品种、产品价格的具体要求。只有对目标市场的旅游者进行深入细致的调查，才能正确选择旅游餐饮。一般而言，目标市场旅游者的需求主要表现在以下方面：一是客源档次。档次越高对餐饮的要求越高。二是旅游者组织形式。散客、团体对餐饮的要求也不一样，一般团体要求的是量，而散客要求的是质。三是旅游的目的。旅游的目的是以品味美食为主还是以其他方面为主，对餐饮的要求也不一样。四是年龄。一般年轻人喜欢高热量食品，老年旅游者喜欢清淡的食物。五是旅游者的饮食习惯。六是支付能力。

2. 旅游目的地的餐饮状况

旅游线路中餐饮的选择还要符合旅游目的地的状况。一是要符合当地的条件；二是要符合当地的风俗民情。选择饮食的时候不能与当地的习俗相悖，以免产生纠纷。所以在进行旅游线路设计的时候一定要考虑到当地的饮食习惯，并使游客了解情况，以免产生不必要的纠纷。

3. 不同选择的盈利能力

旅游线路设计中对餐饮的不同选择最终目的是更好地销售旅游线路，扩大旅游企业的利润。各种选择的盈利能力是不一样的，企业在满足旅游者需求的基础上，一般会选择一条最能盈利的旅游线路。

二、旅游线路中的住宿设计

旅游住宿是指为旅游者提供住宿、餐饮及多种综合服务的行业，是组成旅游业的基础行业，亦称旅馆业。在旅游业的"食、住、行、游、购、娱"六大要素中，旅游住宿是一个十分重要的环节，与旅行社、旅游交通并称为旅游业的三大支柱。

在我国，旅游住宿企业主要是指星级饭店、涉外饭店、普通旅馆、青年旅馆、汽车旅馆、野营帐篷和民宿等各种档次和类型的经营接待旅客并为旅客提供住宿、饮食的场所。专供出租给公司办公的写字楼、公寓楼和一些机构所建的培训中心，也属于商业性质的旅游住宿设施。它们的共同点是必须具备能为旅游者提供住宿这一最基本功能，否则就不能称其为旅游住宿服务部门。

由于旅游者的需求不同，旅游线路中的住宿选择也是不一样的。要在一定的原则和标准下进行选择，从而满足每个旅游者的需求。

（一）旅游住宿的选择原则

在进行旅游住宿选择的时候要遵循以下原则：

一是旅游者满意原则。这是最重要的原则，在选择住宿的时候，要以旅游者的需求为前提条件，根据旅游者的消费水平、职业、年龄、性别等特点，选择符合旅游者要求的住宿条件。在进行住宿选择时要与团队负责人商议，作出令旅游者满意的选择。这样可以使旅游者感觉自己的利益得到满足，能够提高旅游者的满意度。

二是满足旅游线路整体需要原则。在进行旅游线路的设计时，住宿的选择要以整体的旅游线路为主体，不能与旅游线路的整体相悖。旅游活动是以游客为中心的，旅游住宿要与游览的景点具有一致性，不能离景点太远，否则就会浪费很多时间在路上，引起旅游者的不满。

三是灵活多变原则。旅游住宿的选择不是一成不变的，要根据不同情况来选择住宿条件。一方面，在同一条旅游线路中，应根据旅游者不同的消费水平、性别等特征，选择不同的住宿条件。另一方面，对选定的住宿也要根据情况的改变进行相应的调整。旅游过程中的情况是灵活多变的，如发生游客对原来的住宿条件不满意或者因突发事件导致原来的旅游饭店不能入住等情况，住宿选择往往要进行一定的改变。

（二）旅游住宿的选择分类

不同的旅游者，其消费观念和消费水平是不一样的，反映在旅游住宿的选择上也是如此。尤其是消费能力有限的旅游者，对他们来说，高星级酒店开销太大，低星级酒店住宿环境不太好，最佳的落脚点就是经济型连锁旅店了，而且此类旅店连锁经营，找起来比较方便。旅游者在旅游目的地期间的住宿，可选择的类型主要有不同档次的旅店、民宿（当地的农家/牧家/渔家等）、户外野营住宿地（帐篷、吊床、树屋、船屋、小木屋）等。旅游者的旅游动机和目的直接影响着对旅游线路类型的选择，而选择同一类型线路的旅游者在对旅游住宿的需求上存在共性，这些共性既为旅游线路设计中的旅游住宿选择提供了重要的依据，也为旅游住宿企业经营者提供了相关开发和经营方面的参考。

1. 观光型旅游线路

观光旅游主要指到异国他乡游览自然山水、名胜古迹，领略当地风土人情等旅游，是世界上最古老、最常见、最基本的旅游类型，也是我国旅游接待中最主要的旅游类型。

普通观光型旅游者喜欢到知名度高的地方旅游，自然也会选择当地的旅游住宿设施。观光旅游者不断流动，在一个旅游地逗留时间不长，一般在同一旅游住宿企业住宿的天数不会超过 3 天，而且重复观光旅游者少。他们在旅游地消费量不大，对旅游住宿的价格比较敏感。

2. 商务型旅游线路

商务型旅游也称差旅型旅游，此类旅游者以公务、商务旅行为主要目的，并在完成公务和商务活动的同时进行观光游览，对旅游目的地和出行的时间几乎没有选择余地。他们往往会选择住高档的酒店，且所需费用都由所在单位或公司支付，一般对酒店的价格不大敏感。虽然商务旅游者的人数相对较少，但出行次数较为频繁，消费水平较高，有时会选择同一家酒店，对旅游住宿企业的忠诚度较高。

商务旅游者的活动安排有较强的计划性，他们既要求酒店的地理位置和交通条件好，国际直拨电话、互联网、传真、会议室、产品展销厅、各类餐厅、宴会厅、商务套房等商务活动所需设备设施先进而齐全，又要求酒吧、桑拿浴室、康乐中心等娱乐健身设施完备，并要求酒店能提供高质量的服务，如为商务旅游者开辟专门楼层、提供快速住离店服务等，比较强调方便和舒适。

随着职业妇女人数的增加，商务旅游者中女性的比例越来越大，相对男性来说，她们会更加注重酒店的卫生条件和安全状况。

3. 会议型旅游线路

会议型旅游是指会议接待者利用召开会议的机会，组织与会者参加的旅游活动。参加会议的人员比一般旅游者的消费水平高，逗留的时间比一般旅游者也要长得多。会议的计划性较强，大多不受气候和旅游季节的影响，且多选在旅游淡季举行。

接待会议型旅游的酒店，必须具备现代化的会议设施，比如先进的通信、视听设备等，接待国际会议的酒店应具备同声传译设备及装置等。酒店的地理位置要优越，交通方便快捷，并配备不同档次的住宿和娱乐设施。承办会议的酒店要有一批熟悉国际会议惯例且善于组织国际会议的专门人才，并能提供高水平的服务。

4. 度假保健型旅游线路

度假保健型旅游主要是指为避寒避暑、寻求幽静的生活环境、治疗某些慢性疾病而外出的旅游。此类旅游者喜欢去自然环境好、空气质量高的地方，即阳光充足、气候宜人、空气清新、水质好、远离噪声，或有海滨、森林、温泉、湖泊的地方，因此所选择的酒店，大多也是建在上述地区。

此类旅游者在同一地点逗留时间较长，旅游住宿水平有两个极端：纯粹以度假为目的的旅游住宿水平高；以保健为目的的旅游住宿水平较低，因为他们之中有相当一部分是经济型旅游者。总体来看，度假保健型旅游者以中高档消费水平的中老年人居多，而且多以家庭为单位出游。因此，要求酒店必须针对老年、家庭型旅游者的特点，营造温馨、和谐的氛围。

5. 娱乐消遣型旅游线路

娱乐消遣型旅游者出游的目的主要是为了改换环境，调剂生活，以娱乐消遣求得精神松弛，在娱乐中恢复身心健康。旅游者要求活动的参与性较强，如遇天气变化、不安全因素，或产品质量、价格等出现问题时，会临时改变计划，取消旅游或改去其他酒店住宿，不确定性很大。他们一般住宿时间较长，少则 1~2 天，多则 4~5 天或更长，且多是自费，因此对旅游住宿的价格比较敏感，要求物有所值。

6. 生态/自助型旅游线路

生态/自助型旅游是国际旅游市场新兴的一种旅游形式，强调观光旅游、自然与文化保护相结合。此类旅游者往往对都市景点不感兴趣，喜爱户外活动，热衷原始自然风光，关心自己的生活环境，生活品位高，求知欲、猎奇性强，往往富有冒险精神。绿色饭店、青年旅舍、乡间民宿等，能很好地满足此类旅游者住宿的需求。

三、旅游线路中的景区设计

（一）旅游景区与旅游线路设计的关系

旅游景区的基础是当地旅游资源，一般而言，旅游景区展现了本地旅游资源的精华。人们之所以去某地旅游，往往是因为旅游资源的吸引，而交通和食宿一般是派生性需求，所以一般来说旅游景区是旅游活动的中心。在旅游线路设计中，要充分了解旅游景区的中心地位，努力做好旅游景区的选择。旅游景区与旅游线路设计的关系如下：

1. 旅游景区是旅游线路设计的主体

旅游景区在旅游线路设计中的作用很大。一方面，在进行旅游线路的设计时，首先要考虑旅游景区，一条旅游线路中不能没有旅游景区，旅游景区是旅游线路的先决条件；另一方面，旅游线路的设计离不开旅游景区，一条成功的旅游线路肯定要有具有吸引力的旅游景区，旅游景区的位置、特色等都是旅游线路设计要考虑的问题。

2. 旅游景区对旅游线路设计有限制作用

旅游景区的基础是旅游资源，旅游资源决定了一个地区旅游景区的特殊性，这就要求一条旅游线路的选景必须在本地旅游景区的范围之内，而不能脱离本地的旅游景区。比如在陕西旅游线路上，能够选择的是秦始皇兵马俑等景区，不可能设计出海滩景区等。

（二）旅游线路设计中的旅游景区选择

1. 旅游景区选择的基本原则

人们外出旅游，大多希望游览更多的景区，感知更丰富的信息，获得更大的收益，但又不能太过紧张疲劳。因此，应根据旅游者旅游消费效用最大化原则，在旅游线路设计中科学合理地安排旅游景区。总体来看，旅游线路对旅游景区的选择，主要应遵循下列原则：

第一，展现旅游线路上各景区的特色。一条旅游线路上串联着若干个景区，各个景区尤其是自然风景区因自身的构景特征不同而各有其最佳观赏时间。一般来说，以水景为主的景区宜安排在清晨游览，此时风平浪静，水面如镜，岸边景物，倒映水中，宁静而秀丽。若恰值冬季，清晨的水面还会出现水汽蒸发的现象，薄雾之中，景色缥缈，别具风韵。以观赏植物为主的景点，则以下午游览为佳，午后风起，花瓣纷飞，清香飘远。以山体为主的景点，一般则是傍晚游览比较好，黄昏夕阳映照，勾勒出山峰起伏连绵的形态，在余晖散射的云天映衬下，更加显现出山体的雄浑气势。当然，至于具体到每个景区在何时游览效果最佳的问题，则需根据具体情况作具体安排。在旅游线路设计时，旅游者对旅游景区的观赏时间，应尽量安排在景区呈现其最佳景色的时候。

第二，发挥旅游线路上各景区的功能。一条旅游线路上的若干旅游景区各有其不同的旅游功能，而各旅游景区的旅游功能又有其不同的最佳发挥时间。例如，江河湖海等天然水体浴场的主要旅游功能是让旅游者游泳，而发挥天然浴场游泳功能的最佳时间是在午后水温升高之后，因此，如果旅游线路上有天然浴场之类的景点，在设计线路时，应当尽量将旅游者游览该景点的时间安排在下午。登山攀岩类活动，由于运动量大，游客自身产热耗能多，这类活动最好安排在上午进行，因为经过一夜的休息，人在上午的体力比较好。此外，上午比较凉爽，如果是在下午，气温升高，加上大运动量，会使游客感觉太热、不舒服，严重的甚至会出现中暑等情况。

第三，节省途中时间，避免走回头路。旅游者的游览活动其实并不仅限于景区中，旅途中沿线的景观也是观赏的对象。在游览过程中，如果出现走回头路，就意味着游客要在同一段游路上重复往返，沿途相同的景观，游人要再看一遍。因此，将旅游景区串联成环行旅游线路，既可以满足游人希望尽可能多地感知异国他乡信息的心理需求，又可以节省旅途时间。

第四，利于景区内旅游购物活动的实现。购物活动是旅游过程中的一个重要环节，不仅能给旅游地带来丰厚的经济收益，还能让旅游者外出旅游获得心理上全面的满足；而且，当地的旅游纪念品被游客带回其常住地后，又能成为旅游地"无声的义务宣传员"。所以，在设计旅游线路时，对旅游景区的购物活动应予以充分的关注，将旅游商品最丰富、购物环境最理想的景区，尽量安排在旅游线路串联景点的最后，因为在旅游活动即将结束、准备返家之前，游客的购物欲往往是最强烈的。

第五，景区游览节奏应动静结合。游览不同的旅游景区，需要旅游者付出的体力不同。有些景区游客主要通过乘船、坐缆车或坐下来观看表演等方式游览，旅游者本身处于相对静止的状态；而有些景区，游览要完全靠旅游者步行或参与其中，如划船、登山、滑雪、参与民族舞蹈等，在此类景区游览，旅游者自身基本上处于"动"的状态，所需付出的体能消耗较大。因此，在进行旅游线路设计时，应尽量使上述两类景区交错安排，以便旅游者劳逸结合，获得更好的游览效果。

第六，景区游览顺序总体上应趋向"越来越好"。一条旅游线路上的各旅游景区，在风格、质量、品位等方面多少都会有一些差别。如果旅游线路设计时把质量、品位高的景区安排在前，相对较差的景区安排在后，那么，游客在游览时，虽然获得的第一印象颇好，但在随后的旅游过程中因前面有高质量的景区做参照，发觉后面游览的景区不如最初的景区，就会产生一种得不偿失的"失望感"，进而会否定整条旅游线路。相反，若是将最好的旅游景区放在后面，游客在游览过程中，随着时间、体力和金钱的不断付出，能看到一个比一个更好的景区，自然会认为该线路是一条内容丰富多彩的高质量旅游线路。

2. 旅游景区选择的内容

在旅游线路设计中，要根据市场的调查，选择适合的旅游景区，选择的内容主要有以下几点：

（1）旅游景区类型的选择。旅游景区的类型是旅游线路设计考虑的首要因素，分为游览观光型、增长知识型、医疗疗养型等。即使是同类型的旅游景区也有很多次级类型，比如观光型旅游景区就有动物观光、植物观光、天气观光、山水观光等很多类型。所以，在旅游线路中了解旅游景区的类型是满足消费者需要的首要条件。

（2）旅游景区级别的选择。在设计旅游线路时要考虑到景区级别的选择，也就是对冷点、温点、热点的选择。在一个旅游区域，一定的时间内，需求度很高的旅游景区不一定足够多，因此，在满意度可以接受的情况下，旅行社可以在旅游线路中安排一些需求度相对低一点的景区，即温点和冷点。它的目的有二：一是可以依靠冷点地区的低价格来降低成本；二是可以缩短两个景区之间的交通距离，使旅游线路更加丰富。

（3）旅游景区数量的选择。旅游景区数量合理是旅游线路设计的一个要求，在选择旅游景区数量时，要考虑顾客群的时间，如果过多地安排旅游景区，容易使游客产生紧张疲劳的感觉，达不到休息娱乐的目的，而且也难以让旅游者深入细致地了解旅游景区。因此，在旅游线路设计中对旅游景区数量的选择要考虑到旅游者旅游的时间长度、景点间的距离以及交通状况等因素。

（4）旅游景区的相似性和差异性选择。旅游线路中的旅游景区是相似还是有差异，对旅游者的心理有很大影响，会影响旅游者的满意度。一般而言，旅游景区要具有一定的差异性，才能满足旅游者的各种需求。

（5）旅游景区之间距离的选择。旅游景区之间的距离也是旅游线路设计要考虑的因素，主要是要求景点之间的距离不要过大，把交通时间控制在整个旅程时间的 1/3 之内。

（6）旅游景区顺序的选择。在旅游景区顺序的选择上，旅游线路要做好安排，可以按照旅游者的心理排序，如按照渐入佳境的顺序，使旅游者心理得到满足；也可以按照时间顺序排序，比如在游览历史遗迹的时候，可以按照历史的发展来选景；也可以按照地点与路线远近的顺序安排，这种排序可以减少成本和时间的浪费。

四、旅游线路中的交通设计

旅游交通是指为旅游者由客源地到目的地的往返以及在旅游目的地各处活动而提供的交通设施和服务的总和，是为旅游者提供旅行游览所需交通运输服务而产生的一系列社会经济活动与现象的总称，是发展旅游业的先决条件之一。只有发达的旅游交通业，才能使旅游者顺利、愉快地完成旅游活动。

（一）旅游交通与旅游线路的关系

旅游与交通的关系密不可分。一方面，交通为旅游的发展提供了必要条件；另一方面，旅游对交通的发展起到了很大的促进作用。汽车、飞机等现代交通工具的问世，极大地缩短了人们用于空间转移的时间，为远程旅游的发展提供了新的便利条件。第二次世界大战后，国际旅游的迅速发展同民用航空的普及密不可分。可以说，现代旅游之所以会有今天的规模，活动范围扩展到世界各地，一个重要原因就是现代交通的发展。而在一些旅游资源相当丰富的地区，交通不畅已成为制约旅游线路乃至地区旅游业发展的"瓶颈"。

我国的旅游交通虽然不是一个完全独立的行业，但在整个交通运输业中，既有其特殊性，又具有相对的独立性。

1. 旅游交通的层次性

从运送游客的空间尺度及人们的旅游过程来看，旅游交通可分为三个层次。第一个层次是外部交通，指从旅游客源地到旅游目的地所依托的中心城市之间的交通方式和等级，其空间尺度是跨国或跨省份，交通方式主要是航空、铁路和高速公路；第二个层次涉及中小尺度的空间，指从旅游中心城市到旅游景区（点）之间的交通方式和等级，交通方式主要是铁路、公路和水路交通；第三个层次是景区（点）的内部交通，主要是徒步或特种旅游交通，如索道、游船、畜力（骑马、骑骆驼）、滑竿等。

2. 旅游交通的游览性

游览性是旅游交通区别于普通交通的最明显特征，无论是在交通线路设计，还是在交通设施方面都有所体现。

第一，从旅游交通线路的设计来看，旅游交通一般只在旅游出发地和目的地之间进行直达运输，或在若干旅游目的地之间进行最小重复的环状运输，使游客在最短时间内到达旅游目的地，且尽量不走回头路，做到"旅短游长""旅速游慢"，使一次旅游能到达尽量多的旅游景点。

第二，在旅游交通设施方面，旅游交通工具如随处可见的旅游大巴，大多装饰豪华，车窗宽大而明亮，座椅舒适可调节，以便游客在乘坐时观赏沿途风光。

第三，旅游交通工具各具特色，如最高时速达 430 千米的上海磁悬浮列车以及古老的牛车、马车和极具地方风情的竹筏、滑竿等，对旅游者均有极大的吸引力。

3. 旅游交通的舒适性

旅游交通较一般的交通更注重提高人们乘坐的舒适性，特别是体现在一些国际旅游专列和巨型远洋邮轮的豪华设施设备上。旅游专列在时间安排、车厢设施、服务质量和项目、乘客定员等方面都优于一般的旅客列车，例如，欧洲的"东方快车"就是比较好的旅游火车，其一等车厢相当于酒店的商务间，里面自带一个小餐厅，有淋浴设施，方便、舒服；二等车厢相当于酒店的标准间，也带有卫生间。

4. 旅游交通的季节性

旅游活动受季节、天气及人们闲暇时间的影响，表现出很强的季节性，有淡季、旺季之分；反映在旅游交通上也是如此，节假日期间，旅游交通的客运量会急剧增加。我国的旅游旺季一般在春、秋季，这些时节天气温和，适合外出旅游，旅游交通也因此显得十分繁忙，特别是每年的"黄金周"期间，旅游交通呈现全面紧张的态势。游客人数的变动必然导致旅游交通在旅游旺季运力紧张，旅游淡季运力过剩。为了使游客人数和旅游交通的运力相匹配，旅游交通运输部门往往利用票价浮动的杠杆来进行调节，如民航部门在旅游淡季对机票进行打折，以免造成运力的浪费；铁路、公路和水运部门有时会在旅游旺季提高票价调节客流等。因此，可以说季节差价是保持旅游交通客运量相对稳定的措施之一。

（二）旅游交通的不同方式及特点

旅游交通按其路线和运载工具的不同，可分为航空、铁路、公路、水路和特种旅游交通等类型，不同的交通运输方式各有其特点和优势，适用范围也不一样。

1. 航空旅游交通

航空旅游交通方式在现代旅游业特别是长距离的国际、国内旅游中处于绝对垄断地位。作为一种现代化的交通运输工具，航空旅游交通的优势在于航线直，两地之间线路最短，可以跨越地面上的各种自然障碍，具有快捷、舒适、安全、灵活等优势；飞行班次可根据旅游淡、旺季的实际需要进行调整，是远距离旅行的理想交通方式。目前世界各国普遍使用的波音、空中客车等公司制造的中远程飞机，时速都在 900 千米左右，大大缩短了旅途时间，尤其能满足旅游者"惜时如金"的心理需求。例如，北京到广州的铁路里程约为 2300 千米，乘坐特快列车最少要 7.5 小时，乘坐飞机则只需 3 个多小时。

随着人们生活水平的不断提高，对旅游舒适程度的要求也日益提高，航空运输正以其特有的优越性越来越受到旅游者的青睐。但是航空交通也有自身的劣势，如票价高（因飞机造价昂贵、购置费用高、运输能耗大、运量相对小、成本高等），空港占地面积大，用地条件高，飞机起落噪声污染严重，机场要建在远离市中心的地区，航空运输受最小飞行距离的限制（空中直接距离 200 千米定为开办航线的最小经济半径）和天气条件的限制，只适合远距离、点对点之间运送游客，不适合近距离和片状旅游之用等，因此，它必须和其他交通工具相互配合，取长补短，共同完成旅游交通服务。

商务旅游、度假旅游的兴起，对民航提出了更高、更新的要求，旅游包机——对以旅游目的地为终点的游客进行运送作为主要业务的方式应运而生。很多国家的旅游经营商在组织国际旅游时，大都利用旅游包机作为主要旅游交通方式。在欧美一些国家中，规模较大的旅游经营商大都拥有自己的包机公司或者同经营包机业务的航空公司有密切的合作关系。在我国，许多景点或城市之间也都有旅游包机服务，由旅行社组织的境内旅游包机更是数不胜数，已成为"黄金周"期间一种不可缺少的主要旅游交通方式。

2. 铁路旅游交通

铁路旅游交通是以铁道为交通线、旅客列车为交通工具的现代化交通运输方式。铁路交通的优势在于客运量大、费用低、速度快、安全舒适、准时及受季节、气候等自然条件的制约性小，但也具有工程造价高、修筑工期长、受地区经济和地理条件限制、灵活性差等不足之处。

铁路交通长期以来在我国国内运输业中一直占据重要地位，在中长距离的旅游交通中发挥着骨干作用。近年来，随着铁路的提速、铁路旅游产品结构的调整以及大众化旅游的发展，铁路旅游交通的市场竞争力明显增强。旅游专列是近年在我国出现的一种新的大众化旅游方式，它是由铁路局（集团）或铁路分局（总公司）与一家或几家旅行社共同策划开发的往返于各大中城市间以及大中城市和著名旅游景区间的旅客列车。

旅游专列有中长途，也有短途，它"有流就开，无流停运"，比一般的旅客列车更具灵活性，而且各旅游景点、城市的到发时刻和停留时间对游客来说都比较方便，服务水平相对较高，例如北京—西安—乌鲁木齐—阿拉山口的"丝绸之路东方快车"，北京—长春—桃山—哈尔滨的"冰雪专列"，广州—深圳—珠海—香港—澳门—桂林—韶山的火车专列等。旅游者以列车为家，一路乘车一路游，"旅"中有"游"，"旅""游"结合，别有情趣。特别是在节假日到热点风景区旅游，来回车票难买，住宿也难保障，如何使得旅游"省心、省钱、省时间"，跟着假日旅游列车出游，上述问题可迎刃而解。

3. 公路旅游交通

公路旅游交通以汽车为主要交通工具，以公路为交通线，以汽车站场为停靠站，主要从事中短途旅游客运，在常规旅游交通方式中使用比重最高。公路旅游交通的优势是方便、灵活、节约时间、便于游览等。汽车能随时停靠，车辆种类多、规格全，营运灵活，可以深入到旅游点内部。公路网里程长，密度大，四通八达，在旅游过程中，可以随时安排调整旅游行程的目的地，其通达深度、广度和覆盖面是其他旅游交通方式无法替代的。同时在公路交通的开发中，人们已经开始有意识、有组织地规划设计风景道路，逐步将交通、景观、遗产保护和游憩等功能进行有机结合，强化和突出景观欣赏特征和旅游功能，以增强公路旅游的吸引力。公路旅游交通的不利方面是运载量小、速度不如火车、运费较高、受气候变化影响较大、安全性能相对较差、排出的尾气对大气有污染等，因此，其比较适用于短途交通，而且是最普遍、最重要的短途旅游运输方式。

近年来，高速公路发展很快，一般高速公路的设计时速为120千米，平均营运速度为90千米每小时。高速公路采用全封闭、全立交，驾驶员经过严格训练和考核，为保障旅游者人身安全提供了很好的条件。由于汽车制造技术的提高，旅游汽车外形更加美观，动力、设备和装备也都更先进，内部装饰也更加豪华，除一般空调设备外，还安装了航空座椅，在车厢内装备闭路电视，甚至还有立体声音响、电热炊具、卫生间等设施。同时，旅客乘车手续简便、候车时间短，节省了大量的时间，因此公路旅游交通具备了在一定范围内与铁路、民航客运竞争的条件。在一些经济发达国家，汽车已经成为个人或家庭拥有的普通交通工具，旅游者可完全按照自己的需求，自由选择出游时间和游览线路。为促进汽车旅游的发展，汽车旅馆、汽车俱乐部、汽车营地等设施应运而生，极大地激发了家庭旅游活动的开展。

4. 水路旅游交通

目前，许多国家水路旅客运输正在不同程度地由单纯的客运走向与旅游业相结合，即向旅游船业发展。水路旅游交通包括内河航运、沿海航运和远洋航运，是各种交通运输方式中发展历史最悠久的一种。水路旅游交通具有运载力大（如美国密西西比河相当于11条同样长度铁路的运输能力；大型邮轮一次可以运载数百名乃至上千名旅客，远远超过飞机的运载量）、经济、舒适、安全等优点，适宜在旅途中观赏山水风光。但水路旅游交通也有其不利的一面，如行驶速度慢，受季节、气候和水情等影响，准时性、连续性和灵活性相对较差，因此，与其他交通运输方式的发展相比，水运受到很大挑战。当然，现代水路交通为了提高速度，使用气垫船，大大提高了竞争力。

现代邮轮被誉为"流动的旅馆"，在很大程度上已超越了传统意义上单一的客运功能，发展成为集运输、食宿、游览、娱乐、购物等多功能于一体的豪华旅游项目。一般在邮轮旅行的过程中，白天上岸观光，晚上启航，在游客休息的时间，邮轮就完成了地点的变换，同时航行的过程也是享受邮轮娱乐设施的过程，所以相对其他旅行方式而言，邮轮的时间成本优势巨大。传统的旅行方式由交通、酒店、地接服务等多种服务内容和单位组合而成，服务品质参差不齐。而邮轮是一站式服务，一条邮轮涵盖了整个旅行过程中的方方面面，同时邮轮业界和酒店业一样有完善成熟的星级评定系统，服务品质可控。邮轮一般都有非常丰富的娱乐活动，影剧院、卡拉 OK 厅、酒吧、商店、游泳池、餐厅、篮球场、阅览室等娱乐休闲设备齐全。

5. 特种旅游交通

特种旅游交通包括索道、缆车、轿子、滑竿、马、牦牛、骆驼、竹筏等交通方式，多用于风景区内，具有浓郁的地方特色。其优点是便于游客通过一些难行路段，有些还带有娱乐、参与、观赏性质，本身就是一大游览项目，在风景区内的交通中占有一定的地位，可以招徕游客，提高旅游价值。不足之处是某些特种旅游交通，如索道、缆车等，有时会造成与景区不协调的现象和对景区的破坏，还可能会使得游程缩短，错过沿途景点。

现代旅游交通由航空、铁路、公路、水运等多种交通方式组成，虽然各种交通方式由于发展历程不同，分别有不同的适用范围，在旅游业发展的进程中所占地位和发挥作用也不尽相同，但它们是相辅相成、相互补充和相互促进的，游客往往会利用几种运输方式，互相衔接完成旅游活动的全过程。

（三）旅游线路中旅游交通的地位

1. 旅游者实现旅游活动的前提条件

旅游者按照某一既定线路进行旅游时，首先要解决的就是从居住地到旅游目的地以及在多个旅游目的地之间的空间转移问题，解决的方法是采用适当的交通方式。在现代旅游活动中，不借助旅游交通工具而到达旅游目的地是难以想象的，因此，可以说旅游交通是旅游线路的重要组成部分。一般情况下，旅游者可用于旅游的闲暇时间总是有限度的，若克服空间距离所用时间超过一定的限度，旅游者就会改变旅游线路或旅游目的地的选择，甚至会取消旅游计划。因此，采用不同旅游交通方式所耗费的时间，也是需要考虑和解决的问题，原则上旅行时间越短，游览的时间就越长，旅游者旅游体验的满意度也会越高。

2. 区域旅游线路发展的命脉

旅游线路必须依赖旅游者的来访才能生存和发展下去，只有当旅游目的地的可进入性达到能使旅游者大量、经常地前来访问的程度时，该区域的旅游线路才会有不断优化和发展的可能。许多地区发展旅游的经验和教训表明，即使自然风景再美、人文名胜再知名，如果地理位置偏僻，交通不便，也很难对旅游者形成吸引力，就更谈不上旅游经济收入了。

3. 旅游线路质量的重要评价指标

对于旅游线路的质量，可以按整体质量与分项质量分别建立指标体系进行评价，比较常用的方法是调查征询游客意见法。由于旅游者在地域、文化、经济、兴趣、性格等诸多方面存在较大差异，因此对"食、住、游"方面的质量评价有较大的弹性，而对旅游交通质量的评价则比较一致。例如，一些旅行社发现，在反映旅游线路质量问题的投诉中，交通问题占了相当大的比例。由此可见，旅游线路质量的好坏在很大程度上取决于旅游交通质量的好坏。尤其是当旅游线路由"观光型"向"豪华型""享乐型"发展时，更是如此。

4. 可以成为旅游线路的游览项目

在可能的情况下，通过新型的现代化交通工具和最能突出表现地方特色与民族风格的交通工具（如沙漠地区的骆驼等），可以使旅游交通成为旅游线路上的游览项目，甚至在一定程度上成为旅游者的旅游目的之所在。例如，上海浦东国际机场至龙阳路站的我国第一条高速磁悬浮列车开通后，乘坐和感受时速430千米的磁悬浮列车，和磁浮一起"飞翔"，成为旅游活动中的主要内容。而峨眉山、黄山景区中提供的独具特色的滑竿、轿子等，从某种程度上来说也是旅游线路中游览体验的活动项目。

旅游线路是通过旅游交通把各个景区、景点串联起来的，没有安全、方便、快捷的旅游交通，就不可能有规模化发展的旅游业；旅游交通是旅游业发展的"瓶颈"之一，也是旅游线路设计的物质基础和不可缺少的重要环节。随着社会经济的发展和人们生活水平的提高，旅游活动已从走马观花式的"苦行游"，向"休闲游""度假游""生态游"等方向发展，旅游交通在旅游线路中的地位与作用日益突出，交通条件的好坏直接影响到旅游者对旅游目的地及旅游线路的选择，在设计旅游线路时，只有对旅游交通方式、工具以及它们之间的相互衔接等进行精心合理的组织安排，旅游线路才具有旺盛的生命力。

（四）影响旅游交通选择的因素

旅游交通服务的对象是旅游者。旅游者对旅游交通的要求日益提高，已经从初级的"通"，中级的"快"，发展到现在的快捷、舒适、方便等。因此，在旅游线路设计中，先要了解旅游者对旅游交通的要求，然后对旅游交通方式作出合理的组织和安排，以最大限度地满足他们的需求。总体来看，旅游者在对旅游线路中各种交通方式作出选择时，往往会受下列因素的影响。

1. 旅行目的

旅行目的不同，选择的交通方式往往也不同。如果游客是以度假为目的，其将希望尽快赶往旅游目的地，把更多的时间用于悠闲、安逸地度假。这类游客对旅途不感兴趣，会选择飞机、特快列车或直达车等，尽可能缩短旅途，不让旅途多占用度假时间。

2. 运输价格

旅游交通价格或旅游费用也是选择交通方式的影响因素。例如，经济型旅游者对价格比较敏感，价格高低通常起决定性作用，因此其选择的交通方式往往是经济实惠的水路或铁路交通。

3. 旅行距离

旅行距离影响对于交通方式的选择。受旅游目的地距离和旅行时间的限制，人们常会追求"快捷、安全、高效"的航空或铁路交通方式，公务繁忙的商务旅游者更是如此。

4. 旅游者的偏好和经验

旅游者的偏好和经验以及收入影响对于交通方式的选择。旅游者根据自身的实际情况，量入为出。当然，享受型旅游者相对来说比较注重游览价值以及舒适程度，因此更愿意选择航空或特种旅游交通方式。

（五）旅游线路对旅游交通的要求

1. 安全、快捷、舒适、经济

"安全、快捷、舒适、经济"是旅游者选择旅游线路与旅游交通工具时首要考虑到的问题。因此，在设计旅游线路时必须对旅游目的地交通的现状进行深入调查，选择最适宜的交通方式和交通工具，并制订详细具体的线路计划，使旅游交通线路合理、形式多样、衔接方便。例如，乘坐夜行卧铺列车、轮船等，既可节省住宿费用，又能节省时间。

（1）安全。安全是人们最基本的需要之一，虽然现代交通的安全性日益提高，但由于旅游过程中不可预测的因素太多，游客对旅游交通安全的关注度更高。"安全第一"，当安全受到威胁时，旅游者会考虑改变行程。所以，交通安全是旅游线路设计对旅游交通最基本的要求，也是最重要的要求。例如，在成都到九寨沟的3条旅游公路中，松潘到平武的旅游公路最便捷，可使成都至黄龙、九寨沟的游客减少200多千米的旅途，但为了增加旅行的安全性（公路交通可能会遇到"泥石流"等自然灾害），进一步缩短旅游交通时间，又设计并修建了九寨沟黄龙机场。

（2）快捷。旅游交通状况在很大程度上决定了旅游目的地、景点的可进入性。一般情况下，旅游线路中的时间安排是非常紧凑的。旅游者无不希望"旅"少"游"多，在有限的时间内，快捷地到达目的地，从而有更多的时间用于景区游览。在旅游线路设计中，对于旅游交通的安排必须注意下面的两大原则：一是直达原则。旅游交通服务需考虑旅游者对到达目的地的高度渴望心理，尽量安排快捷直达的交通工具，以避免过多地更换交通工具，增加旅游者经济、体力上的消耗。而且直达可以更好地确保旅游者财物和人身安全，使旅游者获得更好的第一印象，为后续旅游活动的开展奠定一个良好的开端。二是省时原则。旅游交通服务应尽量减少旅游者的在途时间，以增加游览时间，在旅游线路的选择中，人们不仅考虑金钱花费，也关注时间耗费，往往会青睐耗时少的交通工具。此外，旅游线路设计中还应注意各种交通方式的衔接紧凑、方便，使旅游者能方便地从家门口或附近的集合点启程，尽量减少候车（机、船）时间。

（3）舒适。旅游者在旅游活动中的一个重要的心理诉求就是消除紧张感，获得轻松、舒适感。特别是人在旅途，只有消除了紧张感，才能全身心地投入到旅游中，充分享受旅游的乐趣。因此，舒适是旅游者所追求的目标之一。旅游线路设计应尽可能提供舒适的交通环境，减少疲劳、危机感（如不安全、不可靠等），使旅游者能够精力充沛地开始游览活动。尤其是利用夜间完成交通过程降低了费用与时间消耗的安排，不能单以速度为主要选择指标，舒适度是质量标准的第一位。

（4）经济。许多旅游者之所以选择火车旅游线路，仅仅是因为其费用较乘飞机低得多，毕竟是否"经济"仍是大多数旅游者和旅行社必须考虑和面对的共同问题。旅游线路的"经济"反映在旅游交通工具的选择上，就是要求旅途费用较少，这是旅游线路设计时必须要考虑的问题。而"安全、快捷、舒适"等方面的要求必然会与"经济"要求相矛盾，不可能"又要马儿跑，又要马儿不吃草"，因此旅游线路设计应协调好上述因素，尽量使旅游者感到在享受"安全、快捷、舒适"交通的前提下，自己的花费还是"值得"的，甚至是"便宜"的。

2. 多样化

旅游过程中交通耗时长、费用高、影响度大，因此将交通融入旅游是"压缩"交通时间，"降低"交通费用，"减少"交通负面影响度的有力措施。旅游交通除了解决游客旅游中"旅"的问题外，还可以增加"游"的交通设计。在可能的情况下，从旅游线路的主题出发，可根据旅游交通的实际情况，尽可能安排一些丰富多彩的节目，以满足旅游者求新求异的心理，如骑马、骑骆驼、乘船、坐马车、乘索道和缆车等，并将它们作为旅游项目有机地组织到旅游线路中去，丰富旅途内容，增添游兴，起到调节游客情绪的作用。

第六章　旅游产品设计与实践思考

第一节　旅游产品及设计内容

一、旅游产品概述

旅游产品是旅游学中的一个基本概念。由于其在要素构成方面的广泛包容性和开放性，以及不同学科或学者对其考察角度的不同，学界对旅游产品概念存在着不同的理解和认识。同时，旅游学是一门新兴学科，其理论尚处于不断发展与完善之中，人们在许多概念的认识上还不一致，因此，迄今为止，关于旅游产品的定义仍众说纷纭，经归纳主要有以下几种：旅游需求方的经历说、旅游供给方的要素—集合说、旅游供给方与需求方的共创说。

（一）旅游产品定义的理解

目前，中国旅游界更多倾向于以供给方的要素—集合说来理解旅游产品。但基于对要素多寡及重要性的认识不同，其外延也不同，因此对其定义就有广义和狭义之分。从广义来理解，旅游产品是指与旅游消费活动有关，为旅游消费活动提供一切便利条件的物质与劳务的总和；从狭义来理解，旅游产品是指为满足旅游者审美和愉悦的需要而在一定地域上被生产或开发出来以供销售的物质产品和服务产品的总和。

广义的概念赋予了旅游产品开发丰富的内容，由旅游吸引物、设施和服务三类要素构成。具体包括下列内容：对旅游景区景点的开发，对旅游娱乐项目、娱乐设施的开发，对旅游食、宿、行等接待设施的开发，对各种旅游服务的开发，对旅游商品、购物场所或设施的开发，对旅游节庆活动的开发，对旅游线路产品的开发，对旅游目的地产品体系及其优化整合的开发，对旅游目的地形象的开发策划等。

需要指出的是，广义的概念是为了从理论上对旅游产品的内涵及外延有一个全面的认识，但旅游系统是一个复杂系统，其中部分内容可能分别是两个子系统的内容，也就是说两个子系统间有交叉。如旅游接待设施的开发，按照广义的定义，它属于旅游产品体系中的内容，但同时它又是旅游服务系统中的内容。在实际操作中，为了增强可操作性，突出重点，可能要对其内容进行分解。目前，我国旅游规划界在实践中，并未按照这一广义的定义来进行规划，其中的旅游形象、旅游商品、旅游服务设施及基础设施被抽出，而旅游产品规划通常包括旅游景区（点）及旅游项目的开发与建设、旅游产品开发体系、旅游节庆活动策划、旅游线路设计等内容。

（二）旅游产品的独有特征

旅游产品作为以满足旅游者审美及愉悦经历需求为主的特殊产品，具有一般产品的基本属性（价值及实用价值），同时也具有其独有特征。

1. 综合性

旅游业的综合性及旅游者需求的多样性决定了旅游产品的综合

性。综合性就是指旅游产品是由旅游活动要素涉及的一系列服务组合而成的，如景点服务、导游服务、住宿服务、饮食服务、交通服务。从一次旅游活动来讲，旅游者享受的服务有多有少，但不存在只享受某一种服务的旅游者。需要说明的是，任何一项服务如果脱离了旅游产品整体，都不能称为旅游产品，而只能是普通服务产品。旅游产品的综合性决定了旅游服务质量的提高依赖的是整个行业，而不是某一个企业。

2. 生产与消费的同一性

旅游产品生产与消费的同一性主要指旅游产品的生产过程与消费过程是高度统一的，生产过程的进行也就是消费过程的完成。旅游产品包含了有形和无形两个方面，而有形物质产品和无形服务产品的消费过程总是同时发生的，这就要求旅游者具有空间上的位移，而旅游者一旦踏上旅途就开始了对旅游产品的消费，也就是说旅游产品的生产和消费过程是同步进行的。旅游产品生产与消费的同一性是由旅游产品的不可转移性决定的。

3. 不可储存性

生产与消费的同时性决定了旅游产品的不可储存性。其生产过程是随着旅游者的出现和其消费行为的发生而发生的，没有旅游者的旅游消费，旅游产品就不会被生产出来，旅游产品的不可储存性决定了旅游企业要更注重生产的计划性。

4. 所有权不可转移性

旅游产品的交换并不发生所有权的转让。旅游经营者让渡的只是特定时间和地点的产品使用权、劳务享用权，游客带走的只是一种感受、一种经历。旅游产品的所有权不可转移性决定了旅游企业成本核算的复杂性和变动性。

（三）旅游产品的构成要素

为了能准确地理解旅游产品，进行旅游产品设计，从事旅游生产，应研究旅游产品的构成要素。旅游产品是由相应的行业提供的实物和劳务等多种要素组合起来的一种特殊产品，它能满足旅游者食、住、行、游、购、娱等要求，其内涵和构成内容十分丰富。现代市场营销理论认为，产品是由三个部分组成的，即产品的核心部分、形式部分和延伸部分。核心部分是指产品满足消费者需求的基本效用和核心价值；形式部分是指构成产品的实体和外形，包括质量、包装等；延伸部分是指随着产品的销售和使用而给消费者带来的附加利益。旅游产品的一般构成也同样由这三部分所组成。

1. 旅游产品的核心部分

旅游产品的核心部分由旅游吸引物和旅游服务组成，它可以满足旅游者外出旅游的最基本需要，是整个旅游产品的基础和最具竞争力的部分。

旅游吸引物是指一切能够对旅游者产生吸引力的旅游资源及各种条件，它是旅游者选择旅游目的地的决定性要素，也是一个国家或地区能否进行旅游开发的先决条件和构成旅游产品的基本要素。正是由于旅游地具有旅游吸引物，才使得旅游者不吝花费金钱、时间、精力前往参观游览。旅游吸引物可能是物质实体，也可能是某个事件，还可能是一种自然或社会现象。旅游吸引物按属性可以分为自然吸引物、人文吸引物等类型。自然吸引物包括气候、森林、河流、海洋、火山等风景资源；人文吸引物包括文物古迹、文化艺术、城乡风光、民俗风情、风味佳肴等。旅游吸引物的区位、数量决定着旅游产品市场的规模。旅游吸引物区位好、数量多、质量高，吸引的旅游者就多，旅游产品的市场规模就越大。

旅游服务是旅游从业人员凭借旅游吸引物和旅游设施向旅游者提

供的各项服务。旅游产品虽然包括餐饮和旅游活动中消耗的少量有形物质产品，但多数的还是接待服务和导游服务等无形部分。旅游服务贯穿于旅游者旅游活动的始终，根据经营阶段可分为售前服务、售时服务、售后服务三部分。售前服务是旅游活动前的准备性服务，包括旅游咨询、产品设计、旅游线路编排、出入境手续等；售时服务是在旅游活动过程中向旅游者直接提供的食、住、行、游、购、娱及其他服务；售后服务是当旅游者结束旅游后离开目的地时的服务。

2. 旅游产品的形式部分

旅游产品的形式部分主要涉及旅游产品的载体、品牌、形象、特色、质量、声誉及组合方式等，是旅游产品向市场提供的实体和劳务的具体内容。旅游产品的载体主要指各种景区景点、旅游接待设施、旅游商品、娱乐项目等，是以物化形式反映出来的实体部分，如反映区域传统文化特征的民族娱乐项目、用于景区内部的特色交通工具等。旅游产品的品牌、形象、特色、质量和声誉，是产品依托旅游吸引物、旅游设施而反映出来的外在价值，是激发旅游者旅游动机，引导和强化旅游者决策和消费行为的具体形式。旅游吸引物和旅游设施等方面的差异，会导致旅游产品品牌、形象、特色、质量和声誉的不同，即产品的差异。不同的组合方式形成了各种功能和类型互异的旅游产品，可以更好地满足旅游者多样化、个性化的需求，组合方式也因此成为旅游产品的形式部分。组合方式的不同，会使旅游产品表现出不同的品质及前景。

3. 旅游产品的延伸部分

旅游产品的延伸部分指旅游者购买和消费旅游产品时获得的优惠条件及其他附加利益。当旅游产品的核心部分和形式部分表现出较强的替代性，且任何组成都能满足旅游者的基本需要时，延伸部分往往成为旅游者对旅游产品进行判断和决策的重要依据。因此，在旅游经济活动的分析和研究中，除了要注意旅游产品核心部分和形式部分的特色，还要给予旅游产品的延伸部分足够的重视，以谋取充分的市场竞争优势。

二、旅游产品设计的依据和原则

旅游产品设计是指通过整合各种资源，利用系统的分析方法和手段，通过对有特色的旅游资源、变化的市场和各种相关要素的把握，有创意地设计出能吸引旅游者的旅游产品的过程。好的旅游产品设计能促进旅游地的旅游产品多样化、层次化、个性化，给旅游者更多的选择，吸引不同层次、不同类型的旅游者，加大旅游资源开发利用的深度。处理好各种旅游产品的关系，能够突出旅游地特色，打造当地的拳头产品与主导产品，构建有机的旅游产品体系；注重市场研究，精心策划创意，可以增强旅游产品的针对性，有助于提高旅游地和旅游企业的竞争力。

(一) 旅游产品设计的依据

1. 资源条件

资源条件是旅游产品设计与开发的物质基础，旅游产品策划要善于发现、挖掘旅游资源的独特性，善于对各类旅游资源要素进行巧妙的整合，把握资源要素与产品要素之间的逻辑关系，在科学与艺术之间进行旅游产品的设计。

2. 市场需求

市场需求是进行旅游产品开发、实现旅游供给的前提，目标市场应该成为引导产品开发方式、规模、层次以及调整产品结构和开发策略的导向性依据。旅游产品要想取得良好的市场效果，就需要对旅游者进行深入研究，通过市场调查，掌握游客行为规律和心理需求。

3. 区位条件

旅游区位包括资源区位、客源区位与交通区位。分析区位条件主要应从三方面入手：由资源区位看结构，由客源区位看位置，由交通区位看线路。即旅游资源的丰富程度与搭配组合程度，旅游地与外部客源市场、周边旅游地的空间关联度，客源市场与旅游目的地的线路通畅度。这三者构成的区位因素是旅游产品开发的重要影响因素。

（二）旅游产品设计的原则

1. 创新原则

旅游产品设计能否成功，创新是关键。提高设计的创新性，要从加强设计者的知识积累和创造性思维入手。知识积累是创造性思维的基础，只有拥有渊博的知识，如地理、历史、文学及社会学、心理学、管理学、营销学等方面的知识，才能形成设计者的文化积淀，并在这种文化积淀中培养创新的思维。具备了扎实的理论基础，设计者才能展开想象的翅膀，闪烁智慧的火花，去畅想，去创造。创造性思维是设计策划活动的基础，是设计生命力的体现。形成创造性的思维方式，需要有广泛、敏锐、深刻的洞察力，丰富巧妙的想象力，活跃、丰富的灵感，广博、深厚的知识底蕴。

2. 突出特色原则

目前市场上的旅游产品数量众多，竞争激烈，要想提升旅游产品在市场上的竞争力，突出产品特色是最重要的途径。特色观念的树立，一是要注重分析市场上现有的同类型旅游产品的特点，在旅游产品开发过程中结合自身优势尽可能地增大与它们之间的差异度；二是要以旅游资源为基础，把旅游产品的各个有机要素结合起来，进行旅游产品的设计与组合，特别要注意在旅游产品设计中注入文化因素，增强旅游产品的吸引力；三是要树立旅游产品的形象，充分考虑旅游产品的品位、质量及规模，突出旅游产品"人无我有"的独特成分。

3. 可行性原则

旅游产品设计的可行性体现在经济、技术、法律、社会等各方面。要增强设计的可行性，一方面，要进行周密的考察和资料收集，充分利用所能获得的一切信息，进行严谨、科学的分析，对未来形势作出准确的判断；另一方面，可以采取逐步推进的办法，通过小范围预演，看是否能取得好的效果，根据结果决定是否对设计进行修改。

4. 效益原则

旅游产品的开发一是应追求经济效益，无论是何种类型的旅游产品开发或旅游项目投入，在启动之前都应组织专家开展可行性论证，严格进行投资效益分析，保障旅游产品投资开发经济效益；二是应追求社会效益，从某种程度上来说，旅游产品开发可以看作是一种社会性活动，必须考虑到当地的社会经济发展水平，考虑到地方政治、文化及风俗习惯，考虑到当地居民的心理承受能力，设计健康文明的旅游活动，促进地方精神文明的发展；三是应追求环境效益，按照旅游产品开发的规律和自然环境的可承载力，以开发促进环境保护，以环境保护提高开发的综合效益，最终创造出和谐的生存环境。

三、旅游产品设计的内容

旅游产品设计的内容主要包括寻找产品策划的切入点、旅游产品的市场定位、挖掘旅游产品特色、旅游产品组合策划、旅游产品功能设计、旅游产品质量策划、旅游产品命名、方案甄选、产品试验、产品推广等。

（一）寻找产品策划的切入点

正确的切入点是产品成功策划的前提，决定了产品策划的方向，寻找切入点自然也就成为产品策划的关键工作。设计人员寻找切入点的途径很多，常用的有以下几种：

第一，研究旅游者需求。旅游者的需求是进行产品构思的起点，他们的要求和建议应成为旅游产品构思的重要来源。产品设计者可以通过询问调查，征询旅游者对现有产品的意见和看法，以确定他们未被满足的需求或没有被完全满足的需求。向顾客征询意见和有效处理顾客投诉，通常是获得旅游产品设计切入点的重要渠道。

第二，集合旅游营销人员座谈。旅游营销人员工作在第一线，长期和顾客打交道，交往联系频繁，因此他们提供的资料和反馈的意见更全面和真实，往往有利于产品构思创意的产生。旅游地或企业的经营者应该充分调动员工的积极性，让他们积极参与到产品设计工作中来。

第三，研究同行业竞争者。关注同行业竞争者的产品及顾客对竞争者的评价，可以从中发现问题，激发灵感，找到产品设计的突破点。

第四，重视旅游中间商。旅游中间商掌握着客人需求和投诉的第一手资料，了解顾客需求所在，同时对多种旅游产品的各种类型和特点了如指掌，掌握大量供给方面的信息。因此，应重视旅游中间商的意见与建议。

第五，访问专家。专家知识渊博，对市场观察比较独到、深刻。所以在寻找市场机会中，不能低估专家的作用。发挥专家优势，往往能发现机遇。

第六，结合市场细分过程寻求机会。市场细分不仅是企业选择目标市场常用的方法，同样也是寻求市场机会的重要工具。结合市场细分情况，可以在那些社会需求大、进入企业比较少、满足程度较低的市场上发现大量的机遇。

（二）旅游产品的市场定位

所谓市场定位是根据目标市场上竞争情况和企业的自身条件，寻求和确定本企业和产品在目标顾客心目中的最佳位置，打造产品特色，强有力地塑造出本企业与众不同、富有个性的产品形象，并把这种形象生动地传递给消费者的行为和过程。

进行旅游产品的市场定位要综合考虑消费者、竞争者、旅游企业和产品本身等影响因素。满足旅游者的需要、吸引较多的消费者是旅游产品设计的中心目标，旅游产品的设计与生产活动始终应以消费者为出发点和终点。考虑竞争者主要是了解目前市场被占有和瓜分的情况，了解竞争者产品的缺陷和竞争优势。考虑旅游企业和产品本身，是为了能掌握自身优势和劣势，形成对自我的科学评价，抓住旅游产品市场定位的主动权，以扬长避短，突出产品特色，提高产品品位和质量。

（三）挖掘旅游产品特色

特色是旅游产品的灵魂，突出特色是旅游产品设计的核心目标。旅游产品特色的提炼和定位受到旅游资源品质、区域分布、可进入性、旅游地形象定位和市场定位等多种因素的制约。

1. 旅游资源品质与旅游产品特色定位

旅游资源是旅游产品的原材料，是衡量旅游产品对游客吸引力大小的重要因素，决定旅游产品的功能和开发方向，所以它也是产品特色定位的基础。旅游资源的品质是旅游产品特色定位的根本依据，构成了旅游产品开发的生命线。也就是说，在产品特色定位中，挖掘旅游资源的基础特色十分重要，特别要注意使旅游产品承袭和彰显那些具有垄断性或竞争优势的旅游资源的特色。如"峨眉天下秀，青城天下幽，华山天下险"，"秀、幽、险"就是旅游资源的特色，在产品特色定位时，应着力凸显这些特色。

但要注意的是，旅游资源的特色是资源本身的属性，并不一定完全等于产品的特色，也并非一定会得到市场的认同。旅游产品特色定位除了深入分析旅游资源的品质和特色外，还要更多地考虑市场定位。旅游产品的特色定位必须根据旅游资源的特色、市场需求、区域分布和可进入性等各要素进行综合考虑，最终旅游产品的特色定位结果可能与旅游资源最显著的特色有所不同。

2. 旅游资源区域分布与旅游产品特色定位

旅游资源的区域分布对旅游产品特色定位有着重要影响，它甚至会让旅游地抛弃旅游资源原有的主要特色而另辟蹊径。当几个类型相同的旅游产品处于同一区域内，相互之间存在着产品的替代性时，其中特色差一些的旅游产品就应放弃自己原有的特色而重新进行旅游产品特色定位。如山东曲阜是孔子故乡，有著名的世界遗产"三孔"旅游资源。而在曲阜南约 23 千米的邹城，是"亚圣"孟子的故乡，居于峄山旁、泗水滨，有"三孟"旅游资源。但"三孟"处于"三孔"的阴影里，相关的旅游产品很难在市场上站稳。后来，邹城放弃了最有特色的"三孟"旅游资源，在峄山和孟母身上做文章，重新定位，才打开了市场局面。

3. 旅游地可进入性与旅游产品特色定位

旅游地的可进入性指从客源地到达旅游目的地的距离、交通条件、费用、时间等因素的综合情况，它包括便捷性、区位条件、舒适性、基础设施等，可进入性也影响着旅游产品的特色定位。

不同类型的产品对可进入性的要求不一样。一般来说，度假型旅游产品对可进入性的要求较高，观光型旅游产品次之，专项旅游产品的要求则更低。同时，旅游者在选择产品类型时，在心理上已经对不同产品类型的可进入性需求进行了分级，形成了对不同产品类型可进入性差异的认同。观光型游客的心理期盼首先是独特的自然风光与奇异的人文资源，尽管可进入性、服务性差一点，如果历尽艰险后所获得的是超值的美的享受，也会感到心满意足；度假型游客要求度假地有便捷、舒适的交通，优良的旅游设施，高质量的服务，良好的度假环境；选择专项旅游产品的游客最关心的是旅游产品能否带来原始体验、刺激及对体能、意志的挑战，而对服务、住宿等关注较少。

在进行产品特色定位时，需要认真考虑可进入性。在其他因素一定的情况下，如果可进入性不好，旅游产品就不能定位为度假旅游产品。相反，对于可进入性好的旅游地而言，如果环境、风景也较好，就可以开发度假产品。

4. 旅游地形象定位与旅游产品特色定位

旅游产品的特色定位支撑着旅游地形象的定位，如果没有旅游产品特色定位，旅游地的形象也就变得空洞无物，缺乏竞争力。特色旅游产品构成了旅游形象定位的基础，是旅游形象生动、鲜明的载体。反之，在对旅游产品进行特色定位时，也必须考虑旅游地的总体形象，如果产品特色定位和旅游地形象定位不一致，会给游客一种模糊的感觉，降低产品的竞争力。

5. 市场定位对旅游产品特色定位的影响

市场定位是寻求客源市场和确定旅游产品在目标顾客心目中最佳位置的过程，产品市场定位为产品设计明确目标，影响着旅游产品的特色定位。根据不同的细分标准，目标市场可分为多种类型。如按照旅游目的，可分为观光旅游、商务旅游、度假旅游等。不同细分市场的旅游者有不同的心理，旅游产品设计必须研究细分市场的具体特征，才能构思出独具特色的旅游产品，满足旅游市场的需要。否则，旅游产品特色定位不符合细分市场的特征，就不可能获得市场的认同。

（四）旅游产品组合策划

旅游产品组合是旅游地或企业根据市场需要而供给的适销对路的旅游产品体系。旅游市场的需求不断变化，旅游产品组合策划的内容也要随之进行调整。

1. 旅游产品组合的宽度

旅游产品组合的宽度指旅游地或企业所拥有的不同产品系列或产品数目。旅游地增加产品组合宽度，也就是增加产品的大类，扩大经营范围，实行多方位经营，可以更充分地发挥旅游地的特长，提高经济效益。

2. 旅游产品组合的深度

旅游产品组合的深度是指每个旅游产品所包括的产品项目数或旅游产品大类中每种产品规格的数目。旅游地增加产品组合的深度，即增加产品项目和产品的规格，可以满足广大消费者的不同需要，以吸引更多游客。

3. 旅游产品组合的关联性

旅游产品组合的关联性指一个旅游地的各个产品大类在最终使用、生产条件、分销渠道等方面的相关程度。旅游地增加产品的关联性，即让各个产品大类在最终使用、生产条件、分销渠道等各方面密切相关，可以提高旅游地在地区、行业中的声誉。

4. 旅游产品结构

旅游产品结构指不同品位的旅游产品在产品组合中的比例关系和同一层次中不同产品的比例关系。基本内涵包括以下两方面：

（1）内部布局是否合理，即在整体结构上是否形成了品牌产品、重要产品、配套产品的布局。品牌产品是旅游地的导向产品，对市场具有引导作用，是竞争力最强的产品，它能展现和强化旅游地的形象。重要产品是整个产品布局体系中的支撑产品，是目前产品吸引力的主要来源。配套产品不具备太大的市场吸引力，也很难吸引大规模的游客，但它的存在可以丰富产品结构，满足部分消费群体的需求。如果旅游地没有形成合理的产品等级结构，它的产品就会缺乏魅力。在这种情况下，就应该根据市场需要对旅游产品的结构进行调整，培育或推出自己的产品体系。

（2）同一等级层次中不同产品的比例关系和地位。在品牌产品层面上，是指旅游地或企业应实施多品牌战略和品牌延伸战略。多品牌战略指在旅游地同时经营两种或两种以上互相竞争的品牌，这样可以增加产品的多样性，有利于扩大市场占有率，提升产品对旅游市场的吸引力。品牌延伸战略是指旅游地利用其成功品牌的声誉，推出改良产品或新产品，使品牌产品获得更大的效益。而在重要产品和配套产品的层面上，是否加强了形式的多样化也十分重要。

5. 旅游产品组合的优化

旅游产品组合的优化即不断对旅游产品进行完善、调整和提升。在旅游产品推出后，由于市场的变化，有的产品可能被市场广泛接受和认同，能创造很好的经济效益；而有些产品则难以在市场上找到出路。所以要根据不断变化的市场环境调整产品组合中的各个产品项目，使自身的产品组合处于优化状态。要优化旅游产品组合，先要了解合理的旅游产品组合评价标准。一般而言，对旅游产品组合的评价可以从以下几方面来进行：一是发展性，用于评价某种旅游产品的发展前途，主要指标为销售增长率；二是竞争性，用于评价某种旅游产品的竞争能力，主要指标为市场占有率；三是营利性，用于评价某种旅游产品的营利水平，主要指标为资金利润率。

（五）旅游产品功能设计

旅游者购买旅游产品实际上是购买产品的功能和核心利益，游客的需求归根结底是对功能的需求，所以旅游产品功能的设计应该成为旅游产品设计的中心任务。而产品功能来自旅游者的需求，了解旅游者的需求一般采用市场需求调查法，其途径主要有：向旅游者进行调查、了解旅游消费者的投诉信息、使用各种新闻等。根据旅游者的需求信息，提炼出产品的功能结构，并进行聚类分析，最终形成产品的功能概念。

（六）旅游产品质量策划

在产品策划中，产品质量是衡量策划水平的重要标准，决定着旅游策划工作的成败，具有特殊意义。根据旅游产品的构成要素，旅游产品的质量主要包括旅游吸引物质量、旅游设施质量、旅游服务质量和可进入性质量四方面内容。

评价旅游产品质量的标准是游客的满意程度。从旅游者的角度看，旅游产品质量体现为其是否物有所值和物超所值。物有所值，即产品的价格和价值相符，基本满足了旅游愿望。物超所值，指旅游产品开发者、经营者提供的旅游产品质量超过了旅游者原来期望的水准。

（七）旅游产品命名

旅游产品的名称是旅游产品设计的重要内容，好的名称可以直接打动旅游者，有助于市场的建立和产品营销，满足旅游者心理需求。为旅游产品命名时一般应遵循以下原则：

一是易读、易记。只有名称易读、易记，产品才能高效地发挥其识别功能和传播功能。该原则要求：产品名称简洁，即名字单纯、简单明快，易于和消费者进行信息交流；独特，即名称应具备独特的个性，避免与其他产品名称混淆；新颖，即名称要有新鲜感，符合时代潮流；响亮，即名称要易于上口。

二是准确贴切。产品名称要准确、贴切地描述产品的功能、特征和优势，充分体现产品能给消费者带来的益处。

三是大众化。产品名称要符合大众心理，能激发旅游者的出行兴趣。

四是形象化。产品名称要有助于建立和保持旅游地在消费者心中的形象，要清新高雅，不落俗套，充分显示产品的品位。

（八）方案甄选

上述环节过后，往往会产生许多新产品的策划方案，然而最终哪种方案付诸实施，还需要优中选优，选择一种最有发展前途、切实可行的产品策划方案。在筛选过程中，要防止两种错误的发生：一是误舍，即把本来很好的策划方案认为是不可行的而舍弃掉；二是误用，即采用了错误的设计方案，浪费时间和成本。对新产品构思的筛选应该由策划人员、营销人员、管理人员、有关专家来共同参与，慎重进行。通常要考虑旅游地或旅游企业的生产能力、技术水平、资金情况，分析市场需求和竞争态势，判断产品构思是否符合市场特征、旅游地的资源优势、发展战略与目标。

（九）产品试验

策划方案确定以后，应对方案进行小范围试验，即有限度地推出新产品，确定消费者的反映，使旅游开发者或经营者能够了解产品的优势和不足，及时改进，避免在全面推向市场的时候遭受失败。在这个环节中主要评价该旅游产品的吸引力和旅游者购买的踊跃程度。

（十）产品推广

1. 推出时机

推出时机的选择关系到产品推广的成败，因此产品应尽可能选择最佳的上市时机。季节性很强的旅游产品最好是应季上市，如冰雪旅游产品在冬季推出，滨海旅游产品在夏初推出。

如果竞争对手也要推出类似的产品，那么进入市场的时机可以从以下方式中选择：（1）抢先进入，这样可以获得先入为主的优势，率先在旅游者心中建立品牌偏好，对以后的市场营销比较有利；（2）同时进入，可以和竞争者分担广告促销费用，减少成本，降低风险；（3）延后进入，这样可以节省广告宣传费用，避免产品上市时可能出现的失误，还可以比较准确地了解市场需求量的大小，特别是在产品生命周期进入成长期时，市场需求已经明确，旅游者对产品的基本情况已经大致了解，进入市场的风险比较小。

2. 推出地点

产品最初上市的地点选择也是一项应该慎重考虑的事情，它关系到产品推广的成败。这方面需要策划的是究竟选择一个地区市场还是全国市场，选择城市市场还是农村市场等。一般来说，度假产品可以选择在本地及周边地区推出，观光产品和部分专项产品可以在更广的区域推出。

3. 目标顾客的选择

企业推出新产品时应针对最佳顾客群制订营销方案，新产品的目标顾客群应该具备以下条件：（1）产品的最早使用者，这类人对新产品比较敏感，易于接受新事物；（2）产品的大量使用者，可以保证产品有一定的销售量；（3）对产品有好评并且在社会上有一定影响力的人，这部分人通常会成为团队的领袖人物，可以对其他人产生心理影响，促进产品市场的扩大；（4）用最少的促销费用就可以争取到的消费者。

4. 营销策略的选择

对新产品推广营销策略的选择主要是营销组合要素先后次序和投资比例的选择，对不同地区、不同市场和不同消费群体，应因地制宜，采用不同的营销策略。

第二节　主要类别旅游产品设计

一、观光旅游产品设计

（一）观光旅游产品的特点

观光旅游是旅游者以欣赏游览为主要目的，通过观赏异地的自然风光、文物古迹、民俗风情的吸引物，得到美的享受，获得愉快和休闲目的的旅游形式。观光旅游主要包括观赏自然风光、都市风光和游览名胜古迹。无论是对中国的还是外国的旅游者来说，观光都是目前最常见、最基本的旅游形式，在未来相当长的时间里也仍然会是主要的旅游方式。观光旅游相对于其他旅游方式来说，活动空间最大。旅游者通过观赏的方式完成游览活动，旅游者和吸引物之间进行的交流是一种静态的观赏，缺乏主动参与性。所以，在同等时间条件下，要求观光旅游的旅游吸引物数量、类型比其他旅游方式更多，也更丰富。

1. 产品涉及内容多

参加观光旅游者的动机一般比较单纯，主要追求在实惠的价格下游览更多的景点，这就要求在时间允许的范围内安排更多、更好的景点或旅游项目。

2. 产品消费时间短

由于观光旅游产品大多要求参观比较多的景点，而游客的旅程时间是既定的，所以游客在每一个景点停留的时间比较短，大多游客只能对景点形成感性认识或一般了解，难以形成深层次的认识，即逗留时间短，流动性强，节奏较快。

3. 产品二次消费概率小

观光游览产品主要是针对旅游目的地的自然景观和人文景观设计的，对旅游者来说，他们来旅游目的地的主要目的是"求新、求异、求知"，在到达旅游目的地后，这种消费心理逐渐得到满足而淡化，这就使游客再次来这个地方观光的积极性减弱。同时，绝大多数旅游企业设计产品时，都会把旅游地所有的观光标志性景点全部安排到，不会激发游客二次消费的潜在欲望。所以，对于观光旅游产品，旅游者一旦消费过，二次消费的可能性会明显降低。

4. 产品开发难度小

观光旅游产品是一种比较成熟的产品形态，也是消费量最大的产品，任何旅游企业和旅游地对这类产品的设计与开发几乎都是轻车熟路，只要资源质量好，可进入性大，服务设施完善，就可以让旅游者在短期内领略旅游目的地的主要特色，可以比较成功地开发出观光产品。

5. 产品参与性弱

观光产品是市场中的惯例产品，绝大多数旅游企业和目的地在这类产品的开发中，已经形成通常所说的"常规行程"。在常规行程中，所有的旅游者只能按部就班地根据既定的线路进行被动式消费，基本上难以主动地参与到旅游行程的安排中。

（二）观光旅游产品设计思路

第一，从观光游览对象的价值性入手。旅游者在选择线路的时候，通常首先考虑景点的多少，其次考虑其他因素。如果旅游者旅行结束后觉得质价不符，就会对产品产生不良评价，其不良评价还可能影响到很多潜在的消费者。所以，在设计观光产品时，要大胆打破常规的思维模式，一方面要考虑游客要求物美价廉的心理，另一方面也要考虑产品内容的内在价值。只有积极推荐那些有较高观光价值的游览对象，才会赢得消费者的长期认可。

第二，努力刺激消费者的二次消费欲望。除了在一件产品中把旅游目的地所有的标志性景点全部展现外，还可以考虑使产品具有一定的"回味"性。即在展示众所周知的内容同时，对那些游客比较陌生的、不了解的景点进行展示或介绍，引起游客对它的向往，产生旅游动机，从而促使旅游者产生到旅游目的地进行第二次观光的愿望。

第三，加大参与性。在旅游项目与景点的选择上，充分考虑游客的体验性，在旅游服务的安排上同样强调参与互动性。如我国西部一些少数民族村寨的开发，可以设计具有参与性的自助打油茶、百家宴等活动。

二、度假旅游产品设计

度假旅游产品是指为了满足人们规避紧张、压抑的工作环境，改变单一枯燥的生活方式，组织旅游者前往环境优美的度假地或休闲场所短期居住并进行娱乐、休闲、健身、疗养等消遣性活动的一种产品类型。购买度假旅游产品的消费者主要是希望通过旅游放松自己，使自己能暂时从紧张的生活节奏中解脱出来。传统的度假旅游产品主要以"3S"旅游资源[①]丰富的海滨休养形式为主，但目前度假旅游产品已经突破传统模式，出现了山地度假、森林度假、温泉度假、乡村度假等很多产品形式，而且其范畴还在不断延伸。

（一）海滨度假旅游产品设计

海滨旅游是指发生在近水海域、海岸带和岛屿的旅游及其相关的休闲度假活动。它以著名的阳光、沙滩和海水，以及海蚀地貌、珊瑚礁和红树林等旅游资源吸引着全世界的旅游者。近代的国际海滨旅游始于英国，随着发达国家经济的增长、居民的富足，以及旅游花费的降低，海滨旅游业进入了快速繁盛时期。近年来，亚太地区的泰国、印度尼西亚、马来西亚、马尔代夫群岛以及越南国际旅游业的迅速崛起，也是得益于海滨旅游业的快速发展。

海滨旅游业不但能创造经济效益，提供就业机会，提升城市知名度，还能产生积极的联动效应，带动其他产业的发展，如房地产、交通、商业及环境建设的发展。此外，还具有创汇创收功能显著、需求普遍，以及重复购买率高等优点。因此，发展海滨旅游，对于加快海滨地区基础设施建设，促进海滨地区经济发展，提高居民生活水平，

---

① "3S"旅游资源指阳光（sun）、沙滩（sand）、大海（sea）。

有着十分重要的意义。

根据原国家海洋局编制的《中国海洋 21 世纪议程》中提出的海洋开发战略目标，为保证海洋资源的可持续开发利用，适应海洋旅游娱乐业迅速发展的要求，一切适宜于海洋娱乐的岸线、海滩、浴场和水域，都要预留下来，保证旅游娱乐事业的需要。这就为海滨旅游的健康发展提供了有力的保证。因此，海滨旅游的开发前景十分广阔，被我国旅游业界普遍看好。

1. 海滨旅游产品深度开发思路

（1）深挖海洋文化内涵，构筑具有浪漫气息的旅游产品体系。文化是提高旅游产品品位的重要手段，文化旅游产品开发以体现特色和品位为本质。开发海洋文化旅游产品，既要加大对新的海洋文化旅游项目的开发性投入，又要充分利用多种社会资源，通过优化配置，重新组合形成新的市场卖点。要加大海滨旅游吸引力，必须突出地方特色，挖掘独具特色的内涵并将其体现于旅游项目之中，形成具有较强冲击力的特色旅游产品体系。例如，大连海洋旅游开发可挖掘渔家民俗文化、海洋渔业文化和现代海滨艺术文化等内涵，组成形式多样的海洋文化旅游产品。一方面，可根据大连海洋文化旅游资源的类型，设计各种旅游路线，拓展大连海洋文化旅游产品的广度；另一方面，从文化旅游的终极关怀角度和文化旅游兴趣的转换角度，实现海洋文化旅游产品的有效连接，构筑大连海洋文化旅游产品体系。

（2）完善海滨浴场功能，围绕健康旅游开发海滨旅游项目。浴场是海滨旅游的重要组成部分，对于海滨度假旅游的深度开发，需在海滨浴场上大做文章。除传统的自由化的海水浴外，依托海滨资源中的沙滩、海岛和远海，还可以开发的旅游项目包括：沙滩球类、沙滩自行车、沙滩摩托车、风筝和沙滩骑车等健康旅游活动项目；海上可开展水上康体运动，如帆船、帆板、摩托艇、皮划艇、赛艇、滑水、冲浪、钓鱼、航模和龙舟等；水中（水下）康体运动，如游泳、跳水、水球、潜水和蹼泳等；空中康体活动，包括滑翔机、热气球等。

一是可以开展集海上观光、垂钓、赶海、潜水、养殖、捕捞、野餐及娱乐于一体的海上特色休闲健康旅游，也可以开展游艇环岛游、海岛野营探险游和海岛渔家宴美食游等健康旅游活动。

二是可以开展水上运动健康游，尽可能多地举办一些诸如滑水、冲浪、赛艇、帆船、潜水和水上拖曳伞等水上康体项目。这些项目的开发，一方面可以丰富游客的旅游活动，使游客享受更多、更刺激的旅游项目；另一方面可以延长海滨旅游季节。

（3）海洋饮食产品开发。"食"是旅游的主要内容之一，品尝风味餐饮是旅游不可缺少的内容。"食"作为文化的一部分，其目的不仅为大饱口福，更重要的是体会当地风情与文化。沿海地区盛产鱼虾、蟹类和海珍品，必定拥有具有一定知名度的风味海鲜佳肴，在海洋饮食深度开发中可根据不同消费层次的游客设计高、中、低档海味餐，席间辅以适当表演、解说等，介绍当地海食特色及传统趣闻。同时在传统的基础上融入现代理念，在传承和发扬的过程中开创新的地方特色，不断为传统饮食文化注入新的活力。

2. 海滨度假旅游产品设计与创新

（1）旅游活动项目多样化、产品结构丰富、更新换代较快是提高近距离客源重游率的保障。随着出游次数的增加，旅游者在需求内容、需求档次和参与方式等方面均呈现出新的变化。旅游需求的主导性突出，选择性增强，需求层次多元化。因此，只有以市场需求为导向，不断丰富海滨旅游的产品结构，才能"吸引来，留得住"更多的旅游者。

从我国海滨旅游度假区气候的适宜性来看，北方海滨适宜旅游期为4~6个月，南方为6~9个月，然而实际上根本达不到，尤其是北方。所以，应充分利用海水以外的海滨旅游资源，开展多样化的海滨旅游活动项目，从海滨旅游的无主题开发到主题性开发，从传统的海面旅游向空中、水下发展。对于海滨旅游度假区而言，缩短旅游淡季主要靠的是吸引近距离的客源，近距离主要是周末休闲度假。周末休闲度假旅游的动机就是逃避城市的喧嚣和工作的压力，到惯常环境之外度过一个愉悦闲适的周末。人们寻求静谧的环境，新奇、刺激的感受。因此，对于近距离的周末休闲度假客源市场，要使海滨旅游度假区形成一个有吸引力的度假地，超越季节性的旅游活动项目是必不可少的，集科普性、参与性、娱乐性和知识性于一体的旅游产品，既满足了周末休闲者逃离城市的需求，对于有孩子的家庭，又实现了旅游的教育功能，为其提供了了解海洋及大自然的窗口。另外，海滨旅游度假产品要不断有新项目推出，以满足近距离游客重复旅游求新求奇的需求。

（2）营造海滨旅游文化特色。以单一形态出现的一般化自然景观和人文景观对旅游者的吸引力有所下降，旅游者对综合性旅游项目的需求期待越来越高，即旅游者欣赏美的同时，更愿意获得知识性的满足。因此，要充分挖掘文化底蕴，丰富海滨旅游产品的内涵，确立不同于其他海滨旅游目的地的主题，以鲜明的文化特色增强对旅游者的吸引力，形成本地区的竞争优势。旅游产品的特色最终体现在文化内涵的多少上。与海滨密切联系的海滩文化、海岛文化、渔民和渔家文化，以及日常生活文化等"普通文化"，与海滨资源和深厚的历史文化同等重要，是极具开发价值的文化宝库。

山东的海滨旅游开发已经拓宽了海滨资源和海滨文化主题，开发出了许多与海滨资源相联系的、与生活有关的综合性海滨旅游产品。例如日照的"赶海节"、威海的"国际渔民节"等。开发这些"海俗""渔俗"等海滨文化资源，不仅丰富了海滨旅游产品的文化内涵，增加了旅游的趣味性和旅游者的体验感，而且超越了季节。再如秦皇岛，一提到秦皇岛人们自然而然会想到"中国的夏都"——著名的避暑胜地北戴河，还有有"天下第一关"之称的山海关及代表忠贞爱情的孟姜女庙。另外，秦皇岛是中国唯——个以皇帝帝号命名的城市。大海赋予秦皇岛灵魂，文化则给其注入无形的活力，让旅游者在欣赏大海风光、体验海洋乐趣的同时，获得知识上的满足。

（3）开发体验式旅游产品，满足旅游者参与旅游活动的需求。越来越多的旅游者更加注重精神层次的消费，已经不仅仅满足于传统的"有物可看，有话可说"的旅游经历，其更希望通过视觉、味觉、嗅觉和听觉等全方位的参与或体验，充分理解旅游地的内涵和特色。整个过程都由游客亲身经历，亲身感受，经历一次心灵上的"旅游"，从而留下美好的回忆。从游客的心理属性出发，增设一些趣味游戏和互动性的活动，可以赋予旅游产品更多的情调和个性。比如通过对打渔船、海产品养殖场的利用，让游客在充分了解当地历史风俗的同时获得非凡的体验效果。此外，还可以开发全新的体验式旅游产品，如沙滩寻宝、沙滩 CS 实战等一些适合年轻人的、充满刺激、挑战极限的专项旅游。

（4）突出海滨度假旅游的养老保健功能。海滨城市拥有良好的植被，较高的森林覆盖率及市内绿地面积，空气质量较好，空气中负氧离子含量对人的健康非常有利，另外，海水中富含钠、钾、碘、镁、钙和氯等多种对人体有益的矿物元素，所以，海滨城市具有适宜人类居住的气候环境，是老年人养老健身的最好场所。如结合开发中医保健套餐等旅游产品，将中医的推拿、按摩及针灸等保健功能与海滨旅游相结合，必将形成独具特色的海滨养老保健产品。

（5）强化海滨度假旅游的运动健身功能。海滨旅游的许多活动本身就是体育项目，如游泳、沙滩排球和帆船等，符合旅游者体验式、参与式的心理需求。随着生活水平和健康意识的不断提高，人们日益崇尚自然，渴望返璞归真。比如徒步旅游，将旅游区和运动健身相结合，不受季节限制，在徒步中增长知识，在游览中强健体魄，将旅游与健身完美结合，对越来越多的旅游爱好者产生了强烈的诱惑。

优良的空气质量、畅通的城市交通、丰富的旅游资源、时尚的体育赛事，都能成为旅行社策划的新热点。

（6）体现海滨度假旅游营造浪漫氛围的功能。大海或许是最能催生浪漫的地方，海誓山盟成为爱情誓言。在寻常人的脑海中，最适合情侣间营造浪漫的地方就是那蔚蓝的大海、金色的海滩和温柔的海风、飞翔的海鸥，以及面朝大海的度假酒店。因此，通过开展情侣狂欢节、青年男女联谊会、大海风情婚纱摄影大赛和蜜月旅游宣传促销等活动，强化海滨旅游的浪漫主题，一定会吸引更多的情侣旅游者及度蜜月的群体前往休闲度假。

3. 我国海滨度假旅游的发展趋势

随着旅游产品结构调整的逐步深化和旅游市场的逐步成熟，我国海滨度假旅游在未来发展中将主要呈现以下五大趋势：

第一，大众化趋势。海滨度假旅游在国际上已经是一种大众化的旅游形式，如欧洲的法国、意大利、西班牙，以及亚太地区的日本、韩国等地。我国的海滨度假旅游虽然起步较晚，但是随着休闲时代的到来和时尚旅游的兴起，海滨度假旅游必将受到更多旅游者的青睐。同时随着社会经济的发展，海滨度假旅游也将为更多的中层消费者所接受，成为一种大众化的消费。在这一趋势下，我国海滨度假旅游还将伴随出现家庭化、中档化等特点。

第二，多元化趋势。我国海滨度假旅游的多元化趋势，一是指旅游功能的多元化。具体而言，主要指观光、休闲度假、康体、娱乐和疗养等功能的有机结合。一方面，从海滨旅游的自身发展看，其经历了三个阶段，即治病疗养阶段、疗养游乐阶段和游乐度假阶段，康体、娱乐等功能越来越成为现代旅游消费者的需求；另一方面，在开发海滨度假旅游产品时不能忽视其观光休闲功能，休闲与观光的结合既是我国海滨度假旅游的一种趋势，也将是其一大特色。二是指旅游产品类型的多样化。从传统的阳光、沙滩和海水等单一产品逐步扩展出高尔夫、滑水、摩托艇和海底观光等项目，形成海滨、海面、空中、海底立体式的海滨度假旅游产品系列。

第三，生态化趋势。海滨度假旅游的生态化趋势一方面源自旅游者对良好生态环境的追求，另一方面则源自度假区生态环境的退化。摆脱城市生活的负效应，回归自然、放松身心是海滨度假旅游者的主要动机之一。良好的生态环境本身就是一种吸引物，对海滨度假旅游意义重大。同时，可持续发展观念的引入也是海滨度假旅游生态化发展的一大动因。

第四，休闲化趋势。随着休闲时代的到来，休闲体验将成为旅游者消费需求的一大特征，而海滨度假旅游所具有的良好环境和丰富内容又能为游客休闲提供特殊的经历与体验。为适应这一市场需求，我国海滨度假旅游区在未来发展中将不断增强旅游产品的休闲性功能，增加休闲设施和服务，使旅游者在享受大自然的同时，还能感受到民俗、文化和艺术等无限的休闲乐趣，这也将大大延长游客的平均逗留时间并提高重游率。

第五，创新化趋势。创新是发展的原动力，海滨度假旅游本身就是为适应不断变化的旅游市场需求而在持续创新的作用下出现的高级旅游形式。而随着市场的成熟化程度逐渐提高，必将出现一系列新的需求特征，海滨度假旅游为求得持续稳定的发展，就必须根据市场变化作出及时的创新与调整，以实现综合竞争力的提升。近年来我国海滨度假旅游发展中的一些新特点，如从无主题旅游向主题性旅游转化等就充分表明了这一趋势，对海滨度假旅游的创新主要表现在规划开发、经营模式、产品设计和营销管理等方面。

（二）山地度假旅游产品

我国是一个多山之国，山地旅游资源丰富。山地上的森林可调节气候，美化环境；各种各样的动植物在此繁衍生息，供人们观赏；山地的清新空气（如负氧离子）为疗养者所喜爱；垂直气候带是发展立体观光农业的良好基地；一些山地中的人文遗产也使其成为著名的旅游胜地；险峻的山峰和雪山已成为开展登山运动和滑雪运动的重要场所。发展山地旅游对维护山地生态系统安全、持续利用山地资源具有天然耦合作用。

1. 山地旅游与山地休闲的比较

山地度假旅游就是人们利用可供自由支配的闲暇时间，离开常住地前往某些以山地资源为依托的旅游目的地，亲临优美的自然环境，从事一系列体验空间较大且具有康体疗养、愉悦身心等功能的旅游活动，使得个体的身心得到完全的放松，精神享受得到充分的满足，从而获得一次有别于以往观光旅游的特殊旅游体验。山地休闲度假旅游是对休闲度假旅游的一种限定，因为它强调以山地资源为依托，所提供的各类休闲度假旅游产品都离不开山地资源本身，因此山地休闲度假旅游更注重人与自然的亲密接触，更注重人们在山地自然环境中能够获得的放松身心的体验。

山地旅游与山地休闲的比较如下：

（1）产品定位。山地旅游的对象是山地的自然景观，如特定的动物、植物、天气、水体，以及整个山体环境，其核心是山地。设计山地旅游产品时要注意保持山地原有的风貌。对游客来说，山地旅游的教育性、科普性与感官体验一样重要。而山地休闲的核心在休闲而不是山地，山地资源更主要的是作为这种休闲活动的依托，使游客在其中进行一种自主、舒适的休闲体验，应更注重营造山地的休闲氛围和高品位的意境。

（2）旅游目的。山地旅游的游客一般都有明确的旅游目标，旅游企业要较好地展示山地特色，分析游客心理倾向，帮助游客"自给自足"，以达到山地旅游的目的。此外还要处理好山地资源、文化与旅游开发、旅游经济效益多方面的关系，不能以破坏山地资源为代价换取利益，管理制度也相对严格。而山地休闲更加倾向于大众化，游客依托山地本身的自然魅力实现自我放松，较少考虑山地教育、科普等功能，不过多地干涉顾客行为，而是通过更全面的活动和更细致的服务引导顾客参与其中。

2. 山地度假旅游产品的特征

（1）原生体验性。山地度假旅游以山地资源为依托，山地旅游资源自然性强，同一区域常融合了自然景观与人文景观，即使在同一区域，从不同角度展现的风貌也各具特色。由山地资源的特点衍生的丰富性、季节性、地域差异性及多层次性等特征，使得游客能够选择更灵活的休闲方式，强调了游客的原生体验性。

（2）产品多样性。开发山地度假旅游产品必须依托山地资源，一方面可以去创造旅游产品，另一方面又必须结合现有山地资源。如在阿尔卑斯山，从18世纪就已经开始开发山地度假旅游产品。对现代游客来说，阿尔卑斯山是快慢动静皆宜的旅游胜地。从这个角度看，山地度假旅游产品开发必须结合市场需求，当前一部分山地度假旅游产生于城市，如攀岩、滑雪和避暑等，虽然形式多样，但主流产品仍是具有原生态的山地度假旅游产品。活泼好动的年轻人可以挑战垂直甚至倒挂的岩墙，驾着飞行伞遨游山谷到山巅，老弱妇孺可放慢步调，选一条轻松的山径漫步，乘登山火车或缆车就近看山、看冰河，甚至什么也不做，只是坐下来享受清静。

成功的山地度假旅游产品应该是以原生态为主色调，同时又结合了都市旅游新形势的产品，并且活动的运动量适中，选择面广，能够满足不同层次消费者的需求。打造集山地旅游和休闲为一体的旅游产品，能够实现山地资源的综合利用，使得山地资源由单一功能向多功能转化，实现山地度假旅游向集观光和休闲娱乐于一体转化，实现科学考察向集科技示范和康体疗养于一体等多方面的融合。成功开发山地度假旅游产品可实现生态、经济、社会效益的统一，实现多方共赢。

（3）客源市场稳定性。随着生活标准的提高，以及社会保险制度和福利制度的不断完善，人的寿命越来越长。国家调整节假日之后职工的休息假期越来越长，为休闲旅游业的发展提供了时间保证。现代人在计划休息日出游时更加关注旅游过程中精神、心理及健康方面的需求，改变假期逛景点的传统思维，不去名山大川和名胜古迹，而是倾向于找个时间和距离均较适合的目的地去旅游。山地度假旅游方法正好符合这一新时期的休闲度假理念。

我国山地度假旅游点大部分都在城郊区域，而且已成熟的旅游点大多具备良好的道路交通系统，许多旅游点还可以当天往返，大大减少了游客在路上消耗的时间。山地度假旅游点的开发能较好地满足城市人的休息要求，游客多会选择重复旅游，客源市场也比较稳定。

3. 山地度假旅游产品的类型

目前，从国内外已经开发和正在开发的山地度假旅游产品来看，主要有以下五种类型：

（1）山地体验旅游产品。山地旅游产品的开发必须重视游客的参与性，参与体验应该成为山地旅游产品开发的重心。山地旅游可以为现代都市人提供山地环境体验、山野劳作体验和山地文化体验等各类体验产品。

（2）山地疗养旅游产品。山地有别于其他旅游地的显著之处在于其优良的原生性生态环境，特殊而复杂的山地类型使山地拥有清新的空气、宜人的气候、优美的景观和洁净的水体等各种类型的疗养度假资源，立足于这些资源可以开发具有健身、度假、疗养和保健等多种功能的疗养度假旅游产品。

（3）山地运动旅游产品。随着现代工业社会和旅游业的发展，越来越多的人向往在自然环境优越的野外参加各类运动。山地正是开展运动旅游的优良场所，在山地环境下可以开发攀登、探险、野外生存、户外拓展等各类运动产品。

（4）山地文化旅游产品。悠久的历史使我国山地地区积累了深厚的文化底蕴，立足于此可开发文化旅游产品。山地文化旅游产品大致包含以下几方面：一是农耕文化产品，山地中散布着相对原始的村落，保存了传统的农耕劳作习俗，是开展文化旅游的重要资源；二是民族旅游产品，我国少数民族主要聚居于山地，独特的民族文化和生活习俗是山地文化旅游的重要内容。

（5）山地特色旅游产品。山地区域具备许多其他环境下不存在的特色资源，利用这些特色资源可以开展多种山地特色旅游产品。如利用良好的森林环境加以适度人工改造可开展林区休闲度假产品，利用特殊的海拔和气候条件可开展冰雪项目，利用山地特定的文化底蕴可开发独特的文化产品等。

4. 山地度假旅游产品的设计思路

（1）基于山地观光的设计思路。山地旅游资源最大的特征是自然性。由于地理位置、海拔等原因，山地一般能较好地保持原有的自然风貌，山地森林特有的宁静、绿色的环境和优美的风景能给人以安谧舒适的感觉，加上登山观景、林中散步、郊游野餐和山地温泉等广泛接触山地森林环境的活动并且远离城市中心，能使人的精神完全从城市的嘈杂中解放出来，心情得到放松，体魄得到锻炼。我国历史悠久，许多名川大山都有其特有的山地文化，在设计过程中应注重山地人文景观与自然景观的相互映衬，让山地的名人墨迹、传说典故，以及宗教寺庙、历史遗迹等成为山地休闲旅游的亮点。

从地理特征分析，山地复杂的地理构造让山地旅游资源显得更为精彩，所谓"横看成岭侧成峰，远近高低各不同""一日感四季"等就是对山地景观变幻最好的诠释。于是一部分游客看重山间变幻多端的景色，喜欢在山间进行文学、绘画等艺术创作，以此作为一种高层次的休闲方式。山地休闲旅游在开发过程中可以利用虚实结合的方法，合理布设山地景观，提倡主动创造与众不同的休闲环境，营造浓厚的艺术和文化氛围。通过环境来阐述休闲产品的文化理念，赢得游客的共鸣、认同和喜爱，形成旅游企业与游客之间的双向交流与沟通，提高旅游企业形象。

（2）基于山地度假的设计思路。我国山地旅游发展较早，但山地度假起步较晚。山地景区开发一般以山地观光为主，忽略了其中游客的度假心理。山地度假旅游是山地观光旅游发展到较高阶段的产物，是观光旅游时代的新型、高端旅游方式。度假旅游追求的是放松，通过各种方式和活动获得生理和心理上的放松。度假旅游的性质决定了人们的旅游方式不再是以往的"快餐式"旅游，山地休闲以度假意向明确的散客或小团体为主，并且关注常在山地开展户外运动的专业化程度较高的俱乐部队员。为了平衡好游客"求新"与"放松"的心理，山地度假休闲产品需要实现主题化、特色化和专业化。如可以借助山地先天的自然条件选择山地休闲景区，游客可以在山间泡温泉、做瑜伽；也可以开展以户外运动为主题的山地活动，如攀岩、溯溪、山地自行车、滑草、野战和拓展训练等；还可以选择山地农家乐，让游客吃在农家、住在农家，以及体验山地酒（茶、书）吧的朴素格调。满足旅游消费各个群体的需求，努力打造度假休闲产品品牌，尽量延长游客的停留时间。

（3）基于山地户外运动的设计思路。随着竞技体育向大众化休闲项目的发展，户外运动休闲已成为一种时尚。长期以来山地运动就是刺激、挑战、娱乐项目的代表，山地因其独特的地质地貌、优美的自然风光，以及越来越完善的山区管理，已经成为户外休闲运动的最佳选择地。一般情况下，山地景区只把运动休闲项目作为景区的补充要素，起到提升景区休闲功能的作用。特别是一些户外条件优越的山地，不知不觉中已变成了许多"驴友"们的首选地。在这种情况下，可以借助主题化的设计模式，确定山地运动的核心，使各项经营围绕山地运动展开，开展徒步旅游、漂流旅游、滑雪旅游和沙漠探险等主题运动项目，并且提供专业的运动设备和安全救护保障。配套接待设施方面要做到与户外运动的补充协调，在确定酒店时，挑选设施齐全的酒店，包括游泳池、室内球场和室内淋浴等设施，以吸引更多的游客。

（4）基于山地体验的设计思路。体验经济是企业以服务为舞台，以商品为道具，以消费者为中心，创造能够使消费者参与、值得消费者回忆的活动。山地体验存在主动体验与被动体验两种形式。山地多种植果树、蔬菜、药材和茶叶等，游客可以在当地农家的帮助下体验采摘乐趣，并在当地农家"自己动手，丰衣足食"。被动体验方面可以采取让游客参与当地的歌舞文化表演、文化节庆活动的方式，让其体验山地的民俗文化内涵。游客可以住在山地社区里，成为临时的山区人，体验当地风土人情，感受山区人民的淳朴。

（三）温泉度假旅游产品

人类在很早以前就开始对温泉和温泉地萌发了兴趣。古罗马人首先发现了利用温泉洗澡的快乐之处及其健身等作用，并建造了一些著名的温泉城。温泉疗养已成为旅游者一个时尚的选择。

我国是世界上温泉最为丰富的国家之一，其中不少温泉有着非常深厚的历史文化底蕴。据记载，陕西临潼的骊山温泉是我国最早开发利用的温泉。以华清池为例，其素有"天下第一温泉"之称，《长恨歌》中就有"春寒赐浴华清池，温泉水滑洗凝脂"的妙笔佳句。

21世纪是休闲度假旅游蓬勃兴起的时代，休闲旅游的发展推动了温泉业的发展。1998年，珠海御温泉建成开业，创造性地提出了"温泉旅游"概念。从此温泉不仅具有疗养功能，还具有养生、休闲、度假和旅游的功能。温泉成为养生、休闲、度假和旅游的文化载体。既是健身疗养胜地，又是放松心情、舒活筋骨的旅游目的地；既是与家人或三五好友度过温馨一刻的休闲地，又是能安享心灵宁静的度假村。温泉度假从此焕发出新的生命,人们开始有了一种全新的体验。

1. 温泉度假旅游产品的设计思路

温泉度假旅游是旅游者以体验温泉、感受温泉沐浴文化为主题,以养生、休闲和度假为目的的时尚旅游。随着消费者越来越成熟,越来越需要具有差异性的温泉旅游产品出现。

(1)温泉与自然风光相结合。第一,与森林资源相结合。森林温泉掩映在繁茂翠绿的森林之中,四周遍布各种花草树木,令人身心愉悦。温泉水富含的微量元素,对多种疾病有辅助疗效,是组合开发的良好资源。

第二,与山水风光相结合。温泉多处于名山之中,例如位于广东省恩平市的帝都温泉,该旅游区自然园林面积有 200 多万平方米,温泉园林面积有 15 万多平方米。在山林拥抱中,全方位展现了亲山空间、亲水空间、亲绿空间和亲情空间。在 15 万平方米的温泉浴区内,有 80 多个天然温泉浴池,高低错落,随坡造型,使园林中的山水互渗互融,相契相合,山中有池,林中有泉,泉中有林,池在山中出,泉在石中流,林在池中生。

第三,与沙滩和阳光相结合。海南的兴隆是温泉富集区,新建的温泉度假村在远离都市喧嚣的郊外。在温泉中心可以体验巴厘岛风情区的风情沙滩,而室外温泉海浪池则提供各种造浪模式,游客在温泉池里也能享受到冲浪的活力与刺激。

(2)温泉与运动游乐相结合。在温泉泡浴的基础上,通过设计旅游者参与性、体验性和娱乐性的运动游乐项目,有力提升温泉旅游地的整体吸引力,增强游客满意度,延长游客停留时间,提高人均消费水平,从而实现整体开发经营的突破。

第一,温泉 + 水上游乐活动。把夏季最受旅游消费者欢迎的水上游乐项目引进温泉旅游地,弥补淡季产品单一、趣味性不足的问题,对于产品的整体经营、增加营收率等具有非常突出的效果。主要有温泉造浪池、温泉漂流、温泉游泳池和水上滑梯等一系列时尚、动感、刺激的水上游乐活动。如北京温都水城的水空间、被称为"中国动感第一泉"的广东恩平锦江温泉等。此模式已经被证明是较为成功的开发模式，但水上游乐活动的持续创新，对温泉旅游地在水上游乐的投资规模、项目设计和设备更新提出了更高的要求。

第二，温泉＋高尔夫。温泉水疗 SPA 与高尔夫运动相结合，形成了面向高端消费者市场的休闲经典组合产品——温泉高尔夫，是顶级温泉休闲产品模式，如上海太阳岛高尔夫温泉旅游度假村、北京龙熙温泉高尔夫等。

第三，温泉＋滑雪场。温泉结合冬季最受追捧、最具挑战性的滑雪项目，是养生与运动的完美结合，能够在温泉旅游中形成强大的吸引力与竞争力，"活力冬季"的概念也应运而生，如青岛即墨天泰温泉滑雪场、辽阳弓长岭温泉滑雪场等。这种模式也成为北方地区或具备建设滑雪场条件的温泉地的主要开发模式。

第四，温泉＋综合游乐。把相对静态的温泉泡浴与多种动感游乐项目结合起来，动静结合，养生休闲与游乐体验搭配，增强温泉旅游地的整体吸引力并提高其综合收益，如珠海海泉湾等。

（3）温泉与人文旅游相结合。第一，提倡风格不一的温泉主题。除常规温泉产品外，很多温泉企业设计了不同的温泉产品，而旅行社也顺势配合企业，推出了不同的主题。如珠海海泉湾的设计理念就注重文化的挖掘和兼容并蓄，共设有近 100 个温泉池和 10 多种"发汗"设施，按不同风格分东方区和欧洲区、日式浴区、温泉娱乐区、世界温泉文化区、儿童戏水区和园林区等区域，展示了世界不同国家和地区的温泉沐浴文化。

第二，与人文旅游资源相结合。如日本的温泉离不开传说，温泉的起源大抵是有受伤的动物因为洗了温泉而痊愈，当地人见状而发现源泉。日本的温泉也是文人雅士最喜爱的地方。川端康成因为伊豆的山水、名汤的绝美景色，创作出《伊豆的舞女》，还以越后汤泽温泉为舞台，创作了唯美主义代表作《雪国》，游客可以从其文字中感受到雪中泡汤的恬静。

（4）温泉与饮食文化相结合。第一，温泉＋特色饮食。特色饮食是温泉旅游的重要内容，旅游者在浸泡温泉之后体力消耗较大，需要及时补充食物，而旅游地的特色餐饮服务，既可以增加温泉旅游开发的综合收益，也可以为温泉旅游增添新的内容。温泉旅游地的特色餐饮有两个基本要求：一是重视餐饮的形式；二是强调餐饮的保健性。如礁溪温泉是一个少见的平地温泉，在清代即为驰名的"汤围温泉"，早期就被列为"兰阳八景"之一，被誉为"温泉中的温泉"。除了泡汤，礁溪温泉也有许多温泉食品，如温泉鳖、温泉空心菜、温泉丝瓜和温泉番茄等，都是礁溪特有的农渔产品。

第二，温泉＋养生药膳。利用高温温泉开发特色菜肴，在温泉泡药汤后到餐厅吃温泉养生药膳，已经成为一种新的养生文化。如天沐温泉推出了温泉鸭、温泉酥鸽、温泉水鳖、温泉蒸蛋和温泉焖鸡等一系列养生菜肴。

第三，温泉＋饮料文化。在日本本州岛的箱根镇，有一家名为Yimessun的温泉馆。在馆内有25种特殊的温泉，包括古罗马温泉浴、土耳其桑拿浴和深海浴等，其中有一些以人们日常喝的饮料为材料的温泉，如咖啡浴。如果不喜欢咖啡也可以选择绿茶，馆内有专门的绿茶浴。如果旅游者偏向于酒类，还可以尝试馆内的红酒浴、米酒浴等。

2. 温泉度假旅游产品的开发

（1）正确的产品定位。总体上看，国内温泉旅游产品的定位集中在"温泉＋大型会议旅游度假地""温泉＋中小规模会议市场""温泉理疗康体与温泉文化体验""温泉＋水上娱乐""温泉＋综合娱乐""温泉＋生态农业"和"高尔夫＋温泉＋会议度假"等，这些模式在特定的地理环境和市场格局中具有一定的竞争优势，但同时也有很大的局限性。旅游产品的定位应细分目标市场，根据市场需求，综合各项指标，作出正确科学的定位。

（2）形成良好的产品组合。第一，产品组合的广度方面。拓展温泉旅游产品组合的广度，就是要横向扩展旅游产品的大类。旅游产品组合的广度越大，所经营的项目就越多。温泉度假旅游内涵丰富，可集观光、养生、休闲、度假和旅游于一体。可将其和都市特色旅游组合推出，与当地文化与自然资源相结合，推出多种特色旅游项目，形成"温泉＋其他"的开发模式，如"温泉＋节庆游""温泉＋都市游""温泉＋休闲游""温泉＋生态游""温泉＋科普游""温泉＋运动游"和"温泉＋娱乐"等，针对不同的消费者，采用不同的开发主题，从而提升温泉产品的整体魅力。

第二，产品组合的深度方面。挖掘温泉旅游产品组合的深度，目的是更好地满足更多的细分市场需求。应利用温泉资源的高品质、历史悠久和文化厚重等特征，深挖温泉文化的内涵，体现温泉旅游地方特色、文化特色与服务特色。如聘请医疗保健专家，针对当地温泉的特色，精心研究设计推出各具特色、功能各异的温泉池等。

（3）设计丰富多彩的温泉度假产品。温泉旅游具有明显的淡旺季差异，如果想更好地激发市场需求，在淡季也能为游客提供丰富的温泉体验，那么开发多样化的新颖的温泉产品是解决这一问题的关键。

第一，健康温泉旅游产品。在日常工作和生活非常忙碌的今天，人们无论是生理还是心理上都承受了较大的压力。因此，可设计以"与阳光的亲密接触"为主题的全家 SPA 月和以"阳光、温泉、健康"为主题的温泉运动周等突出健康主题的温泉产品，使人们在泡浴温泉、放松身心的同时收获健康。

第二，医疗温泉旅游产品。温泉具有较好的辅助医疗作用，并含有多种微量元素，因此各温泉景区可根据自身优势推出不同主题的以医疗保健为核心的温泉产品，旅游企业也可抓住机会，进行宣传和促销。

第三，异国体验旅游产品。世界各国的沐浴方式丰富多彩，在一定程度上反映了各国的文化特色。旅游者通过沐浴可以走入世界文化，达到了解异国风情的目的。通过这类旅游产品，可以让游客不出国门就能体验他国生活。异国体验沐浴游主要由各种他国风格的汤池构成，包括日式汤池、韩式汤池、土耳其式汤池、芬兰式汤池和古罗马式汤池等。

第四，美容温泉旅游产品。女士在温泉的顾客中占有相当大的比重。她们渴望通过温泉中含有的大量有益的矿物质改善皮肤状况，减少皱纹，延缓衰老。为此，可以将温泉与花草、牛奶、水果等美容佳品结合起来，设计出以"温泉如碧、笑颜如花"等为主题的女士美容温泉月，为女士特别提供牛奶温泉浴、玫瑰温泉浴等专项产品。

第五，商务会议温泉旅游产品。商务会议沐浴游主要面向以高档消费为主的商务会议团体。以各类采用现代沐浴设施的室内外泡汤池为中心，附设先进的会议设施，提供全方位的服务，开展商务会议沐浴活动。沐浴方式主要包括冲浪浴、瀑布浴、光波浴和漩涡浴。汤池分为小型会议汤池、中型会议汤池和大型会议汤池。

第六，森林温泉旅游产品。以温泉作为资源基底，以森林作为环境背景，设计具有特色的森林温泉洗浴产品，具体细分为森林天浴温泉、森林冰雾温泉、森林冰雪温泉、鸟语林温泉、森林温泉鱼洗浴、中医药温泉和森林花样温泉等。

第七，高尔夫休闲产品系列。将温泉旅游产品与休闲娱乐有机融合，如将温泉旅游设计在高尔夫园区内，或者入住可提供高尔夫休闲设施的酒店。将两种旅游产品进行融合，不但可以让客人享受到温泉之疗效，还可以在高尔夫球比赛中享受竞赛的乐趣，也可以在配套的高尔夫别墅度假以及进行高尔夫练习。同时还能将拓展训练、室内康乐和森林活动等纳入产品项目，形成以温泉高尔夫为品牌的度假产品组合。

第八，温泉生态科考产品。温泉资源是不可多得的旅游资源，很多温泉所在地本身就在景区内部，如黄山温泉。可以组织游客进行温泉生态科学考察活动，以提高游客的兴趣。

三、文化旅游产品设计

文化旅游产品是指旅游产品的提供者为旅游产品的消费者提供的以学习、研究考察游览国（地区）文化的一方面或诸方面为主要目的的旅游产品，如历史文化旅游、修学文化旅游、民俗文化旅游等。文化旅游是为充分挖掘和利用文化旅游资源而设计的旅游产品。文化旅游资源是人类过去和现在所创造的，能为旅游发展所利用的物质现象、精神表现等，包括历史文化旅游资源、民俗文化旅游资源、餐饮文化旅游资源、建筑文化旅游资源、宗教文化旅游资源、园林文化旅游资源等。人们对文化旅游产品的需求归根结底是由人们对异地或异质文化的求知和憧憬引发的。旅游者在选择能够满足各种需求和兴趣的文化旅游产品要素时，遵从的是一种介入特定文化环境后的休闲生活文化模式，因此旅游者应有文化感悟的指向和能力。

（一）文化旅游产品的定位及开发模式

1. 文化旅游产品的市场定位

文化旅游行为的终极性动机是文化动机，这就决定了以满足文化旅游动机为直接目标的旅游产品，应具有与旅游者文化旅游需求相适应的文化属性。文化旅游消费的基本倾向是对异地和异质文化的期望，历史文化、民族文化、地域文化和民俗文化都是可以构建文化旅游的产品体系。

（1）文化旅游产品应主题鲜明。大众旅游者并不都是历史学者和文化学者，所以在依据资源本身的文化类型进行产品组合时，应考虑到资源的功能性转换，使整个线路切合旅游者的审美习惯和场景活动特点，否则就可能脱离市场。毫无疑问，文化旅游产品要有明确的主题。产品主题越鲜明，越典型集中，越富层次感，就越有利于分层次、多视角地进行展示和设计，使其内涵得到充分发挥，达到应有的广度和深度。

文化旅游是一段时间有限、场景集中的经历与体验，旅游者在有限的时空中获得文化旅游的体验和感知，因此，文化旅游产品必须用典型、形象、通俗、有趣的形式去展现文化，才算是选位得当。文化旅游不仅是一种文化观赏活动，也是一种文化介入和文化参与活动。崇尚参与和亲身感受是现代旅游一个很重要的特点。文化旅游产品的开发设计研究要为旅游者提供亲身感受和参与的机会，有助于旅游者进入体验旅游目的地文化的角色当中。以民俗文化为例，其文化系统极为庞杂，包括物质生产民俗、社会制度民俗、日常生产民俗和精神信仰民俗等。在旅游开发过程中，必须对内容进行精选，选择诸如习俗典礼、岁时节庆和游艺竞技等富有表现力的场景，将其与百姓饮食、起居等日常生活结合起来，才会产生有力的文化吸引。

（2）异时型文化旅游资源组合体现出原景留置和拟景再现。许多历史文化遗址作为文化旅游产品的资源组成部分属于原景留置，如楼兰古城遗址、圆明园遗址等。特殊的历史变故仿佛使时间凝固在那一刻，旅游者置身其中，必然会有一种重返历史、时光倒流的感觉。历史型文化资源的吸引主要是给旅游者以一种怀旧情调的文化憧憬，人们憧憬一个特殊的文化时代，希望置身于历史场景中与历史人物进行心灵交流，甚至参与观察已经过去的历史事件。以展示民俗文化为特征的主题公园多属拟景再现（模拟展示类型），如杭州的宋城，模拟展示了宋朝的城市文化和生活场景。有些考古发掘展览馆也有异时文化模拟展示的效果，站在兵马俑博物馆那气势恢宏的兵马俑方阵前，旅游者仿佛置身于两千多年前的猎猎疆场，感到惊心动魄。许多文化旅游场景中，也有表现异时文化的项目，如无锡影视城中一幕幕水浒事迹演义，表现了梁山好汉们昔日的种种义举，和上述文化场景的展现方式不同，这类再现带有浓厚的表演艺术色彩。

2. 文化旅游产品的开发模式

（1）按细分市场开发文化旅游产品。在文化旅游的市场格局中，许多细分市场充满了机会。学生修学旅游是一个新兴而处于发展中的市场。在老年人旅游兴趣中，有着典型的文化怀旧特征或文化"还愿"情趣，历史文化旅游线路、民俗文化旅游线路及各种专题文化旅游线路，都能激发老年旅游者的文化旅游兴趣。按细分市场开发旅游产品，是文化旅游产品开发的基本市场思路。

（2）文化旅游产品的策划要有创新意识。文化旅游是一项充满创意的文化活动，树立创新意识对于发展文化旅游业而言特别重要，必须以观念创新推动文化旅游产品的开发。要立足文化旅游资源，精心做好策划，使文化旅游产品具有高起点、高要求和高水平的特点。

（3）文化旅游产品开发以体现特色、品位和人本主义精神为文化本质。从发展的趋势上看，没有参与性和文化内涵的旅游产品是难以吸引游客的。所以，文化旅游产品的开发应以鲜明的特色为文化形式，以丰厚的品位为文化内涵，以人本主义精神为文化本质。文化旅游产品的特色从根本上来说应该体现独立的文化主题，突出和强化文化旅游产品、文化旅游场景或环境的文化性。文化旅游产品应区别于一般大众旅游，体现出文化旅游线路的专项化和定制化，凸显文化旅游产品对文化旅游需求多元"文化格局"的关怀与满足，体现对文化旅游者的人文关怀，突出"文化为根，以人为本"的方针。

（二）文化旅游产品的设计思路

文化旅游产品的开发设计要充分考虑文化旅游地的主题、文化形象设计、文化内容的确定和文化旅游的开发形式等，认真进行研究，精心策划，仔细组织，合理开发。

1. 结合旅游活动各环节，设计具有渐进式特征的旅游产品

在旅游活动过程中，好的食、住、行、游、购、娱、通信以及相应的服务道德与技能等，不仅能给旅游者带来物质上的享受、身心的愉悦，还能产生文化上的影响和知识上的启迪。旅游者在欣赏湖北隋县出土的距今 2400 余年前的编钟敲奏出的激越、优美的乐曲之际，所得到的不仅是对音乐的欣赏，还会触发旅游者对影响中华文化良深的楚文化的钦佩之情，甚至可能由此产生研究中国古文化的强烈兴趣，使众多旅游者为中华文化之悠久、灿烂而自豪。

2. 结合交流活动，创建出文化专题旅游产品

在一些文化活动中，为适应各种人的兴趣，扩大经营方式，提高经济效益，可以设计一些交流活动，从而达到开展专题文化旅游的目的。如 1983 年，上海在淀山湖畔首创中美风筝友谊比赛，请山东的选手参赛。山东相关部门受到启发，次年起开始举办潍坊国际风筝友谊节，每年一届，盛况年胜一年，参与国家和地区与年俱增，风筝艺术也日趋多样化、现代化，提高了潍坊的知名度，吸引了众多的旅游者。这说明旅游地可借一些交流活动开创文化专题旅游项目。

3. 结合高科技、艺术性和趣味性，开发教育文化旅游产品

在文化传播上，立体化、声像化也成为较为明显的趋势，旅游地可以通过声、光、电等开辟新奇刺激的文化旅游活动项目。如日本电力馆，一进去就有连挂式的有轨电车，观众坐满列车，一按电钮，列车奔驰，借助声光技术，时而遇到"山洪暴发""火山喷发""恐龙袭击"，时而"闯入深山峡谷""沉入海底""飞上太空"。人们全身

心沉浸在欢畅的玩乐之中，却又不经意地接受了展馆主人所要达到的宣传目的。这是宣传、游乐、交流等交相辉映、融为一体的实例。

4. 结合历史史实或文化遗存开辟文化旅游场所，组织文化专题旅游活动

根据当地历史发展轨迹或者通过文脉分析，发掘当地文化主题或有特色的文化活动，组织文化专题旅游项目。苏州有一个戏曲博物馆，人们在其中可以看到保存完好的清末门楼、古典戏台、厢房、亭阁和各种鼓乐器械及艺人群塑，可以看到昆剧史料陈列和"拆之可担""合之成楼"的古艺人外出献艺用的活动舞台堂名担，可以看到鸳鸯厅红木奇椅、木雕花窗、室内戏台及雅致的陈设，游人的整个心灵立刻就会沉醉在这浓郁的艺术氛围之中，再加上在鸳鸯厅中的现场演唱，使人们真情实感地体会到旧时中国富裕阶层的一种特殊的文化生活方式，给旅游者带来一种独特的艺术享受和生活体验。

5. 结合旅游者对文娱活动的渴求和对异地文化的冲动欲念，开发旅游文娱活动产品

旅游文娱产品可以说是以本国、本地区、本民族的传统文化艺术积累为基础的、具有独特艺术形式和感染力的精神产品。其形式多种多样，主要有旅游文化节庆活动、旅游文娱消遣活动、席间文艺演出等。旅游文化节庆活动，既可以视作一种具有地方特色的旅游吸引物，又可以视作一项颇具魅力的文娱活动。大型有地方特色的旅游节庆活动，不仅必然是一项富有特色的吸引物，而且在当地旅游产品中往往具有龙头地位。这类产品由于深层次发掘了当地的艺术水准而具有较大吸引力，加之精心组织的旅游接待工作，有助于在较高层次上树立当地的整体形象和旅游形象。旅游文娱消遣活动尽管规模气势上不如文化节庆活动，但可以持久地取得效益，如北京的老舍茶馆、西安的"秦俑魂"、罗马尼亚的"菲亚特婚礼"餐厅、丽江纳西古乐会等，已经被实践证明为较好的旅游文娱消遣活动项目。餐饮席间的文

化娱乐活动，虽然带有餐饮助兴的性质，但本质上仍是一种文娱消遣，西安的唐乐舞、昆明的民族乐舞伴餐即是此类。

6. 结合发掘与研制特种工艺品和工艺美术纪念品，开发文化购物旅游产品

工艺美术制品，特别是那些堪称民族精品的特种工艺制品，是一个国家和民族几千年文化积累的物质反映，是文化载体的一种。以传统的工艺手法制作的反映传统和时代风貌的工艺制品，是一国、一地旅游业满足异国、异地旅游者享受异地文化、寻求美的愉悦的一个重要途径，也是通过潜意识增进异国、异地人了解本国、本地、本民族的一种生动形式。工艺美术品的销售可以提高本国、本地区的知名度，弘扬本国、本地区的旅游文化，吸引更多旅游者到来。

四、生态旅游产品设计

生态旅游产品是以吸收自然和文化知识为取向，尽量减少对生态环境的不利影响，确保旅游资源的可持续利用，将生态环境保护与公众教育有机结合，共同促进地方经济社会发展的旅游活动。

（一）生态旅游产品的主要特点

第一，旅游吸引力强，前景广阔。生态旅游的兴起，使工作繁忙的城市居民的心灵在大自然中得到沐浴，让其身心在人与自然和谐关系中得到放松。

第二，生态环保性能优先。生态环境是不可替代、无法再生的宝贵资源，生态旅游的初衷是保护环境，因此保持环境完整性、和谐性、平衡性是生态旅游产品策划和开发的前提。与传统旅游产品相比，生态旅游对于自然环境的容量有较大的限制，生态旅游景点最高客容量以不破坏生态系统平衡为目标。

第三，具有明显的知识含量，教育导向作用突出，可以让旅游者在旅行中认识自然生态系统，学会保护环境。生态旅游知识含量明显高于观光旅游，因为生态旅游的根本目的之一就是在自然环境中对游客进行生态认识和生态教育，偏重对生态环境的管理与保护。这一切的完成，需要丰富的知识储备，产品开发者对生态环境和绿色消费要有较深的认识。

（二）生态旅游产品的设计要点

1. 坚持系统开发观，结合实际开发生态旅游产品

随着社会经济的发展，人们已经开始意识到生态旅游是一种系统性的行为，只有在自然生态系统和社会生态系统之间的循环系统中，才能产生真正高层次的生态旅游产品，所以生态旅游产品的开发需要进入一个更高的理性化的层次。在实际产品设计中，有些自然保护区物种齐全、品种繁多、生态价值极高，但可游性不够，比较乏味，这是常遇到的情况。因此，在设计产品时，既要重视其生态方面的价值，又要重视其美学与文化方面的价值，实属不易。所以，应减少或避免为了提高可游度，在自然保护区内大规模建造人造景点这种画蛇添足、适得其反的情况发生。

2. 科学规划与适应发展相结合

这是由生态旅游产品的特性决定的，有限的容量必然导致有限的开发，开发者的经济利益在一定程度上会受到限制。但是，保护环境——发展旅游——维系当地人民生活是生态旅游的本质特征。在策划生态旅游产品时，应遵守规划原则：保护第一、旅游第二，环境第一、舒适方便第二，做到有限开发。生态旅游开发要有容量限制，必须防止太多游人同时进入重点保护的景区。任何生态旅游区都应有游客流量控制，防止生态环境的破坏与污染。此外，还应积极开发节约型的绿色生态旅游产品，使旅游者与当地居民都充分受益，积极发挥

社会效益。

3. 以市场为导向开发生态旅游产品

生态旅游依赖于自然条件与生态环境，这是生态旅游的前提。但这并不意味着生态旅游产品开发可以弃市场于不顾，应基于生态旅游产品的多种形态，在良好的生态环境中进行各种类型的旅游项目开发，如探险旅游、特种旅游等。设计者应在进行充分的市场调查与分析后，将市场需求与客观条件相结合，在细分市场中寻求目标市场，找准产品定位，强化生态旅游的不同核心利益，形成产品的特色与差异性。在重视环境保护的基础上，丰富生态旅游的内涵，壮大生态旅游产业。

4. 开发系列化的生态旅游产品

生态旅游产品开发应该形成系列产品，不仅要在旅游产品上体现生态系统，在服务设施建设上也必须体现环保原则。如深圳的青青世界生态园内，所有客房都用天然的木料，林间小路使用的是废弃的火车枕木，许多地方的装饰也是废料回收再利用，让游客置身于一个环保的世界。另外，可针对生态旅游产品静态性特征，适度策划一系列动态、体验性的生态浪漫活动，丰富旅游产品内容。

5. 生态旅游开发应与乡村和林区开发相结合

生态旅游开发在一定条件下应将旅游区与林区和乡村开发结合为一体，把改善提高乡村和林区的环境、生活质量、文化素质、环保意识结合起来，造就一个社会安定、经济发展、村民文明的旅游发展大环境，实现生态旅游与繁荣当地经济相结合的双赢收获。

6. 生态旅游开发应更好地满足人们求知与追求文明的内在要求

生态旅游开发不仅要注意有形的方面，还应注意无形方面，创造一个有利于生态旅游发展的人文环境。因此在开发生态旅游项目的同时，应教育居民与游客爱护环境、保护环境，制定一系列保护环境的法律、制度、村规民约。随着旅游业的发展，旅游者已不仅仅有观光的要求，越来越多的旅游者希望能够通过旅游获得一定的知识，拓宽自己的知识面，特别是自然、地理等方面的知识。我国具有丰富的生态旅游资源，河流、平原、溶洞、岛屿、湿地、森林、野生动物等都会使游客产生极大的兴趣。因此，旅游地可开发观光探险游，让游客自己通过观察、体验和研究获得丰富的知识，了解旅游地的山川、草木、鸟兽、鱼虫是怎样在地质时期发生和进化而来的。

（三）生态旅游产品的发展方向

1. 大众化生态旅游产品

我国的生态旅游目前正处在起步阶段。20 世纪 90 年代以来已初步推出了一批具有生态旅游特点的旅游线路、景点、项目和节庆活动。其中大多数是大众化的生态旅游，而专业性很强的特种生态旅游项目尚处于初级阶段。比较典型的大众化生态旅游产品有森林生态旅游、乡村生态旅游、农业生态旅游、高山生态旅游、海洋生态旅游和草原生态旅游等。结合各地的生态旅游资源，可开发以下几种类型的生态旅游产品：

（1）滨海湿地生态游。当前湿地旅游已经成为国际上最流行的旅游方式之一。我国有大面积的海滨旅游资源，可以开发滨海湿地生态游，发展湿地观光、珍稀野生动植物考察（如观鸟及其他动物考察活动），水上观光娱乐如游艇、划船、垂钓等观光娱乐项目，以及生态农业观光采摘等生态旅游活动。

（2）自然地貌生态旅游产品。我国具有丰富的地貌生态旅游资源，以江苏环太湖地区为例，地貌多种多样，有河流、平原、溶洞和岛屿等，这些奇特的地貌会使游客产生极大兴趣。再比如，在洞庭湖西山可以开展太湖石和太湖岛屿成因考察游，也可以开展溶洞观光探险游，让游客自己通过观察、体验和研究获得丰富的知识，懂得旅游地的山川、草木、鸟兽和鱼虫是怎样在地质时期发生和发展起来的。

（3）森林生态游。森林具有吸碳吐氧、阻风吸尘、降低噪声、净化水质和调节气温等多种生态功能，环境质量一流，特别是森林中空气负离子浓度高，森林植物又能产生一种精气，也叫植物芳香气（亦称"芬多精"），可以杀灭有害细菌，消除病毒，具有防治高血压、冠心病、神经官能症、哮喘和气管炎等多种疾病的功效。所以，在世界性的旅游热浪中，以回归自然为主题的森林旅游业前景十分被看好。

（4）野生动物观赏游。人类一直宣称要与野生动物和谐相处，旅游者回归自然就是想亲近动物，观赏动物。因此可以开发野生动物观赏游，满足游客的需求。可以以野生动物保护区为依托，开展丰富多样的野生动物观赏游，如游览河南新乡黄河古道湿地鸟类自然保护区等。

（5）山水名胜风景游。名山胜水、奇观异景，自古以来就备受旅游者的青睐，生态旅游者也不例外。以山水风光为依托开展休闲、度假和疗养旅游项目，可以放松身心，还给人们一个轻松愉快的自我，如泰山名胜风景游、河北承德避暑山庄的避暑休闲游和千岛湖的湖光山色游等。

（6）田园风光游。田园风光是一种蕴藏极为丰富的生态旅游资源，对久居"城市荒漠"的人们来说，会增添一种非同寻常、耐人寻味的经历和感受，国内有不少因开发田园风光或乡村旅游而获成功的先例。

（7）城市公园生态游。城市公园是城市中少有的生态环境较好的地区，虽然面积不大，但其生物多样且极为丰富，尤其是在生态工程技术的支持下，模拟和再现异地生态系统取得了巨大的成功。城市公园生态处于生态旅游需求市场之中，在生态旅游开发中居重要地位。

2. 特种生态旅游产品

特种生态旅游产品是指具有在特殊优势的市场上形成独特吸引力的生态旅游产品。我国具有独特自然地理特征和生态系统的高山地区、草原地带、湖泊河流、戈壁沙漠和峡谷丛林等，都具有发展特种生态旅游的潜在资源基础，经过一定的开发设计，可开发如徒步、登山、潜水、漂流、攀岩、探洞、滑雪、热气球旅行、骑行、自驾车船及乘伞滑翔等探险型、参与型的特种生态旅游产品。

第三节　旅游文创产品的创意设计

文创产业创新主要体现在它是随着体验经济的发展而出现的，是一种新兴产业。旅游文创产品就是这一产业的重要分支，它与普通产品不同，对地域的传统民俗和社会文化有着艺术化的浓缩，在满足消费者视觉需求的同时，还要在功能与精神层面迎合消费者的喜好，并具备一定的文化传播作用。从具体层面分析，旅游文创产品的范围很广泛，形式也较为丰富，有解决游客日常需求的生活用品，有展现当地文化和建筑风情、扩大品牌影响力的旅游纪念品，还有明信片、游玩地图、个性报纸等给游客提供旅行建议的各种资料等。受时代发展的影响，为了提升地域的形象和影响力，打造旅游文创产品的多样化形式和多元化内涵成为其"转型升级"的重要支撑。基于对这一现实的认识，越来越多的设计师开始了相关的设计探索，其中有收获，也有不足，共同造就了当下旅游文创产品的市场特点。而本节所要研究的正是从这一现实所呈现的不足与前进趋势中找到新的旅游文创产品设计路径。

一、旅游文创产品的概念与设计开发价值

所谓"文创产品"，指的是文化创意产品。它是设计者以文化为设计灵感来源，以科技和工艺为实现方式，以产业化和市场化为推广渠道所创造出的具有较高附加值的文化产品，其不仅仅具有商业价值和市场价值，也具有一定的文化传承价值。当下，文创产品主要分为三种类别：一是创意家居生活类的文创产品；二是具有地域特色的旅游文创产品，如博物馆、纪念馆的文创产品；三是内容周边衍生品，如漫画、电影的周边衍生品。

旅游文创产品是为旅游景点或者景区，抑或从本地特色出发所设计的具有较明显的地域特色的产品。其设计与开发能够很好地推动文化产业的发展，推动地域特色和民族特色文化的传承，推动旅游产业的进步。

第一，旅游文创产品开发与设计助推文化产业发展。文创产品的载体是产品，其内涵是文化，文化能够为产品提供更多的灵感和思路。反之，文创产品又能够促进文化的传播与推广，能够将本地的特色文化通过游客的购买、馈赠、分享等行为传递到更多的地方，甚至能够通过国外游客的购买，实现中国特色文化的国际化推广，进而助推文化产业的进一步发展。

第二，旅游文创产品开发与设计助推民族特色文化的传承。旅游文创产品开发与设计能够彰显地域特色，艺术化地展示不同地区、不同民族的文化与民俗。游客在愉悦而轻松的状态下更能仔细欣赏产品，更愿意了解产品背后的文化。而一些有效组织的互动体验，既达到了推介产品的活动目的，又以生动直观的形式实现了文化传承。

第三，旅游文创产品开发与设计助推旅游产业发展。成功的旅游文创产品设计与开发，能够使更多受众了解到当地的文化、地域特

色，并产生主动传播的意愿，在信息沟通极为顺畅的大数据时代，其对文化产业、旅游产业的带动作用不可小觑。

二、旅游文创产品的现实困境及出路

（一）旅游文创产品的现实困境

作为一种文化名片，旅游文创产品有着积极的发展意义，对其进行合理开发设计，打造出形式、内涵与功能都很优秀的产品，能够提升整座城市旅游品位的代表性方向，也是促进当地旅游收入增长、带来经济回报的有效支撑，更是建立品牌文化的不错之选。然而，单调的类目、保守的造型和传统的形态仍然是主流，很多不足之处逐渐在市场的考验下暴露出来，需要得到正视和重视。

困境一：特色创新不足。旅游纪念品在体验经济的影响下，其设计应以消费者为中心，将自身的地域特色内容进行合理融合创新。但现实状况是，批量化的设计生产大量存在，产品形式十分单一。同时，受开发旅游纪念品成本较高等现实因素的影响，相关的地区景点更多地将重心放在门票收入上，对旅游文创产品的重视不足，更阻碍了创新的实现，特色化表现难以令人满意。

困境二：文化品牌缺失。没有文化品牌，这是摆在旅游文创产品设计面前的现实难题。受此影响，旅游景区的消费链难以与当地的文化产业联系起来，而游客也难以在旅游时买到符合心意的文创产品。长此以往，便会形成恶性循环，现有的旅游文创产品销售难，而新颖的旅游文创产品缺失，最终会对整个旅游地的文化品牌形成负面影响，难以实现大跨步的发展。

困境三：文化内涵欠缺。目前，廉价、粗糙的旅游地纪念品仍然很多，旅游文创产品设计同样受到一定的影响。在具体设计中通常只重视外在的表现，并没有从文化的内涵上进行挖掘，更多的是模仿和重复一些现有的产品设计。这样的产品没有代表性的语义符号和形态设计支撑，缺乏深刻内涵，仅靠外表的争奇斗艳，终究难以获得成功。

（二）旅游文创产品的现实出路

旅游文创产品设计必须借助各种有效的手段来使自身变得更加新奇而耀眼，从而在更大程度上吸引旅游者的目光，获得更大的市场份额。在具体的设计过程中，设计师要认真理清思路，从系统性、传承性、人文性等层面展开思考，将个人意识与社会意识相融合，以足够的思维空间进行艺术创造，将创新、文化和品牌做到极致，以地域性、品牌化和时代化为指引，提升旅游文创产品的文化内涵，发挥旅游消费市场的导向作用，创造出更多更好的旅游文创产品。

1. 彰显地域特色

无论是大型文创产品还是小型文创产品，都应从同质化的桎梏中挣脱出来，让自身兼有纪念性、文化性和艺术性，并力图做精做强，将地域性特质进行全新的展现。究其原因，地域文化是刺激旅游者购买欲望、带来更高层面的视觉刺激和精神刺激的有效途径，能够使旅游文创产品的内涵与外在实现更加和谐的统一，从而形成一种难以被取代的特色创新。

第一，明确设计理念。设计理念是整个设计的主导思想，把控着作品的材料、工艺、设计思路、设计风格、思想内涵、受众群体等多个方面。在工艺和材料的选择上以当地的常用材料为宜，若能体现一种独特的手工艺技法更好，再结合当地特色风光与文化，就能更好地升华旅游者的情感体验，促进文化传播。比如，在世界自然与文化双遗产地武夷山风景区的旅游文创产品开发中，设计师利用当地盛产的竹木材料，运用竹编、竹刻工艺，结合当地茶文化、朱子文化、道教文化制作的文创产品就深受游客喜爱。

第二，区分设计类型。旅游文创产品在很多时候、很多地区的展现形式是类似的，甚至是相同的。因此，设计师要在旅游文创产品的设计过程中适当结合现代科技进行一种现代化的表达，也可以对地域文化进行延伸，赋予整个造型以更加个性而内涵丰富的识别性特点，必要时还可以进行艺术化的夸张和重构，让地域文化的魅力在旅游文创产品的类别化竞争中得到淋漓尽致的体现。

以扬州地区的旅游文创产品设计为例，其设计以相关的景点及其代表性文化元素为依托。如瘦西湖就是不错的灵感承载体，其中的万花园、白塔、五亭桥、二十四桥等景点很有代表性，也给了设计师以个性化创作的灵感。从冰箱贴、钥匙扣、记事本、明信片，再到茶具、文具套装，其中大多对瘦西湖的各种文化旅游景点进行了艺术化的融合与创新。比如，"五亭桥韵"茶具组、"福转乾坤"系列茶器等"瘦西湖游礼"系列文创产品，已经在文化创意产业交易博览会上进行了展示，让人们感受到了"扬州元素"文创商品的独特魅力。尤其以"福转乾坤"系列茶器的设计为代表，设计师将乾隆皇帝最爱的珐琅工艺运用其中，结合现代化的设计工艺和手段，打造出了融传统、时尚、实用、有趣等特点于一体的旅游文创产品。

2. 扩大品牌影响

对于旅游文创产品设计而言，具备了基本的形式与内容，有了地域文化特色的助力，紧接着就可以根据品牌化的设计思路，尝试以品牌的影响力来提升自身的附加价值，进一步扩大市场效应。作为设计师，应在设计实践中树立品牌意识，深度开发旅游文创产品，让其价值得到更好发挥，从而提升附加值，以良好的口碑赢得更大的市场。

具体来说，打造旅游文创产品的品牌，应该从以下几个方面着手。

第一，深入研究地域文化与人文特色。为了使旅游文创产品品牌化，需要对当地的独特地域文化与人文特色进行深入研究。比如，在创建品牌的时候，对当地的历史、文化、名人进行走访调查，发掘其中的独特性，从而有针对性地进行品牌打造。

第二，打造完整的产业链。在景区，由于旅游产品价格相对较昂贵，吸引了大量的商贩。一些商贩为了获利更大，会选取成本较低、质量不佳的材料来进行产品的制作。由于监管力度不足，这样的产品流入市场，大大影响了受众的购买欲和体验感，这也会对该地区旅游文创产品的整体水平产生不利的影响。因此，在打造旅游文创产品的品牌时，不仅要设计出蕴含厚重历史文化的产品，还一定要确保文创产品的质量，打造完整的产业链，要从源头做起，选择质量有保证的供货商，杜绝质量参差不齐现象的发生。

第三，选择多样、高效的营销手段。所谓"酒香也怕巷子深"，打造旅游文创产品的品牌化不仅需要文化特色与产品质量，还需要多样、高效的营销手段，制定有效的营销战略。比如可以通过新媒体进行营销，吸引更多受众的关注，从而提升旅游文创产品的销量与附加值；可以延伸线下营销渠道，开设体验项目，让游客自制专属文创产品；可以利用公共关系，融入大型活动，将产品品牌传递给受众。

第四，凸显文化符号。品牌的打造需要有过硬的内容、形式和功能，因此，设计师的设计需要凸显文化符号的含义，从而使旅游文创产品更加独特、更加具备活力。以沈阳故宫的旅游文创产品设计为例，设计师在品牌打造上就十分重视对历史文化的传播，并懂得以审美的眼光去看待各种文化符号，尤其是对馆藏资源的充分利用。在素材的利用上，设计师搜集了清朝文化、经济、政治等众多方面的资源，从中选取了一些特色元素，并对其进行梳理、设计，借助现代化的手段去反映沈阳故宫的历史文化特征，并遵循"提取——转译——拓展——生产"的基本流程将精髓进行艺术化展现，表现出广阔的商业潜力，也给旅游文创产品的品牌化设计创造了前提和基础。比如，故宫里的宫殿建筑就是可以提取的有效元素，对其进行艺术创造，以现代化的表现方式呈现在世人面前，是一种精髓的传承，更是为打造品牌加码。另外，还可以进行藏品的再生设计，将一些保存完好的家具、陈设等进行功能和外形的保留，并借助现代技术进行改良和开发，打造高端文创产品，这也是创建品牌、扩大影响力的有效手段。

3. 营造时代气息

旅游文创产品设计还要从当前的时代趋势出发，将各种新奇的创意和现代化的技术手段相结合，打造城市旅游文创产品时代化的典范。

第一，利用信息化手段。旅游文创产品设计完全可以结合新媒体、新技术，打造黏性产品，也可以以信息化为助力，设计一些互动性强的产品。比如人们可以通过扫描二维码、参与互动等形式，更好地感受旅游文创产品的创新诚意，在信息化的互动中感受到精神层面的情感满足。

第二，融入故事性内容。讲故事是打动人心的有效方式，能够使产品衍生出情感诉求，宣传文化，寄托追求，从而赋予产品更加深刻的内涵。比如，一款以西湖名景"断桥残雪"为设计元素的香插设计就将许仙和白娘子的动人爱情故事融入其中，借助断桥的形式寄托一种情感。尤其是当香灰飘落在桥台时，诗情画意，美不胜收。这样的设计能够更快、更好地抓住游客的眼球，吸引他们驻足欣赏，在情感的指引下实现最终购买。

第三，打造文创知识产权（intellectual property，IP）。文创 IP 是文化创作与原生 IP 结合后衍生出的产品符号，它是旅游文创产品发生质变的关键。在这方面，国外的迪士尼乐园、国内的故宫都有文创 IP 的成熟案例。故宫文创一方面以接地气的"萌化"形象进行设计，将文化性与功能性结合，博得大众的喜爱；另一方面以新时代互联网思维营销，推出表情包、手游、VR 产品，这种文化推广思路让故宫拥有了富有生机与活力的未来。可见，聚焦旅游地的核心吸引物，从当下审美出发，结合有效的传播运营方式，才能使所设计出的产品更快地获得民众青睐，实现更多的设计可能。

4. 大力提升文化内涵

旅游文创产品与其他产品的不同点在于，旅游文创产品的内核是文化，是民族文化、区域文化的融合和提炼，旅游文创产品担负着传播文化的职能。然而当前随着旅游业的不断发展和壮大，旅游文创产品的种类越来越多，水平却参差不齐。很多旅游文创产品在设计上缺乏文化厚度，难以承担起传承文化的重任。为此，未来旅游文创产品的出路就是不断提升产品的文化内涵，使其真正能够承载地域文化、民族文化的重量，使旅游者在获得文化熏陶和感染的同时，从被动的文化接受者变为主动的文化传播者。

曲阜"三孔"景区设计的旅游文创产品就是这方面的优秀案例。设计师从"三孔"建筑、孔子形象、儒家文化、孔子故事中提炼设计元素，产品兼具文化性和趣味性，既扩大了"三孔"文旅品牌的知名度，也促进了景区旅游经济的发展。再如基于土家族方言进行的旅游文创产品设计，设计者以幽默的画面解读方言语义，实现听觉符号向视觉符号的转换，使人们获得直观的理解，同时在画面内容上呈现出地方特色文化，如土家族的民风民俗、建筑、服饰、地方美食等，这样文化内涵丰富的旅游文创产品设计是极具市场竞争力的，也能更好地起到助推旅游产业发展的作用。

5. 发挥市场导向作用

旅游文创产品的发展不是盲目的、无头绪的、无导向的，毕竟其定位是商业化产品，因此需要以市场作为重要的导向和评判标准。随着旅游产业的不断壮大，旅游消费也呈现出个性化和多元化的趋势，这为旅游文创产品的设计提供了一定的导向性，需要设计者做好以下几个方面的工作。

第一，调查消费市场。具体来说，可以通过问卷调查、市场调研、随机采访、售后回访等多种方式，了解消费者对于旅游文创产品的需求和反馈，根据消费者的需求和反馈对旅游文创产品进行设计和改进。

第二，学习成功经验。对旅游文创产品的成功案例进行收集、整理、分析，提炼出这些产品的成功原因，从中汲取经验。比如，基于故宫博物院藏品进行的旅游文创产品设计之所以受到广大民众的普遍追捧，背后的原因是其先找准了今天的人们在信息和生活方面的需求，再挖掘馆藏国宝在内涵上与社会生活的契合点，从而实现对设计和生活的影响。同时，通过现代科技手段的运用，实现了更大范围的传播。

第三，注重网络营销。在网络消费大发展的背景下，当地要结合旅游消费市场需求，采用现代化网络技术，充分发挥文创产品网络营销的优势，增加销售量，进一步扩大消费市场的影响力。

总而言之，旅游文创产品具有很强的文化传播功能和地方影响力。从当前的时代发展来看，旅游文创产品的未来形势良好，有着很大的开发设计潜力。旅游文创产品的开发与设计是传承地域文化、展现地域特色、促进地域旅游发展的有效途径。而设计师则要做好市场调研，以人为中心，以地域文化为指引，以创新性、艺术性、时代性为追求，通过嫁接设计元素实现内涵与形式的升级，促进旅游地知名度的提升和旅游产业的蓬勃发展。

第七章　旅游目的地形象
设计与营销研究

第一节　旅游目的地形象概述

一、旅游目的地形象的内涵及特征

（一）旅游目的地形象的内涵

旅游目的地形象（tourism destination image，TDI），有时简称旅游形象（destination image，DI），最先由美国科罗拉多州立大学的威廉斯·坎诺·亨特（William Cannon Hunter）提出，他认为形象因素是旅游目的地开发的重要因素之一，并对旅游形象进行了初步定义。随后，旅游形象受到了学术界的广泛关注，近年来成为国际旅游学界最热点的研究领域之一，其研究价值得到了普遍认同。

根据他人研究成果，旅游目的地形象可被定义为旅游目的地的各种与旅游活动相关的要素在旅游者脑海中形成的主观印象，是对旅游目的地总体特征的高度概括和评价。

理解旅游目的地形象这一概念要明确以下几个问题：

第一，旅游目的地形象形成的客观基础。旅游目的地的自然地理、历史文化、民俗文化和代表性社会事件等总体区域特征共同构成了旅游目的地形象的现实基础。

第二，旅游目的地形象形成的主观感知者。主观感知者的主体为旅游者，包括潜在的和现实的旅游者。旅游目的地形象是旅游地客观现实和旅游者主观映像的综合体。其中，旅游者对旅游目的地的感知形象可分为旅游前通过各种媒介获得的间接的本底感知形象和决策感知形象，以及旅游后直接获得的实地感知形象。

第三，影响旅游目的地形象不可忽视的主体群。参与旅游开发的当地政府、旅游企业、旅游规划者和当地社区等对旅游地形象的形成具有重要作用。在现实中，旅游目的地形象隐含目的地规划者对旅游目的地的一个期望形象，即规划者在旅游地区域特征和旅游业发展态势分析的基础上所设计的、想要传达给旅游者的未来的形象。同时，当地政府、旅游企业和当地社区居民的意见对规划师的方案有一定的影响，旅游经营者通过对旅游形象的设计和传播，利用感知者和被感知者之间的互动，影响旅游者对客体的认知，从而影响主观感知者对现实客体的感知效果。

第四，实地感知形象与决策感知形象的偏离度决定旅游者的满意度。旅游者的实地感知形象是旅游者对旅游地期望形象的验证，旅游目的地的期望形象与旅游者的决策形象越符合，旅游者的满意度就越高。

（二）旅游目的地形象的特征

1. 综合性

旅游目的地的形象是由多种因素构成的，其丰富的内涵表现为旅游主题形象的综合性。

（1）内容的多层次性（现实基础丰富）。旅游目的地形象从内容上可分为物质表征和社会表征两个方面。物质表征主要包括旅游目的地的地理位置、外观设计、园林绿化、环境氛围、休闲娱乐项目以及服务质量等。其中，以服务为主体的旅游产品质量是旅游形象物质表征中最具有实质性的要素，在旅游者心中与旅游主题形象直接关联。社会表征主要包括旅游地的人才储备、技术力量、经济效益、工作效率、福利待遇、公众关系、管理水平、方针政策等。在社会表征中，旅游目的地与公众的关系是重要的因素之一，协调好旅游目的地和公众之间的关系是塑造良好形象的有效途径。

（2）心理感受的多面性（主观感受多样）。旅游目的地形象是旅游地在旅游者心目中的感性反映。由于游客的观察角度因人、因地、因时而异，即每个旅游者都是从自己的特殊角度来观察旅游地，这就决定了旅游者对旅游目的地形象的心理感受呈现出多面性，即旅游目的地在旅游者心目中的形象存在差异。

2. 稳定性

旅游目的地主题旅游形象一旦形成，便会在旅游者心目中留下特定的印象，一般来讲，这种印象所积累成的形象具有相对稳定性。

旅游目的地形象是通过其载体之旅游区的"硬件"反映出来的。首先，稳定性产生于旅游目的地所具有的客观物质基础，如旅游目的地的建筑物、地理位置、员工队伍等，在短期内不会有很大的改变。其次，这种稳定性还反映在游客具有相同的心理机制，这种心理机制表现为游客好美恶丑、从善弃恶的人之常情，他们对旅游目的地具有大体相同的审美观和好恶感，这一点也决定了旅游目的地形象具有相对稳定性。

旅游目的地形象的相对稳定性可以给旅游目的地带来两种完全相反的效果：对于那些主题旅游形象良好的旅游目的地，相对稳定的良好形象所带来的积极效果对于旅游目的地的深入开发和经营管理十分有利，即使服务和经营管理活动出现了一些小问题，也能得到旅游者相应的谅解；而对于那些主题旅游形象较差的旅游目的地，形象相对稳定的负面效应会使这类旅游目的地难以马上摆脱不良形象所造成的消极后果，唯有通过长期不断整改，才能逐渐改变公众对该旅游目的地的不良看法。

3. 可塑性

旅游形象具有的相对稳定性使得旅游目的地主题旅游形象的改变是一个缓慢、渐进的过程，但它必定是呈动态变化的，是可塑的。对它的塑造主要受可接触信息的影响和限制，公众传媒、亲友口碑、学习教育等都会对旅游形象产生或强或弱、或好或坏的影响。通过各种信息的传递，旅游区有形的、无形的旅游形象，特别是产品质量形象就会逐步在人们心目中形成。因此，旅游目的地形象可以被人为地改善、强化，也可以被精心设计、重新创造。

二、旅游目的地形象的形成过程

从时间序列上看，旅游目的地主题形象按形成过程可划分为三个阶段，即原生形象阶段、次生形象阶段和复合形象阶段。

第一阶段为原生形象阶段，是指游客在未决定旅游之前，头脑中已经存在一系列旅游区域作为可选方案，并在心目中由个人经历或受教育程度而形成对各个旅游区的形象认识，即原生形象。

第二阶段为次生形象阶段，是指游客有了旅游的动机并决定要去旅游时，他就会有意识地搜集有关各备选旅游目的地的信息，并对这些信息进行加工和比较选择。其方式主要是查阅有关旅游资讯的刊物、报纸、电视节目及听取旅游企业和旅游管理机构的宣传，从中提炼出有用的信息，并在头脑中加工，形成次生形象。

第三阶段为复合形象阶段，是指旅游者对各备选旅游目的地的旅行成本与预期收益进行比较以做出选择决策。等到达旅游目的地实地旅游之后，再通过自己的旅游经历并结合以往的旅游知识形成一个综合性更强的旅游地复合形象。日后，人们便可依据形成的复合形象对各备选旅游目的地进行比较选择，以决定是重游故地还是另择他地。

从以上旅游地形象的形成过程可以看出，旅游目的地在旅游者心目中形象的形成过程与旅游产品和服务的性质、宣传促销活动是密切相关的，而旅游目的地的主题形象正是按照形象的形成过程，通过一系列经营活动、传媒沟通等渠道，传播到各个旅游消费者心目中的。

三、旅游目的地形象识别系统

随着现代旅游业的迅猛发展和市场竞争的日益激烈，企业形象识别系统（corporate identity system，CIS）也被逐渐运用到旅游业中，相应地，便出现了旅游目的地形象识别系统（tourism destination image system，TDIS）。对于 TDIS 可作以下几个方面的解读：

（一）旅游目的地理念识别系统（tourism destination mindidentity identity system，TDMIS）

旅游目的地形象定位与口号相当于旅游地理念识别系统，是一种抽象的对于旅游目的地自然、社会、历史、文化及各方面特征的提炼，是旅游形象的核心，旅游视觉、行为等其他形象都要以此为基础来设计并体现。

（二）旅游目的地视觉识别系统（tourism destination visual identity system，TDVIS）

旅游目的地人—地感知系统相当于视觉识别系统，是理念识别的具体化和视觉化。它通过组织化、系统化的视觉表达形式来传递旅游地经营信息。视觉识别的内容较多，涉及面广，效果也最直接。它的基本要素有旅游地名称、旅游品牌、标志、代表字和代表色等，这些要素被应用于当地的旅游产品、包装、办公用品、指示系统、交通工具等各个地方。通过具体符号的视觉传达设计，刺激旅游者视觉，使之对旅游地留下深刻印象。

（三）旅游目的地行为识别系统（tourism destination behavior identity system，TDBIS）

旅游目的地人—人感知系统和形象传播系统相当于行为识别系统，是整个形象系统的动态行为过程（行为形象或行为准则）在对内部员工的管理行为、面对顾客的服务行为和对外的社会公益等方面的行为规范及规章制度。它规划着管理、教育等一切自身活动。这些活动对内包括对服务人员的教育（如服务态度、服务技巧、礼貌用语和工作态度等）、工作环境等，对外包括市场调查、产品销售、公共关系、广告宣传、促销活动等。另外，所有社会事件和公益文化活动也都属于行为识别的范畴，其目的主要在于赢得游客的认同。

第二节　旅游目的地形象设计的主要内容

根据研究成果及旅游地形象设计实践，旅游目的地形象设计的主要内容可被归纳为旅游目的地形象调查、旅游目的地形象定位与设计、旅游目的地形象传播与推广三个方面。其中，旅游目的地形象调查是形象设计的基础，旅游目的地形象定位与设计是形象设计的核心，旅游目的地形象传播与推广是形象设计的最终目的，即把旅游目的地形象传递给公众（市场）并让其接受和认可。

一、旅游目的地形象调查

（一）旅游目的地形象调查的内容

旅游目的地形象调查是旅游目的地形象策划的基础和依据。其调查内容包括形象形成的客体和主体两个层面，即客体要素层面、主体要素层面。客体要素层面是对旅游目的地资源本底旅游形象的调查；主体要素中的主体主要指旅游者，同时也兼顾当地社区居民、政府、旅游经营企业。从认识论角度看，旅游目的地形象是以旅游者为代表的旅游主体对客观存在的旅游目的地所产生的综合印象，旅游者是主体。但从旅游设计进行调查这一活动来讲，旅游者是调查的对象，因此其又可被称为受众。所以，旅游目的地形象调查有时候也称为受众调查。旅游者是旅游形象传播的对象，只有先了解旅游者的认知和心理态势，才可有的放矢地进行形象定位，制定准确的营销方案。

旅游目的地形象调查的主要目的有两个：一是了解旅游目的地在旅游者心目中占据什么样的地位，二是了解旅游者是如何获得有关旅游目的地的信息的。

1. 旅游目的地资源本底形象

旅游目的地资源本底形象是在漫长的历史时期中，由地理、历史、社会、文化等因素形成的，是人们对一个旅游目的地最为基础性的整体认识。这种整体认识来源于旅游地的基础要素，它们是旅游目的地形象设计的基础，对其进行确认、诊断和分析是旅游地形象设计工作的第一步，是保证设计行为科学性的必要条件。作为基础，它有助于旅游目的地在形象提炼过程中保持其形象资源的完备性和综合性。

从旅游者角度而言，旅游目的地资源本底形象要素主要包括以下几方面的内容：

第一，旅游资源要素是旅游目的地各种自然资源和人文资源的集合体，它是吸引旅游者到来的原动力，也是旅游目的地的核心吸引力。

第二，旅游目的地设施要素包括旅游目的地的基础设施和服务设施，它是旅游者完成旅游行为的物质基础。

第三，旅游目的地服务要素是旅游目的地以其资源和设施为基础，使旅游者能在本地完成旅游活动的服务行为的总和。作为特例，服务也能作为主体资源要素来吸引旅游者。

第四，行业管理要素是旅游目的地的行业管理制度和行业管理行为的集合。良好的行业管理行为，如高效率的投诉反应机制，有助于旅游目的地良好形象的建立。

第五，社区参与要素是社区居民和旅游者交往行为的总和，它涵盖了旅游目的地社区居民的文化素质、对旅游者的态度、社区参与旅游的保障机制等多项因素。将社区参与要素纳入旅游目的地形象要素资源的构成系统，有助于策划行为在更广泛的社会基础上展开，并能使旅游目的地形象的维持和保护得到社区居民的理解与支持。

旅游目的地的基础要素内容庞杂、类型丰富，通过调查分析之后，对它们进行归纳总结、提炼概括，这是旅游规划工作者的重要工作之一。如通过调研，可以把河南省旅游本底形象归纳为以下要素：古老帝都、武术之乡、中国之中、过渡地带、中原山水、多元生态等，这些本底形象要素能较好地将河南的旅游基本属性刻画出来。

2. 旅游目的地市场感知形象（基于旅游者）

要进行旅游形象定位就必须事先知道旅游目的地在旅游者心目中的感知形象是熟悉还是陌生，是好还是不好；旅游目的地在旅游者心目中究竟具有怎样的形象内容，为什么形成该形象；旅游目的地本身的哪些要素促使了旅游者形成这样的印象等。虽然每个旅游者所掌握的信息不一样，对于同样信息认识的程度也不一样，但是，就整个旅游者群体而言，依旧会形成一个群体的认识倾向，这个认识倾向就是旅游目的地的旅游市场感知形象。

简言之，旅游目的地市场感知形象是指旅游者通过各种渠道了解到的关于旅游目的地的正面或负面信息，并在这些信息的基础上建立的对旅游目的地的个人认知。对旅游目的地市场感知形象的调查需要对旅游者进行相关问题的访问调查。

（二）旅游目的地形象调查的步骤

旅游目的地形象调查大体分为调查准备阶段、实地调查阶段及调查结果处理阶段。

1. 调查准备阶段

调查准备阶段是整个调查的基础，主要包括成立调查小组、明确调查目的、制订调查方案三项工作内容。

（1）成立调查小组。一般来说，旅游目的地形象调查小组由当地旅游规划开发领导小组和旅游规划专家组共同组成，这样组合而成的调查小组能在调查过程中不受太多的人为阻碍和干扰，以保证调查工作的顺利进行。

（2）明确调查目的。明确调查目的极为重要，只有调查小组的每个组员都明确了调查目的，才会有针对性地收集有效信息，提高调查小组的工作效率。

（3）制订调查方案。以调查目标为依据制订合理的调查方案能保证调查工作有条不紊地进行，调查方案主要包括以下内容：

第一，所需资料来源及收集办法。在调查之前，要找熟悉当地的人员了解和收集与本地区相关的资料，包括自然环境与条件、历史文化源流、社会经济发展现状与趋势等。在考虑信息精度要求、时间限制以及费用预算的前提下，第一手资料和第二手资料应尽量采用不同的资料收集方法。

第二，选定调查范围及内容。在确定资料来源及收集方法后，遵循科学性和可行性原则选择具体的调研范围，并确定调研内容。

第三，设定调查方法与技术。调查方法一般有文案调研法、观察法、询问调查法和实验法等，常用的调查技术有问卷技术和抽样技术两种。该阶段应决定如何接触被调查对象，如是采用问卷调查，还是直接访问等。

第四，安排调查人员和调查日程。

第五，调研经费预算。

2. 实地调查阶段

实地调查阶段指调查人员对区域内的自然资源和社会文化进行全面调查，包括采访旅游者，派发、回收调查表或调查问卷等调查活动。

由于实地调查采取的是分散作业的方式，所以必须提高调查人员的素质，加强对调查活动的组织、核查和监督。

3. 调查结果处理阶段

（1）资料的整理与分析。实地调查之后，调查人员要对收集到的第一手资料以及间接资料进行分类、编校，淘汰不合格问卷，将符合要求的问卷逐项进行统计，得到相关数据。

（2）撰写调查报告。通常情况下，调查结果会明晰下列问题：旅游目的地的知名度与美誉度、旅游目的地主要形象要素的支持度、旅游者对旅游目的地感知形象的具象及抽象表述等。

通过以上内容归纳出旅游目的地的资源本底形象和旅游目的地市场感知形象。在此基础上，对旅游目的地目前的形象显现状况作出分析和评价，初步确定旅游目的地旅游形象的设计模式和设计方向，并撰写调查报告。

二、旅游目的地形象定位与设计

旅游目的地形象定位是旅游目的地形象设计与传播的前提与核

心，它为旅游目的地形象设计及传播指明方向，同时又是吸引游客并在游客心中确立旅游目的地形象不可或缺的中心环节。

（一）旅游目的地形象定位的概念及要素

1. 旅游目的地形象定位的概念

美国著名营销专家菲利普·科特勒（Philip Kotler）对定位理论进行了系统化、规范化的描述，他指出，定位就是树立组织形象，设计有价值的产品和行为，以便使细分市场的顾客了解和理解本企业组织与竞争者的差异。

马勇、李玺（2006）在其编著的《旅游规划与开发》中指出，旅游目的地形象定位就是指在旅游规划与开发中，通过旅游区的空间外观、环境氛围、服务展示、公关活动在旅游者心目中确定一个明确的综合感知形象，借助此形象定位，明确一个庞大而拥有综合属性的旅游区在旅游者的人际传播和区域市场中的立足点和独特的销售优势。

简言之，旅游目的地形象定位就是根据旅游目的地资源优势和目标市场，通过旅游产品、服务实效和宣传控制，在旅游者及公众心目中树立起旅游目的地的独特风格和吸引特质。其核心思想是引导和控制旅游者对目的地的认知，并重新组合已存在的各种联结关系，从而使旅游目的地获得旅游者的认同和支持。

从旅游规划实际应用而言，旅游目的地形象定位包含两个层次的含义：一是在产品开发前，通过了解旅游者对旅游目的地预期的形象进行产品开发，并向其传达主要形象信息；二是对已有的产品，通过将旅游者对旅游目的地预期形象与旅游目的地所提供的产品和服务所能形成的旅游者印象进行比较，确定一个适当的形象定位，将它传达给旅游者。这一信息传达的主要目的是塑造具有鲜明特色的旅游目的地形象，并从众多竞争对手中脱颖而出。这不仅能强化旅游目的地在旅游者心目中的地位，拓展客源市场，还有助于激发员工和当地居民的自豪感，增强其向心力和凝聚力。

形象定位是建立在地方性分析和市场分析两方面基础之上的。地方性分析揭示地方的资源特色、文化背景，市场分析揭示公众对旅游地的认知和预期，两方面的综合构成旅游形象定位的前提。在此基础上，通过对区域旅游发展全面的形象化表述，提出旅游形象的核心内容，即总体形象。总体形象定位是对区域旅游资源及产品特色的高度概括，既要体现地方性，又要给旅游者以遐想，诱发其出行的欲望，同时要行文简洁凝练。理念核心确定后，既要在旅游目的地内部加以推广，包括对旅游管理机构、旅游企业和社区公众的推广，也要面对目标市场和潜在游客，进行旅游目的地形象的推广。

2. 旅游目的地形象定位三要素

（1）主体个性。主体个性是指旅游企业、组织或旅游产品的品质和价值内涵的独特风格。唯物主义强调物质决定意识，所以形象定位必须以主体的存在特性作为基础，充分挖掘本地区的自然旅游资源特性和人文底蕴（文脉），并提炼加工成为本地区独特的销售点或形象推广立足点。

（2）传达方式。传达方式指的是把主体个性准确有效地传递到目标受众的渠道和措施。主体个性如果不能被有效传达，受众就无法了解和把握其内涵。传达方式主要有营销推广、广告与公关策划等，有些旅游地区的主体个性并不一定有太多的优势，但如果传达到位，同样可以造就突出的、与众不同的地区形象。

（3）受众认知。在完成主体个性确定并使用有效的传达方式之后，衡量形象定位完成的真正标志，则是受众认知。受众认知是指旅游区主题旅游形象被目标受众（旅游者）所认识、知晓与感受的程度。公众对于地区形象的认知和消费是一种文化性的消费，对于消费者而言，他们在获得物质所需的同时，也获得了精神感受上的满足，这里起作用的便是认知因素。

（二）旅游目的地形象定位的原则与方法

1. 旅游目的地形象定位原则

区域主题旅游形象的塑造应依托本地的主要旅游资源，突出特有的区域个性或旅游者的市场利益点，同时还要根据旅游开发的程度对主题形象进行不断提升，以适应新的市场竞争形势。一般而言，主题旅游形象定位应遵循以下五个原则：

一是主题标志化原则。旅游主题的实质就是旅游地的独特性。每个旅游目的地都必须有一个或若干个鲜明的主题，它们通过景观设计、建筑风格、项目策划等直观地表现出来，以突出本地区旅游产品或服务的明显差异性，从而对旅游者形成强烈的视觉冲击。

二是设计生态化原则。生态旅游是现代旅游活动发展的必然趋势。因此，一个地区的旅游形象定位应体现可持续发展的思想，即强调人与自然的和谐发展，在旅游标志、宣传口号上尽量突出生态旅游的主题。区域主题旅游形象的生态化设计符合旅游者需求发展的新形势，同时也有利于旅游地开展绿色营销活动。

三是功能多样化原则。对于区域旅游形象定位而言，功能多样化即要求主题旅游形象尽可能多地突出旅游目的地所能满足的旅游者利益。从某种意义上来说，主题旅游形象所蕴含的功能多样化说明了旅游目的地能提供具有较大效用的旅游产品，因此将吸引更多数量和更多类型的旅游者。当然，旅游目的地的功能多样化最终要靠丰富多彩的旅游项目和优质的配套服务来支撑。

四是活动参与化原则。现代旅游活动正在向主题化、自主化、参与化方向发展，因而，旅游目的地在设计旅游产品时除了安排一般的娱乐设施外，还应将自然景观、历史文化和旅游活动有机结合起来，以增强旅游产品的参与性。主题旅游形象定位也应体现活动参与化这一原则，而且，影响力大、参与性强的节事活动对区域主题旅游形象的塑造也具有重要的意义。

五是定位动态化原则。在某个特定的时期内，一个地区的旅游项目和活动应力求丰富多彩，但又要突出共同的旅游主题，区域主题旅游形象便是这些主题的集中表现。此外，主题旅游形象不是一成不变的，随着目的地旅游资源开发的逐步加深和旅游业发展水平的日益提高，有必要对区域主题旅游形象进行重新设计。

2. 旅游目的地形象定位方法

在对旅游目的地本底形象、旅游者受众形象进行分析的基础上，根据市场营销理念，旅游形象定位可采取以下几种方法：

（1）领先定位。领先定位又称"领袖定位"，即在旅游者依据各种不同的属性和标准建立的形象阶梯中抢占领先位置的方法。它适宜对"唯我独尊""世界唯一"或同类中的"之最"者进行定位，多以"之都""第一""世界""天下""最""唯一""中心"等词汇概括，如五岳归来不看山、黄山归来不看岳，桂林山水甲天下等。人们对一样东西的第一印象最深，因此该定位方式最能引起人们的注意。

（2）比附定位。比附定位是指在旅游目的地形象定位时不去占据原有形象阶梯的最高位，而甘居其次的定位方法，如"塞上江南"（银川）、"东方威尼斯"（苏州）、"加勒比海中的夏威夷"（牙买加）等。

（3）逆向定位。逆向定位强调并宣传定位对象是消费者心中第一位形象的对立面和相反面，同时开辟了一个新的易于接受的心理形象阶梯。如深圳野生动物园宣称是在传统的笼养式动物园的对立面，即人在"笼"（车）中，动物在"笼"外，从而建立起国内第一城市野生动物园的形象，获得了旅游者的青睐。

（4）空隙定位。比附定位及逆向定位都与游客心中原有的旅游目的地形象阶梯存在关联，而空隙定位则开辟了一个新的形象阶梯，从新角度出发进行立意，创造鲜明的形象。与有形商品定位相比，旅游目的地的形象更适于采用空隙定位。空隙定位的核心是分析旅游者心中已有的形象阶梯的类别，发现和创造新的形象阶梯，树立一个与众不同、从未有过的主题形象。例如，"锦绣中华"的建立，使国内旅游者形成小人国旅游景观的概念，并随着各地缩微景观的大量兴建，产生小人国旅游目的地形象阶梯，显然，对于后来者而言，"锦绣中华"仍处于强势地位。

（5）重新定位（再定位）。严格意义上来说，重新定位不能算是一种定位方法，它只是原旅游景点应当采取的再定位策略。面对进入衰退期的旅游目的地，原有旅游形象的吸引力急剧下降，它需要新的旅游形象代替，从而占据一个有利的心理位置。不成功的旅游形象也需要重新定位，旅游目的地环境发生大的改变，旅游形象定位也要随之更改。

（三）旅游形象定位的最终表述——旅游口号设计

旅游形象定位的最终表述，往往以一句旅游主题口号加以概括。旅游口号是旅游区形象创意构思的语言文字化表现，它一般以旅游目的地所处的自然、社会环境为背景，以其赋存的景观资源为基础，将旅游目的地最具吸引力的特征加以高度抽象并提炼成一句朗朗上口、便于记忆的话语。

旅游口号是旅游目的地形象内外传播的工具和重要载体，也是旅游者易于接受的了解旅游目的地形象的最有效的方式之一，它应当充分反映出鲜明的主题和旅游目的地的促销战略。概括而言，旅游口号的设计可从以下角度来考虑：表现旅游目的地的优势特征，突出旅游目的地的文化内涵，强调旅游内容的多样性，显示旅游目的地的神秘色彩，重视旅游目的地与旅游者之间的信息交流，具有时代感、独创性和深刻的寓意，能够给人留有遐想与回味的余地。具体而言，旅游口号设计应遵循以下几个原则：

　　第一，源自地方地脉、文脉的独特性。旅游形象主题口号的实质内容必须拥有地方独特性，来源于旅游目的地所在的地理文脉，唯有充分挖掘和深刻分析旅游地的地域背景，发现和提取地方性元素，充实主题口号，才能避免空泛。特别是对于平淡无奇的旅游目的地或城市（镇）而言，一句能够反映地方特点的旅游形象口号可以出奇制胜，使人回味无穷。例如，云南的旅游主题口号是"云南——万绿之宗，彩云之南"，既突出了地方特色，又朗朗上口。

　　第二，面向游客的行业特征性。旅游形象主题口号的制定必须充分了解游客的心理需求和偏好，他们与一般商品的消费者不同，旅游目的地的口号要使其轻易地认识到这是旅游目的地形象口号，不是政治宣传口号，也不是招商口号。旅游形象主题口号应强调和平、友谊、交流、欢乐等。世界旅游组织为不断向全世界普及旅游理念，促进世界旅游业的不断发展，自 1979 年将 9 月 27 日定为"世界旅游日"以来，每年都推出一个世界旅游日的主题口号。2011 年，世界旅游日的口号为"旅游——连接不同文化的纽带"。

　　第三，反映旅游趋势的时代特征。旅游形象主题口号要反映时代特征，有时代气息，反映旅游需求的热点、主流和趋势。在旅游发展的过程中，大量普通城市的旅游发展需要经历较长的时间，面对以本地游客和区域性游客为主体的客源市场，特别是城市周边旅游的发展和对郊野休闲项目的开发，需要密切关注游客的旅游兴趣，注意发展康体休闲、亲近自然、郊野派对、康复养生、农业观光、亲子同乐与全家同乐等国内城市旅游者追逐的主题旅游，使旅游形象口号贴近时代特征。

　　第四，打动旅游者的广告效果。旅游形象主题口号必须首先能够打动旅游者的心，激发旅游者的欲望，给旅游者留下永久而深刻的记忆，从而获得相应的广告效应。因此，旅游形象主题口号的广告词语言应准确、凝练、生动，具有影响力。旅游形象主题口号创意需要借鉴商品广告词的创意设计艺术，用浓缩的语言、精辟的文字、绝妙的组合，构造一个有旅游吸引力的旅游目的地形象。

世界上许多国家和地区都十分重视其旅游形象的定位，并已在广大目标市场树立了牢固的形象。例如，美国夏威夷的宣传主题口号是"夏威夷群岛：世界向往的地方"；杭州提出了塑造"东方休闲之都"的旅游形象；深圳世界之窗的宣传口号是"您给我一天，我给您一个世界"（One day，One world）；锦绣中华微缩景区的宣传口号是"一步迈进历史，一日畅游中国"；中国民俗文化村的口号是"二十四个村寨，五十六族风情"等。这些都已被人们广泛认同，并取得了良好的宣传效果。

由此可见，好的旅游口号虽然只有寥寥数言，却能把该地区的形象栩栩如生地刻画在现实与潜在游客的脑海中。

（四）旅游目的地形象设计与塑造

旅游目的地的总体形象、口号确立后，接下来便是如何把这一形象进行具体细化包装、设计，以实现形象传播的目的。在旅游规划实践中，旅游目的地形象设计一般包括人—地感知形象设计及人—人感知形象设计。

1. 旅游目的地人—地感知形象设计

人—地感知形象是旅游者在旅游过程中的实地感知形象，它的建立主要是通过旅游者的感官感受，特别是视觉感受形成的。其主要目的是为旅游者建立一个悦目的旅游目的地形象，并使其留下难忘的记忆。

（1）旅游目的地人—地感知形象设计的内容。旅游目的地人—地感知形象设计是多方面多视角的立体设计，它主要包括以下几个方面的内容：

一是旅游目的地名称。事物的名称是人们认识事物的起点，旅游目的地往往以地名为名称。高知名度的旅游目的地名称无疑容易被旅游者记忆并识别。为获得高知名度地名，最简单的方法是摒弃原来默默无闻的地名，使用其他知名度高的名称，如利用黄山的高知名度，安徽的屯溪市改名为黄山市；张家界成为知名景区后，湖南的大庸市更名为张家界市。此外，也可以采取其他的取名方法，如采用最早的原名、地名，采用外来词或混合词名称，采用特殊的人名或公司名，等等，其原则是要有利于提升旅游目的地的知名度。

二是旅游目的地标徽。旅游目的地的标徽是旅游目的地形象的标志，一般来说，旅游目的地标徽的设计图案可考虑采用特征性地理风景，从具体到抽象的处理都会产生不同的形象。此外，也可采用特征实物图案，如中国的旅游标志——马踏飞燕，还可使用人为设计的图案，如迪士尼乐园的识别标志——米老鼠。

三是旅游目的地标准字体。文字符号是旅游目的地符号系统中广泛采用的符号。旅游目的地的各种路标、指示牌、导游图和旅游指南等都会用到文字，旅游目的地可利用标准字体传达独特的旅游目的地形象。标准字体可设计，也可直接采用名人题字。一般情况下，在不影响旅游者文字理解功能的前提下，尽量使用本地域和本民族的文字是建立旅游目的地文字符号形象的基本原则。因为与客源地不同的文字符号不仅能反映旅游目的地的文化特征，其本身也对旅游者有一种吸引力，可增加旅游者的异国（异地）形象。例如，外来的旅游者往往对西藏、新疆等地的少数民族文字很感兴趣并留下深刻的印象，因此，少数民族文字可以成为旅游目的地的重要标识之一。

四是旅游目的地象征性吉祥物。以象征物（符号）来指代事物，是人类普遍采用的面对复杂事物的认识策略。吉祥物生动、有趣、形象，容易得到公众喜爱，从而能达到广泛的传播效果。人们也倾向于以吉祥物来指代企业、地区等的形象，例如，大熊猫可代表中国的形象，唐老鸭和米老鼠则代表了美国迪士尼的形象。吉祥物不仅可以使旅游目的地更具个性化，也能成为人们认识旅游目的地的主要标志。

五是旅游目的地象征人物。将真实的人物（主要是名人）与旅游目的地联系在一起，使其成为旅游目的地的象征性与符号化的人物，可迅速增强旅游目的地的形象感召力和知名度。因此，各地常有推选名人作为旅游形象大使或代言人的活动。

六是旅游目的地户外广告。户外广告因其分布于旅游目的地各处而构成旅游目的地视觉景观的一部分。一般来说，旅游目的地户外广告包括招牌、旗帜、标识牌、路牌广告、灯柱广告、模型广告、气球广告、气模广告、条幅、导游图等。一个缺乏足够户外广告的旅游目的地，会影响游客对其旅游形象的感知。

七是旅游目的地纪念品。旅游目的地纪念品（以及其他具有地方特色的旅游商品），是旅游者从目的地购买的一种有形的物品，除了照片和留在记忆中的经历和故事，只有纪念品能反映和帮助旅游者记住旅游目的地的形象。因此，旅游地纪念品是旅游目的地形象体现、延伸和传播的载体，发展当地独具特色的纪念品就是建立和传播当地形象的过程。旅游纪念品通常包括导游图、旅游画册、门票、地方手工艺品等，其地方性越浓厚、越独特，旅游形象传播力也就越大。

八是旅游交通工具。带有地域特色或特别设计的旅游交通工具是旅游目的地形象的组成部分。旅游交通工具可以成为旅游目的地的吸引物，也可以成为旅游目的地的一个观光项目，旅游目的地往往因其所提供的独特交通工具而给旅游者留下深刻印象。例如，长江三峡风景区的游轮、四川峨眉山的滑竿、武夷山的竹筏、曲阜的古式马车等，几乎成为旅游目的地或风景区独特的形象符号，同时它们也会给首次乘用这种交通工具的游客留下难忘的印象。不论是传统交通工具、乡土交通工具，还是现代主题公园的观光车、高架缆车，都可以成为旅游目的地形象开发的内容。它使普通的、普遍性的旅游交通工具具有地方特色，是旅游目的地打造旅游形象的内容之一。

九是旅游目的地居民的视觉形象。在旅游景观中，旅游目的地当地居民的形象也构成了景观的一部分。如通过特色服饰和民族服饰来体现旅游目的地居民形象，从而给游客留下深刻印象。现在各旅游目的地都非常重视这一点，对当地居民及工作人员提出"人人都是旅游形象大使"的要求，目的是塑造良好的旅游目的地居民的形象。

十是旅游企业视觉形象。旅游企业是直接面向旅游者的旅游目的地形象使者，涉及旅游的食、住、行、游、购、娱等多种服务的活动，是旅游目的地综合形象和整体形象的主要体现者。旅游企业形象是一个全面的形象，需要导入企业 CIS 形象系统进行设计和操作。旅游景区、旅游酒店、旅行社等旅游企业导入 CI 设计，可极大地提升旅游目的地综合和整体的旅游形象。

（2）旅游目的地视觉形象的区位分异与空间结构。一个旅游目的地给予游客直接感知形象有区位和空间上的不同，有的区位和空间容易使游客获得强烈的视觉感受，而有的区位和空间的形象则比较弱。一般来说，旅游者在旅游目的地从事食、住、行、游、购、娱等旅游活动时，往往能形成较深的旅游形象，因此，旅游目的地的游览区、度假区、宾馆和饮食区、娱乐区、购物区等是旅游者形成视觉形象的重要地方，特别是风景游览区和观光度假区属于视觉形象的核心区，其余的则属于视觉形象的边缘区。根据旅游目的地各旅游服务功能区对旅游者所形成视觉形象的方式和作用的差异，可将旅游目的地进行视觉形象的进一步划分，形成旅游目的地视觉形象的区位分异和空间结构。按照此区位分异，旅游目的地空间结构的视觉形象分为第一印象区、最后印象区、光环效应区、地标区等旅游目的地视觉形象区位。

第一印象区由形象认知的首因效应产生，是旅游者形成旅游目的地形象时最初依据的有关旅游目的地形象的信息，它能使旅游者形成最深刻的印象。这里专指在实地旅游形象形成过程中，旅游者最先到达（进入）目的地的地方，如机场区、火车站区、风景旅游区的景区大门等。

最后印象区由形象认知的后因效应形成，是旅游者离开目的地时最后与目的地接触的地点，如最后一个旅游观光点、新开发的景区、旅游者离开目的地的边界区等。一般来说，对于首次旅游的人，第一印象区的形象意义比最后印象区大，而对于重游者而言，最后印象区的形象意义比第一印象区大。

光环效应区指对旅游目的地整体形象具有决定性意义的地方。只要这些地点具备良好的形象，旅游者便容易认为整个目的地都具有良好的形象；反之，如果旅游者在这些地点产生不良的认知，那么，即便其他地点的形象良好，旅游者仍然会形成整个目的地形象不良的印象，这些地点就是所谓的光环效应区。城市中心区、重点旅游区等都是光环效应区。

地标区是指旅游目的地中唯其独有的、逐渐成为其标志性的形象特征所在的地域。例如，纽约的自由女神像所在的区域，由众多摩天大楼组成的曼哈顿区等，它们都是旅游者心中的目的地代表性区域。在现代化的城市，最高的建筑往往成为标志性建筑，其所在区域往往成为地标区。如 20 世纪 80 年代，深圳标志性区域是以国贸大厦为核心的商业区一带，而到了 90 年代，深圳的地标区变成以亚洲最高建筑"地王大厦"为主体的深南大道一带，该区目前已成为深圳城市旅游风景线的主要景区。地标区往往成为目的地形象指代和传播的象征，也是每个旅游者心中必须实地感知的重要区域，没有地标区的旅游目的地就是没有鲜明形象的旅游目的地。

将目的地依据旅游感知形象的不同加以识别与空间划分，不仅可指导旅游目的地形象进行分区规划和设计，对于构造旅游目的地整体形象也具有重要意义。第一印象区、最后印象区、光环效应区和地标区共同构成旅游目的地形象设计和建设的核心景观区域。

人们对旅游目的地形成的旅游感知形象，除了视觉形象要素以外，还有听觉、嗅觉和味觉等形象要素。一个旅游目的地的听觉、嗅觉和味觉形象要素越丰富、越全面、越有特色，旅游形象影响力也就越大，不仅能给旅游者留下深刻的印象，还能广泛而持久地吸引潜在旅游者。

2. 旅游目的地人—人感知形象设计

人—人感知形象设计指影响旅游目的地形象的人的行为因素，如旅游从业人员的服务行为、当地居民的友好态度及文明程度等。如果说人—地感知形象设计是给旅游者建立一个悦目的旅游目的地形象的话，那么人—人感知形象设计则要为旅游者建立一个悦心的形象。悦目的旅游目的地是吸引旅游者的重要因素，悦心的旅游目的地可以让旅游者留下难忘的记忆，是促使旅游者重游的重要因素。

人—人感知形象以旅游者为中心，涉及旅游服务人员、当地居民和其他旅游者，他们之间存在社会认知关系的三角形，旅游者感知的最终形象由这三类人决定。因此，人—人感知形象设计可从与旅游者相关的旅游服务人员、当地居民及其他旅游者三类人入手。

（1）旅游服务人员。旅游业是典型的服务型行业，服务人员的良好行为表现既是提高游客满意度的重要途径，也是组成旅游目的地形象的重要部分。那么，应该树立怎样的服务形象才能使旅游者满意呢？第一，与国际服务贸易市场接轨，推行标准化服务；第二，提倡个性化服务。标准化、规范化服务是建立服务行为形象的基础，而不是最终方式，鲜明的服务行为形象还要通过努力推行个性化服务来实现。与标准化服务相比，个性化服务更强调服务的灵活性和有的放矢，提倡主观能动性，要求有浓厚的感情投入。

（2）当地居民。在地域分异和文化背景差异比较大的目的地和客源地，求异是旅游者心理活动的主要组成部分。目的地居民的生活方式、语言、服饰、活动行为等都可能与风景一样成为旅游者的观赏对象，而当地居民也会自然地将外来旅游者视为不同的人去观察、观赏。这样，旅游者与当地居民就成为互为观赏和交流的对象，这种观赏交流的结果会影响两者对对方的态度和行为。

当地居民从外表到性格、行为都构成一种形象——居民形象。这种居民形象，特别是地方性或民族性的居民形象是旅游目的地重要的吸引因素，也是提高旅游者满意度，给其以深刻印象的重要因素，因而也是旅游目的地形象构成体系中不可忽视的要素。居民形象是当地特性和精神的体现，目的地应力求塑造朴实、文明、热情、好客的居民形象，以提升旅游目的地形象和旅游地吸引力。

（3）其他旅游者。旅游者的满意度还受其他旅游者影响，主要表现为旅游目的地的环境感知容量。环境心理学研究发现，个人在从事活动时，对环绕在身体周围的空间有特定的要求，任何外人的进入都会使个人感到被侵犯、压抑和拥挤，导致情绪不安和不快，这就是所谓的"个人空间"。旅游活动的种类不同，人们对环境感知容量的要求也不一样。例如，荒野型旅游者主要寻求自然随意的环境，喜欢宁静和与世隔绝的气氛，希望看到的其他旅游者少，而主题公园旅游者追求热闹的气氛，害怕冷清，希望游人很多。旅游目的地可以通过个人空间值来规划和管理旅游目的地形象建设。

三、旅游目的地形象传播与推广

鲜明的旅游主题形象最终要凭借合适的传播渠道有效地传达出去，以便旅游者和社会公众识别。严格来说，旅游形象传播与推广是区域主题旅游形象定位的延伸，其主要途径有形象广告、公关宣传、节庆活动、网络传播等。

（一）旅游目的地形象传播策划原则

旅游目的地形象传播策划的任务，是通过利用一定的媒体和信息技术在不同时间、不同对象、不同区域传播旅游目的地形象信息，从而在游客心中塑造和传播旅游目的地的良好形象，达到旅游市场营销的目的。旅游目的地形象传播策划需要遵循如下原则：

第一，网络化原则。在不同的空间规模以不同形式传播旅游目的地形象信息时，应尽可能实现相互衔接，形成网络。如果条件具备，可以通过计算机网络信息技术和设备，为旅游者提供不同广度和深度的旅游目的地形象信息。

第二，多样化原则。旅游目的地形象传播的方式除了采用多种传播媒体之外，还可以在交通时刻表、商品包装、饮食场所、交通工具、娱乐场所等外部的设计上，融入旅游目的地的形象信息，尽可能顾及信息内容和表达形式的多样化，实现多样化的旅游目的地形象传播。

第三，组织化原则。近年旅游统计资料表明，从组团旅游向散客方向发展已成为全球旅游趋势，散客在旅游区，特别是在自然保护区、森林公园、风景名胜区内，往往因年龄、性别、时间、信息、交通、治安等因素，具有就地结伴或组团的发展趋势。旅游目的地应尽量提供旅游形象组织信息和旅游组织条件，提高旅游者对旅游区的整体性认识和自主游历的质量。

第四，交互化原则。交互化原则，一是指组织者在听取特定人群意见的基础上，有针对性地组织活动，形成游客满意的旅游目的地形象；二是游客与旅游目的地管理者交互化，旅游目的地管理者要从游客的角度，编制游客可以理解的旅游目的地形象信息，避免单调、僵化的宣教，避免在游客心目中给旅游目的地形象抹上阴影。

（二）旅游目的地形象传播途径

1. 形象广告

广告是一种高度大众化的信息传递方式，它传播面积广、效率高、速度快。因此，通过广播、电视、报纸、书刊等传媒进行广告宣传，是目前旅游目的地树立和强化旅游形象的首要途径。

2. 公关宣传

公关是一种能够促进与公众建立良好关系的方式，其影响面广、影响力大，有利于迅速塑造并传播良好的旅游形象。因此，要积极组织各种形式的旅游公关活动，积极参加社会公益活动，处理好与新闻媒体的关系，并适时邀请专家学者、旅游企业管理人员、著名作家、有广泛影响的新闻媒体记者或电视节目制作人等来旅游目的地参观游览，以激发他们宣传本旅游目的地的主动性，进而扩大旅游目的地的知名度。

3. 节庆活动

在旅游目的地形象塑造过程中，节庆活动是将目的地的人—地感知要素和人—人感知要素有效整合的一种重要方式，它往往在旅游目的地扮演着十分重要的角色。

4. 网络传播

知识经济和信息时代的到来使互联网成为人们获取信息的重要渠道，网络营销也随之成为旅游目的地或旅游企业开展市场营销活动的主要工具之一。利用互联网塑造和推广旅游形象，具有受众范围广泛、传播及时、更新快捷等特点，且能让旅游者获得融图、文、声于一体的全方位感受。因此，旅游目的地要建立自己的主页，并力争进入各主要网络搜索引擎，与热门站点建立友情链接，利用电子邮件发送传播旅游形象的电子宣传品。

（三）旅游目的地形象传播策略

旅游目的地的主题旅游形象传播主要有两种传播策略，即正面强化策略和负面消除策略。

1. 正面强化策略

（1）多样化形象。多样化旅游形象的展示可以避免给人们造成

"该地区只有单一特点"的错觉，还可以使公众心目中的旅游目的地形象更加全面和丰富。在旅游目的地目标市场比较多的情况下，多样化形象策略可以起到打动多个细分市场的旅游者的效果。

（2）稳定型形象。当一个地区拥有一个正面形象时，便可以采用不断利用旅游目的地发展的新信息去巩固和发展过去主题旅游形象的策略，使原有的正面形象不断得到强化。

2. 负面消除策略

（1）幽默型形象。幽默型形象即旅游目的地营销者以幽默的方式建立地区新的亲切感人的正面形象，该策略可以在一定程度上消除本地区以往的负面形象。一般以照片、漫画的形式向旅游者展示焕然一新的情景，并将这种生动的形象作为校正该旅游目的地主题旅游形象的工具。

（2）否定型形象。另一个处理负面形象的方法是不断向目标市场灌输本地区的新的正面形象，而该新形象应对过去的负面形象加以否定，该策略对扭转原有的不良形象的负面影响具有直接的效果。

第三节　旅游目的地营销及其系统建设

一、旅游目的地营销基本概念

（一）旅游目的地营销

旅游目的地营销是指旅游目的地运用市场营销的科学体系吸引、招徕旅游者前往旅游目的地的策略和方法。其内容包括：提高旅游目的地的价值和形象，以使潜在旅游者充分意识到该地区与众不同的优势；规划和开发地区内配置的有吸引力的旅游产品；宣传促销整个地区的产品和服务，使目标市场将本地区作为旅游目的地；刺激来访者的消费行为，提高其在本地区的消费额。广义的旅游目的地营销活动不仅包括对现实旅游目的地的促销，还包括对未来更理想的旅游目的地的营造和促销。

（二）旅游目的地营销系统

旅游目的地营销系统（destination marketing system，DMS）最早由世界旅游组织于 1997 年推出，它是一个以互联网为平台、以信息技术为手段进行宣传和咨询服务等营销活动的旅游信息化应用系统。DMS 以网络的形式进行旅游宣传促销，并为旅游业各利益相关者提供信息和决策支持，为整合目的地所有资源和满足旅游者个性化需求提供了一个完整的解决方案。DMS 的主要内容包括目的地网络形象、目的地旅游网、目的地信息系统、旅游电子地图系统、旅游企业黄页系统、旅游行程规划系统、旅游营销系统、电子邮件营销系统、三维实景系统等。DMS 由上至下分为四层结构，即宣传层、服务层、信息层和系统层。其中，宣传层包括电子广告牌系统、宣传册和光盘、跨媒体促销（报纸、杂志、电视等），服务层包括网站、旅游问讯中心、公交多媒体终端、旅游声讯服务，信息层包括目的地数据库、旅游电子商务数据库、旅游电子地图以及基于系统层的应用软件系统。该四层结构的相应功能通过有效的配合与支持，从而达到为旅游目的地机构及旅游企业高效地宣传促销的目的。此外，一个目的地营销系统还可以支持其他的目的地管理功能，如项目活动管理、调研、设计和分析，业绩监督和评估，企业新闻、公关、年度报告等，为游客做旅游区、景点的翻译，旅游供应商（会员）的联络，联系人、财务的管理，办公室功能的展示。DMS 对外是宣传服务系统，对内则是管理系统。

二、旅游目的地营销的参与主体及过程

(一) 旅游目的地营销的参与主体

由于旅游目的地的发展水平和范围不同，其营销活动的规模和层次也会有所不同。旅游目的地营销活动的参与主体通常包括目的地旅游组织、有关政府机构、非政府的旅游专门组织、旅游产业协会组织、旅游企业、旅游营销辅助机构（如广告媒体、宣传促销机构、中介组织等）、旅游者等。

一般情况下，不同级次的旅游组织分别对应各自管辖范围内的目的地营销活动。旅游目的地营销一般由区域性旅游组织承担，在一些采取行政主导型旅游发展模式的地区（或国家），可能由政府旅游行政管理机构承担旅游目的地营销组织的职责。与旅游企业营销过程中一切以企业利益为中心的组织形式不同，在旅游目的地营销活动中，旅游目的地组织处于营销活动的核心地位。上述营销主体中的其他成员均要围绕该组织开展营销活动。国家旅游目的地营销组织是指为了实现国家旅游目的地的营销目标和总体战略，通过职能分配和人员分工，并赋予其相应的权力与职责而进行的旅游营销活动的有机体。一般情况下，国家旅游营销组织由国家旅游组织和分设在主要客源市场的旅游代理处共同组成。按照世界旅游组织的分类，国家旅游组织是负责国家旅游促销事务的非行政性机构，而国家旅游机构是负责旅游政策、规划、开发职能的中央政府机构。

(二) 旅游目的地营销的管理过程

旅游目的地营销的管理过程是旅游目的地组织对持有的各种旅游营销资源进行整合管理，以实现其既定营销目标的过程。具体来说，

就是旅游目的地营销组织通过把区域内各种与旅游相关的人力、物力、信息、资金和资源科学地组织起来，并根据市场变化及时调整整个经营管理系统的动态过程。

旅游目的地营销过程一般包括旅游市场机会分析、营销战略制定、营销策略（战术）规划以及营销管理活动实施和控制等四个主要步骤。

1. 旅游市场机会分析

旅游市场机会分析是旅游营销管理过程的基础环节。它要求旅游组织从各种环境机会中找到有利于自身发展的市场机会，并对这些市场机会的特征和发展趋势进行调研和科学预测，以此作为制定营销战略和策略的依据。旅游营销机会包括环境机会和市场机会两个方面。

（1）环境机会分析。环境机会是指由旅游目的地所处的旅游市场环境变化所提供的外部机会。环境机会分析主要分析因各种环境因素的变化所可能引起的需求及其变化。旅游目的地所处的市场环境一般包括人口因素、经济因素、自然因素、技术因素、政治法律因素、社会文化因素、竞争因素等，每一种环境因素的变化都可能创造出某种新的旅游需求，或使原来的需求发生变化。由于环境因素总是在变化，因此环境机会也是经常存在的。

（2）市场机会分析。市场机会是指与某个特定旅游目的地的内部条件相适应的环境机会。想确认环境机会是否适合于具体的旅游目的地，还必须对目的地的内部条件进行专门分析，分析目的地现有的和可以控制的资源条件能否适应特定环境机会的需要，同时还要看该目的地在利用这种环境机会的过程中是否具有比较竞争优势。如果旅游目的地已经具备了利用某种环境机会的条件，并且具有较强的竞争能力，那么这种环境机会就变成目的地的特殊机会，这就要求旅游目的地及时抓住机会以得到更好的发展。

2. 营销战略制定

目的地营销战略主要包括目标市场营销战略、目标市场定位战略、旅游营销组合战略、旅游品牌营销战略、旅游合作营销战略等内容。

（1）目标市场营销战略。目标市场营销战略主要包括市场细分和选择目标市场两个环节。旅游目的地需要根据自身的资源优势和经营特点，从不同的细分市场中选择适合自己的对象，最终选定的细分市场就成为旅游目的地的目标市场。旅游目的地应根据总体发展战略的要求，确定不同的目标市场选择战略。

（2）目标市场定位战略。选定目标市场并不意味着旅游营销工作的结束，旅游目的地还要根据旅游市场竞争要求，对自身的旅游形象和旅游产品在目标市场上如何占据优势位置做出决策，即进行产品定位，以便有效地突出旅游目的地的产品特色和竞争优势。在进行定位时，要能找到吸引目标市场顾客需求的比较优势，使得目的地形象优势能为自己创造更多的市场价值。

（3）旅游营销组合战略。旅游营销组合是指旅游目的地为实现预期经营目标所采用的各种可控制营销变量的集合。一般来说，营销组合战略要保证旅游目的地营销活动的整体协调、相互配合，形成较强合力，主动适应市场营销环境的变化。旅游营销组合战略通过具体的营销组合策略加以展现，并按照主要的营销组合要素（即各种可控制因素）进行编制设计。旅游目的地常用的市场营销组合主要包括产品、价格、销售渠道和促销四类，旅游组织可以根据自身的情况，分别制定不同的营销要素策略。

（4）旅游品牌营销战略。旅游品牌是指用名称、术语、标记符号、设计或它们的组合来识别某个旅游目的地的产品或服务，并使之与竞争对手的产品或服务区别开来的商业名称及标志。实施品牌化发展是旅游目的地应对市场竞争的有效手段。旅游目的地品牌战略主要包括品牌化战略、品牌形象定位战略和品牌发展战略等。

（5）旅游合作营销战略。旅游合作营销是指两个或两个以上的旅游目的地为了实现优势互补，共同增强市场开拓、渗透与竞争的能力，通过联合方式共同开发和利用市场的行为。旅游目的地合作营销的本质是实现对目的地内外部资源的有机整合，它包括纵向合作营销、横向合作营销和全方位合作营销三种战略方式。

3. 营销策略（战术）规划

旅游目的地营销战略确定之后，要通过具体的战术措施设计为旅游目的地营销的相关组织提供营销活动的行动指南。这些战术措施主要包括以下几个方面的内容：

（1）旅游目的地形象设计与营销。旅游目的地形象设计与营销包括确定对旅游目的地形象媒介的选择思路，选定旅游目的地形象的设计方法和营销策略。

（2）制订旅游目的地促销方案。旅游目的地的促销手段主要包括广告、公共关系、营业推广、人员推销和旅游宣传品等，旅游目的地应根据营销战略的总体构想和旅游目的地形象的具体要求，灵活运用上述手段，实现对旅游目标市场的有效传播和沟通。

（3）规划旅游解说系统。旅游解说系统是旅游目的地为旅游者提供的一种综合性信息服务，它包括自导型解说和向导型解说两种类型，主要针对旅游者异地消费和生活的不可知性，为旅游者进入旅游目的地之后全方位感受目的地提供条件，并加以引导使其更深层次地融入目的地。

（4）加强信息技术在旅游目的地营销中的应用。世界旅游组织目前正在向更多的国家和地区推广旅游目的地营销系统以推进信息技术在旅游目的地营销中的应用，并以此提高营销运作效率，保持旅游信息的最佳质量和完整性。掌握旅游目的地营销系统的运行机理和一些国家的成功经验，有助于更科学和全面地推进国内旅游目的地营销系统建设的进程。

4. 营销管理活动实施和控制

旅游目的地的营销活动由专门的旅游营销组织承担，要保证目的地营销的实际效果，必须从建立规范有序的旅游营销机构和运行模式入手。此外，为使营销战略得以贯彻落实，营销组织还需制订营销计划，作为旅游目的地日常营销行为的行动指南。营销计划不仅要包括对旅游目的地总体战略目标和营销目标的分解，还要包括对具体营销战术的部署，也就是规划营销策略。为从物质上保证旅游目的地各项营销活动的顺利进行，旅游营销组织要编制科学的营销预算，并通过营销审计等方式控制营销进程。在旅游目的地遭遇不可预期的意外事件影响时，应实施危机营销管理，整合各种营销资源，及时处理市场矛盾，以保证营销目标的顺利实现。

三、旅游目的地营销原则与方式

（一）旅游目的地营销原则

1. 持续性原则

科学有效的旅游目的地营销决不能寄希望于一劳永逸，而是需要系统与持续的努力。我国很多旅游目的地都希望通过举办一次节事活动或者一次具有轰动效应的大型活动来推动旅游目的地的发展。节事活动是旅游目的地营销的重要形式，经营者也可以通过制造、挖掘新闻热点，让媒体主动来传播新闻事件，但脉冲式的旅游营销活动毕竟只能取得暂时性的影响，而旅游目的地发展需要的是持久的推动力。

2. 针对性原则

旅游目的地营销需要围绕目的地形象定位（品牌定位）进行不同细分市场的诉求点设计，并据此选择合适的营销渠道进行信息的传播。这里所说的关注也包括对营销目标的关注，旅游目的地的营销可以有不同的目标。例如，有些营销只是为了让公众了解目的地（包括常规性的线路及大众化产品），有些营销则瞄准特定的潜在市场，着眼于潜在客源向现实消费的转化（主要是一些针对性强的专项产品、特色产品）；有些营销瞄准吸引更多的消费者（即数量目标），有些营销则瞄准吸引高质量的消费者（即质量目标）。为了扩大规模，进行营销的时候可能会更关注价格策略的使用；为了提升体验，进行营销的时候可能会更关注品牌与形象。每个旅游目的地都应该根据自身特点探索符合自己的营销创意，要根据目的地实际情况制定针对性的营销方案，不断创新和优化，这样的营销策划才能有影响力。

3. 系统性原则

首先，在旅游信息搜索上，不同地区的不同人群会有不同的媒体偏好，因此，应该根据这些市场偏好特征来选择不同的媒体组合进行系统推广。

其次，旅游目的地营销不仅仅是信息传播，还应该和产品开发、服务配套、设施建设等相互协调。没有科学的旅游产品开发，营销必然会成为无本之木；没有有效的服务配套和设施建设，营销越成功，人们最终的满意度和体验效果越差，这必然会影响旅游目的地的后续营销。

最后，系统性还包括营销相关机构的系统性整合，在政府营销经费有限的情况下，如何更好地整合政府和企业的营销力量是必须考虑的问题。

4. 全程性原则

旅游者的旅游消费行为不仅包括在旅游目的地的消费，也包括出发之前选择旅游目的地的决策过程，还包括回归之后对旅游目的地的评价过程。旅行前、旅行中、旅行后各占三分之一。然而，目前的旅游目的地营销恰恰忽略了在目的地的营销安排和深化设计，即便是目前相对成熟的在客源地的营销活动，也只关注了出发之前的三分之一的营销空间，而忽视了客源地另外三分之一的营销空间，即没有对传统意义上的旅游者满意度和现代意义上的网络声誉给予充分的重视。

（二）旅游目的地营销方式

1. 传统营销方式

（1）旅游广告。旅游广告即目的地旅游企业以支付费用的方式，通过大众媒介向目标市场传递旅游企业产品和服务信息，并说服旅游者购买。它是旅游经济活动中大规模传播信息的工具，它通过说服的方式以舆论影响旅游者的购买形式，直接或间接地促使旅游产品销售的实现。

旅游广告在目的地营销活动中发挥着重要作用，主要表现在：其一，宣传旅游目的地及产品，刺激需求。其二，提高推销人员的销售效率。其三，抵消竞争对手广告宣传的影响。旅游业中存在着激烈的竞争，旅游目的地往往以广告来削弱竞争者促销活动的影响，使广告成为旅游目的地之间争夺客源的重要手段。其四，介绍目的地旅游产品，指导消费。旅游目的地通过广告对旅游产品的介绍提供各种信息，为旅游者购买旅游产品提供方便和指导性意见，以便消费者更好地选择。其五，提示作用。旅游目的地可以通过旅游广告保持其产品和服务的知名度，增加信任感。

旅游广告种类很多，根据广告的作用，可分为形象广告和商品广告；根据旅游产品生命周期，可分为导入期广告、选择期广告和记忆期广告；根据旅游广告的策略，可分为进攻性广告和防守性广告。

旅游广告可选择的大众媒体也很多，主要有印刷广告（如报纸、杂志和其他印刷品）、视听广告（广播、电视和电影）、户外广告、直邮广告、橱窗陈列及其他媒体。广告的表现形式随着科学技术和旅游经济的发展而发展，目前主要利用报纸、杂志、广播、电视等四大媒体。

（2）人员促销。人员促销是最古老的促销手段，也是现代旅游企业最主要的、运用最广泛的促销手段，也称人员推销。根据美国市场营销协会的释义，人员促销是指企业通过派出推销人员与一个或一个以上可能的购买者交谈，作口头陈述，以推销商品，促进和扩大销售。

旅游目的地可以采取各种方式来开展人员促销：一是建立旅游目的地自己的销售队伍，通过目的地的推销人员来推销产品。如旅行社、饭店所设立的销售部或对外联络部，其主要职能就是与客户接洽，推销企业的旅游产品。二是雇用合同制促销员，如旅游代理商、旅游经销商、旅游批发商等，企业按照销售额，付给其佣金。三是旅游产品生产者内部人员促销。由于旅游产品存在无形性、无法贮存性、生产消费的同一性等特征，服务人员服务的好坏直接决定了产品质量的好坏，因此饭店、餐饮业的内部员工也是促销人员的一个重要组成部分。

（3）公共关系。公共关系的构成要素是社会组织、公众、传播媒介。社会组织是公共关系的主体，公众是公共关系的客体，传播媒介是联系主客体的环节，三者相辅相成，缺一不可。社会组织作为一个实体，是为了达到一定的目标而结合在一起的具有正式关系的一群人，如企业、机关、团体等；公众是指与该组织发生联系及相互作用的个人、群体或组织，如一个旅游企业的公众对象通常有内部职工、旅游者、协作者、上级文化和旅游部门、新闻界、社区群众等；传播媒介是主体借以与客体联系、沟通、交往的信息传播工具，如各种信息的沟通工具、社会交际手段和大众传播渠道等。

（4）营业推广。营业推广是鼓励参与交易的各方达成最大成交额的一系列促销活动的总称。它是为刺激短期需求而采取能够迅速产生激励作用的促销措施。由于它直接围绕提高营业额进行促销，所以称为营业推广。营业推广是一种间接的促销手段，已广泛运用于旅游地营销活动中。营业推广与经常性、有计划的广告活动不同，多用于一定时期、一定任务的短期特定推销，其目的是激励自己的推销人员和旅游中间商扩大推销，刺激旅游消费者加速购买。

2. 创新营销方式

（1）节事营销。节事营销是指在节庆和特殊事件期间利用消费者的节事消费心理，综合运用广告、公演、现场售卖等营销手段进行产品、品牌推介活动，旨在提高产品销售力，提升品牌形象。由于聚集了大量人气，节事期间是消费者与旅游目的地亲密接触的绝佳时机，对于推广目的地旅游产品、提高目的地知名度和塑造目的地形象起到了极大的促进作用。而且在节事中，消费者的从众购买心理为旅游产品销售量的提高奠定了基础。

节事营销运作一般应遵循以下几个原则：一是大众性与参与性原则；二是地方性与国际化原则；三是确定性与规范性原则；四是市场化与产业化运作原则。

（2）网络营销。网络营销（cyber marketing），又称在线营销（online marketing），是指目的地企业以互联网为传播手段，借助网络、电脑通信和数字交互式媒体等技术来沟通供求之间的联系、销售企业产品和服务的一种现代市场营销方式。网络营销增强了营销活动的互动性，降低了企业营销成本，扩大了顾客对产品或服务的选择余地。它不仅是一次技术手段的革命，其本身还蕴含着更深刻的观念创新，可以说，网络营销是目标营销、直接营销、分散营销、顾客营销、全球营销、虚拟营销以及无纸化营销的综合体。旅游目的地网络营销就是旅游目的地企业以网络技术为基础的现代营销方式，它采取各种高科技手段及营销手段，目的是推介目的地旅游产品，促成和引导交易实现，从而发展旅游业。网络营销能够最大程度地满足网络用户搜索目的地旅游产品信息的需求，增加吸引力，扩大产品知名度，吸引投资或合作伙伴，同时利用网络的可记忆性，从网络用户提供的信息中获取顾客信息和需求，从而适当调整目的地旅游产品，使之更符合市场需求。此外，也可以根据网络用户的要求，为其个人量身定做个性化的旅游产品，减少中间商，节约印刷和邮寄成本以及人力成本，从而降低总体产品成本。

（3）公众号营销。公众号突破了传统营销模式的局限性，发展迅猛，许多旅游目的地意识到公众号作为新型交流媒介的巨大作用，纷纷抢占这块营销阵地。许多著名旅游目的地都通过公众号开辟了新的营销通道，公众号对于目的地形象的塑造、推广及维护具有非常重要的意义。

目的地利用公众号营销进行形象推广应注意以下几个问题：其一，选择合适平台，确保版面设置合理。其二，丰富发布内容，及时更新。目的地可以通过官方公众号发布新闻、目的地动态等。其三，定期组织话题，增加互动性。其四，加强公众号推广，建立整合营销机制。目的地的公众号营销应该与整体营销相配合，可以举办大型活动前通过公众号发布信息，事中通过公众号进行报道，事后进行追踪和总结，同时，目的地也可以通过公众号营销吸引关注者参与到活动中来，从而使活动效果达到最大化。

（4）整合营销。整合营销（integrated marketing communication，IMC）是20世纪90年代初由美国著名学者舒尔茨教授及其合作伙伴提出的一种现代营销方法。它综合了以往多种营销理论的精华，并结合当时的社会消费特征，形成了一种似曾相识却又绝对超越传统营销的独特营销体系。整合营销指以消费者为核心重组企业行为和市场行为，综合协调使用各种传播方式，以统一的目标和传播形象传递一致的信息，实现与消费者的双向沟通，迅速树立企业在消费者心目中的良好形象，建立企业与消费者的长期密切关系，从而有效地达到营销传播和产品行销的目的。

四、旅游目的地营销系统（DMS）建设

（一）旅游目的地营销系统的特征与作用

1. 信息传播的广泛性和及时性

DMS提供了多语种、多层次、多对象的应用和浏览接口，还提

供了手机短信、触摸屏、掌上电脑等信息传输手段，将目的地旅游信息广泛传播给消费者。目的地旅游信息可以通过数据库及时上传到系统中，旅游消费者在通过系统及时掌握目的地信息的同时，也可以进行在线咨询、在线订购，极大地方便了供求双方的交流和交易。

2. 融入视觉识别系统理念

LOGO 设计、宣传片、电子杂志、网络电视台、数据库电子地图、三维实景等技术手段，有助于综合展示旅游目的地的形象和特点，树立网络空间的旅游品牌。在电子杂志设计制作方面，系统可以对各地的旅游动态信息进行收集、加工整理，以信息网络手段自动发送给目标客户，配合目的地主题宣传活动。系统还可以提供多媒体视觉传输功能，采用视频流媒体技术，实现网络电视、自由点播、三维环视、360 度环绕及真实虚拟等功能，极大地方便了旅游者。

3. 信息互动性

DMS 通过提供旅游行程设计、旅游电子地图示意服务、旅游市场调查、旅游社区等子系统，建立起政府旅游组织、企业、消费者、媒体之间方便快捷、高效、低成本的沟通和互动渠道。其中"旅游行程设计系统"基于庞大的旅游目的地信息库、旅游企业和产品信息库，根据用户给定的组合查询条件或游客所选择的地点、时间、费用等因素，可以智能形成满足用户要求的行程规划，为游客制订个性化出行方案。电子地图示意服务系统能为用户提供交互式地图或示意图，游客可以通过该系统方便快捷地查询目的地的旅游信息。

4. 信息存储和检索功能

通过信息收集系统、数据库和信息整理系统的加工整理，目的地营销系统可提供目的地的基本信息和有关食、住、行、游、购、娱等常规旅游信息，具体包括：旅游企业（含景点、酒店、旅行社、餐厅）的基本信息、产品信息（含旅游线路、酒店客房、景点门票）、促销信息（近期主要活动、会展、促销、优惠等）。其内容丰富多彩，面面俱到。系统运用的先进搜索引擎技术，可使消费者快速、准确地获得目的地旅游信息。

5. 高起点、低成本进行网络营销

DMS 是一个以互联网为媒介，以面向游客和旅游同业进行旅游宣传营销为目的，以营销过程控制和营销效果统计为重点的先进的旅游营销系统。通过对营销活动达到的人群在数量、分布、特征方面进行统计分析和积累整合，从而展开针对地理位置、人群、时间、内容方面的自动化和个性化营销。

与传统营销模式相比，目的地营销系统具有如下优势：以较低的价格向世界各地的大量顾客介绍信息和产品，提供比通过传统印刷媒体更有深度、质量更高的信息，使顾客预订起来更快、更容易，省去制作和发行印刷品的大量费用，可针对客源地运用电子邮件做推广等。总之，DMS 作为一个信息化营销平台，通过现代信息技术的应用架设了一个旅游目的地和客源地间更加畅通的桥梁，将在提升目的地知名度、满足消费者资讯需求、增加游客访问量、方便旅游交易、提供旅游服务和增加目的地旅游收入等方面发挥越来越大的作用。

（二）旅游目的地营销系统开发原则

旅游目的地在规划和建设 DMS 时，应遵循以下几个原则：

第一，加强目的地旅游组织的统一管理。DMS 的任务是整合、宣传、推广、销售目的地旅游信息和资源，涉及面广、涉及对象复杂，只有在目的地旅游机构统一管理下才有可能完成这样的任务。

第二，保证前期的资金。DMS 利益团体分散，受益团体大小不一，而且投资回报周期较长，募集资金或依靠目的地政府财政支持，是 DMS 发展中最重要的环节。

第三，实事求是，循序渐进。DMS 是一个庞大的系统，不可能通过一次或几次投资就大功告成，相关各方必须本着实事求是、循序渐进的原则，总体设计，分步投资。

第四，市场化运营。旅游目的地既要以市场需求为指南整合旅游资源，也要通过有效的市场化运营保证 DMS 健康发展。

第五，与先进的旅游技术公司合作。旅游行业非常复杂，DMS 必须通过计算机系统整合目的地资源和旅游供应商的各种系统，因此对于技术的要求非常高。目的地旅游组织应尽量选择与先进的旅游系统供应商合作，共同开发 DMS，以寻求有效的技术支持。

第六，与国际标准接轨。任何有实用价值的旅游系统都不是独立存在的，DMS 的设计者应了解 IFIRR 和 OTA 两大国际旅游信息化的标准，为系统的扩展性和实用性打下基础。

第七，加强与其他目的地的广泛合作。网络的世界里没有中心，只有节点，任何 DMS 都是世界的一部分。对于不同的游客而言，其关心的 DMS 也就是其中心 DMS，游客可直接进入该 DMS 或通过其他 DMS 进入。因此，旅游目的地营销系统的应用不能固守传统的行政或地域观念，必须形成新的网络开放意识。在实际操作中，一般的省级 DMS 既可以与本省下属的市级 DMS 连接，也可以与其他省级 DMS 连接，任何两个 DMS 之间都可以自由组合。因此，要想为游客提供更全面的信息和服务，提高本地区 DMS 的点击率和有效维护 DMS 系统的常规运行，旅游目的地之间的合作是必不可少的。

第八，设计针对客源地的 DMS。在宣传、营销旅游目的地时，DMS 应根据特定客源地的情况，有针对性地展示旅游目的地的特点和风貌，以方便客源地旅游者和旅游经营商采集决策信息。

主要参考文献

［1］陈才，周丽．旅游景区管理［M］.北京：中国旅游出版社，2016.

［2］陈明明．旅游景区规划中的景观创意与营造手法探析［J］.现代园艺，2019（24）：86－87.

［3］陈志学．导游员业务知识与技能［M］.北京：中国旅游出版社，1994.

［4］胡华．旅游线路规划与设计［M］.北京：旅游教育出版社，2011.

［5］黄楠，舒悦．红色旅游产品包装体验设计策略研究［J］.中国包装，2023，43（6）：65－67.

［6］姜乃源．生态审美的旅游景区景观设计［J］.建筑结构，2020，50（24）：163－164.

［7］卢云亭．现代旅游地理学［M］.南京：江苏人民出版社，1988.

［8］马勇，李玺．旅游规划与开发［M］.武汉：华中科技大学出版社，2006.

［9］孟小丁，刘茹琳，骆鹏睿．旅游线路推荐与优化的研究进展［J］.洛阳师范学院学报，2021，40（11）：41－44.

［10］苗雅杰，王钊．旅游规划与开发［M］.北京：中国财富出版社，2013.

［11］苗雅杰．旅游景区管理［M］．北京：中国物资出版社，2010.

［12］倪寒飞．旅游交通工具可成为旅游产品［J］．商业观察，2023，9（14）：18-20.

［13］宁志中，王婷，崔明川．中国旅游景区功能演变与用地分类构想［J］．中国土地科学，2020，34（3）：58-65.

［14］全华．旅游规划原理、方法与实务［M］．上海：格致出版社，2011.

［15］任以胜，陆林，韩玉刚．新旅游资源观视角下旅游资源研究框架［J］．自然资源学报，2022，37（3）：551-567.

［16］史晓明．旅游产品设计经营实战手册［M］．北京：中国旅游出版社，2015.

［17］宋雨静，孟强．旅游公路驿站规划设置与运营研究［J］．交通节能与环保，2023，19（2）：12-17.

［18］孙国学，赵丽丽．旅游产品策划与设计［M］．北京：中国铁道出版社，2016.

［19］田丹．旅游文创产品设计的创意思路与实践路径［J］．包装工程，2022，43（20）：366-372.

［20］万剑敏．旅游景区规划与设计［M］．北京：旅游教育出版社，2012.

［21］王庆生．旅游规划与开发（第2版）［M］．北京：中国铁道出版社，2016.

［22］王颖，易兰兰．旅游线路设计［M］．北京：中国农业科学技术出版社，2018.

［23］谢维．旅游规划对提升景区游客量的作用探讨［J］．上海商业，2023（2）：191-193.

［24］徐明，谢彦君．旅游学概论［M］．大连：辽宁师范大学出

版社，1997.

[25] 许春晓. 旅游业空间布局演进规律与案例研究 [J]. 热带地理，2001（3）：246 – 250.

[26] 阎友兵. 旅游线路设计学 [M]. 长沙：湖南地图出版社，1996.

[27] 张河清. 旅游景区管理 [M]. 重庆：重庆大学出版社，2018.

[28] 赵敏. 文化旅游景区绿地规划和植物配置 [J]. 现代园艺，2022，45（12）：65 – 67.

[29] 周武忠. 旅游景区规划研究 [M]. 上海：上海交通大学出版社，2019.

[30] 朱春雨，曹建生. 生态旅游研究进展与展望 [J]. 中国生态农业学报（中英文），2022，30（10）：1698 – 1708.

[31] 朱国兴. 区域旅游线路开发设计：以皖南旅游区为例 [J]. 皖西学院学报，2001（4）：105 – 108.

[32] 朱青晓，王忠丽. 旅游规划原理 [M]. 郑州：河南大学出版社，2013.